"十四五" 国家重点出版物出版规划项目

★ 转型时代的中国财经战略论丛 ◢

中国全要素生产率增长的空间溢出及协同提升路径

Spatial Spillover and Synergetic Promotion Path of
Total Factor Productivity Growth in China

孙亚男　著

中国财经出版传媒集团

经济科学出版社
Economic Science Press

图书在版编目（CIP）数据

中国全要素生产率增长的空间溢出及协同提升路径/
孙亚男著. —北京：经济科学出版社，2021.9
（转型时代的中国财经战略论丛）
ISBN 978 - 7 - 5218 - 2849 - 8

Ⅰ.①中… Ⅱ.①孙… Ⅲ.①全要素生产率 - 劳动生
产率增长速度 - 研究 - 中国 Ⅳ.①F249.22

中国版本图书馆 CIP 数据核字（2021）第 183066 号

责任编辑：李一心
责任校对：齐 杰
责任印制：范 艳

中国全要素生产率增长的空间溢出及协同提升路径

孙亚男 著

经济科学出版社出版、发行 新华书店经销
社址：北京市海淀区阜成路甲 28 号 邮编：100142
总编部电话：010 - 88191217 发行部电话：010 - 88191522
网址：www. esp. com. cn
电子邮箱：esp@ esp. com. cn
天猫网店：经济科学出版社旗舰店
网址：http://jjkxcbs. tmall. com
北京季蜂印刷有限公司印装
710×1000 16 开 14.25 印张 230000 字
2021 年 12 月第 1 版 2021 年 12 月第 1 次印刷
ISBN 978 - 7 - 5218 - 2849 - 8 定价：60.00 元
（图书出现印装问题，本社负责调换。电话：010 - 88191510）
（版权所有 侵权必究 打击盗版 举报热线：010 - 88191661
QQ：2242791300 营销中心电话：010 - 88191537
电子邮箱：dbts@ esp. com. cn）

总　序

　　《转型时代的中国财经战略论丛》是山东财经大学与经济科学出版社合作推出的"十三五"系列学术著作，现继续合作推出"十四五"系列学术专著，是"'十四五'国家重点出版物出版规划项目"。

　　山东财经大学自2016年开始资助该系列学术专著的出版，至今已有5年的时间。"十三五"期间共资助出版了99部学术著作。这些专著的选题绝大部分是经济学、管理学范畴内的，推动了我校应用经济学和理论经济学等经济学学科门类和工商管理、管理科学与工程、公共管理等管理学学科门类的发展，提升了我校经管学科的竞争力。同时，也有法学、艺术学、文学、教育学、理学等的选题，推动了我校科学研究事业进一步繁荣发展。

　　山东财经大学是财政部、教育部、山东省共建高校，2011年由原山东经济学院和原山东财政学院合并筹建，2012年正式揭牌成立。学校现有专任教师1688人，其中教授260人、副教授638人。专任教师中具有博士学位的962人。入选青年长江学者1人、国家"万人计划"等国家级人才11人、全国五一劳动奖章获得者1人，"泰山学者"工程等省级人才28人，入选教育部教学指导委员会委员8人、全国优秀教师16人、省级教学名师20人。学校围绕建设全国一流财经特色名校的战略目标，以稳规模、优结构、提质量、强特色为主线，不断深化改革创新，整体学科实力跻身全国财经高校前列，经管学科竞争力居省属高校领先地位。学校拥有一级学科博士点4个，一级学科硕士点11个，硕士专业学位类别20个，博士后科研流动站1个。在全国第四轮学科评估中，应用经济学、工商管理获B＋，管理科学与工程、公共管理获B－，B＋以上学科数位居省属高校前三甲，学科实力进入全国财经高校前十。工程学进入 ESI 学科排名前 1%。"十三五"期间，我校聚焦内涵式发展，全面实施了科研强校战略，取得了一定成绩。获批国家级课题项目 172 项，教育部及其他省部级课题项目 361 项，承担各级各类横向课题 282 项；教师共发表高水平学术论文 2800 余篇，出版著作 242 部。同时，新增了山东省重点实验室、省重点新型智库和研究基地等科研平台。学校的发展为教师从事科学研究提供了广阔的平台，创造了更加良好的学术生态。

"十四五"时期是我国由全面建成小康社会向基本实现社会主义现代化迈进的关键时期，也是我校进入合校以来第二个十年的跃升发展期。2022 年也将迎来建校 70 周年暨合并建校 10 周年。作为"十四五"国家重点出版物出版规划项目，《转型时代的中国财经战略论丛》将继续坚持以马克思列宁主义、毛泽东思想、邓小平理论、"三个代表"重要思想、科学发展观、习近平新时代中国特色社会主义思想为指导，结合《中共中央关于制定国民经济和社会发展第十四个五年规划和二〇三五年远景目标的建议》以及党的十九届六中全会精神，将国家"十四五"期间重大财经战略作为重点选题，积极开展基础研究和应用研究。

与"十三五"时期相比，"十四五"时期的《转型时代的中国财经战略论丛》将进一步体现鲜明的时代特征、问题导向和创新意识，着力推出反映我校学术前沿水平、体现相关领域高水准的创新性成果，更好地服务我校一流学科和高水平大学建设，展现我校财经特色名校工程建设成效。通过对广大教师进一步的出版资助，鼓励我校广大教师潜心治学，扎实研究，在基础研究上密切跟踪国内外学术发展和学科建设的前沿与动态，着力推进学科体系、学术体系和话语体系建设与创新；在应用研究上立足党和国家事业发展需要，聚焦经济社会发展中的全局性、战略性和前瞻性的重大理论与实践问题，力求提出一些具有现实性、针对性和较强参考价值的思路和对策。

山东财经大学校长

2021 年 11 月 30 日

前　言

　　中国经济已转入高质量发展阶段，以"高投入、高耗能、高排放"为特征的粗放型经济增长方式已难以为继，不断提升全要素生产率对经济增长的贡献，已成为加快转变中国经济发展方式的必然选择。同时，随着区域间相互联系和空间依赖性的不断增强，空间溢出效应已经成为区域协调发展不可忽视的重要因素，促进经济要素在更大范围、更高层次、更广空间顺畅流动与合理配置，构建协调联动的多中心、网络化区域发展新格局，已成为"十四五"规划时期统筹区域发展的重要战略思路。为此，在生态优先、绿色发展背景下，研究中国全要素生产率增长的空间溢出及协同提升问题，对于开启全面建设社会主义现代化国家新征程、向第二个百年奋斗目标进军具有重要的理论与现实意义。

　　本书从空间协同发展视角出发，在生态优先、绿色发展要求下，揭示"一带一路"沿线国家、中国省际及城市三级空间层次下绿色全要素生产率的增长、俱乐部收敛、时空演变趋势及其空间溢出影响因素，进而探究多层次、跨区域协同提升路径。本书的贡献主要包括：（1）将空间异质性对绿色全要素生产率增长的影响纳入分析框架，创新性地提出基于空间异质性的三阶段数据包络分析（DEA）动态分析模型，剔除空间异质性、环境因素和随机因素的影响重新测算绿色全要素生产率增长，力求更加准确地评价绿色全要素生产率增长。（2）将绿色全要素生产率增长的空间网络结构作为研究对象，从"一带一路"沿线国家、中国省际及城市三个层次，探究网络结构、收敛俱乐部、地理分布等空间关联方式下中国绿色全要素生产率增长的空间差异、时空演变趋势以及空间溢出效应。（3）从空间协同发展视角，识别三级绿色全要素生产率增长的关键影响因素之间的关联关系与层级结构，探寻多层次、跨区域绿色全要素生产率增长的协同提升路径，立足中央和地方两级政府，从经济发展、产业结构、资源环境、技术创新等方面提出切实可行的对策建议。本书是在作者主持完成的国家社科基金一般项目《全要素生产率增长的空间溢出及协同提升路径研究》（项目编号：16BJL033）的基础上修订完善后成稿，书中内容是作者对近三年研究成果的系统思考和总结，部分成果发表在《数量经济技术经济研究》《中国人口·资源与环境》《世界经济研究》《南方经济》等国内核心期刊。

本书主要包括六个方面的内容：（1）绿色全要素生产率增长的测度模型与方法构建。（2）绿色全要素生产率增长的测度与比较。（3）绿色全要素生产率增长的空间溢出关系及网络结构分析。（4）绿色全要素生产率增长的空间分布特征分析。（5）绿色全要素生产率增长的影响因素及空间溢出效应。（6）绿色全要素生产率增长的多层次、跨区域的协同提升路径及对策建议。

在本书付梓之际，我首先要感谢山东财经大学经济增长与绿色发展科研团队成员，他们是刘华军教授、杨骞教授、陈明华教授、王谦教授，以及我指导的研究生肖彩霞、杨名彦、费锦华、宋晓华等。同时，要感谢国家社科基金的资助。其次，本书的完成离不开家人的支持，十分感谢我的爱妻崔蓉和我两个可爱的儿子浩祖和浩文，妻子的无私奉献和孩子们的乖巧懂事，让我得以全身心投入到书稿写作之中。最后，感谢经济科学出版社李一心编辑在出版过程中给予的支持和帮助。

孙亚男

2021 年 9 月 3 日

目　录

第1章 导 论

1.1 研究背景与意义

2015 年《政府工作报告》中，李克强总理首次提出要提高全要素生产率（TFP），这一衡量单位总投入总产量的生产率指标[1]。习近平主席也在党的十九大报告中再次指明，我国经济已由高速增长阶段转向高质量发展阶段，提高全要素生产率是高质量发展的动力源泉，对于我国决胜全面建成小康社会、开启全面建设社会主义现代化国家新征程具有重要意义[2]。这表明，传统的粗放型经济增长方式已难以为继，不断提升全要素生产率对经济增长的贡献，已成为加快转变中国经济发展方式的必然选择。

促进区域经济协调发展是中国一项长期战略方针（魏后凯、邬晓霞，2010；魏后凯等，2011；魏后凯、高春亮，2012）。区域间的相互联系和空间依赖性不断增强，空间溢出效应已经成为区域协调发展不可忽视的重要因素（潘文卿，2012；杨子荣等，2015；李敬等，2016）。另外，我国已形成实施"一带一路"建设、长江三角洲区域一体化、京津冀协同发展、长江经济带发展、粤港澳大湾区建设的五大跨区域协调发展的区域发展总体格局。促进经济要素在更大范围、更高层次、更广空间顺畅流动与合理配置，构建协调联动的多中心、网络化区域发展格局，已成为"十三五"时期统筹区域发展的重要战略思路。然而随

---

[1] 《第十二届全国人大三次会议政府工作报告》，新华社，2015 年 3 月 16 日。

[2] 2017 年 10 月 18 日习近平总书记在中国共产党第十九次全国代表大会上的讲话《决胜全面建成小康社会，夺取新时代中国特色社会主义伟大胜利》。

着资源消耗、环境污染与经济发展之间的矛盾日益突出，传统以"高投入、高消耗、高排放"为特征的粗放型增长方式已难以为继。当前，中国已经明确地把建设"资源节约型、环境友好型社会"确定为国民经济与社会发展中长期规划的一项战略任务，并将"生态文明"建设提升到经济建设、政治建设、文化建设、社会建设并列的战略高度，使之成为"五位一体"建设的目标之一。同时，中国政府制定了能源消费强度和消费总量"双控制"的节能目标以及二氧化碳、二氧化硫等主要污染物减排目标，并将其作为约束性指标分解到地方政府。为此，在生态优先、绿色发展背景下，研究中国全要素生产率增长的空间溢出及协同提升问题，对于经济新常态下全面实现区域经济的协调健康发展和中国"两个一百年"奋斗目标具有重要的理论与现实意义。

本书从空间协同发展视角出发，在生态优先、绿色发展要求下，揭示"一带一路"沿线国家、中国省际及城市三级空间层次下绿色全要素生产率的增长、俱乐部收敛、时空演变趋势及其空间溢出影响因素，进而探究多层次、跨区域协同提升路径。本书研究的理论价值在于，一是剔除空间异质性科学全面地构建中国绿色全要素生产率增长的测度方法，以丰富中国区域经济增长的评价研究；二是探究绿色全要素生产率增长空间差异、长期趋势以及空间溢出效应。本书研究的现实意义在于，一是基于对中国绿色全要素生产率的空间差异及长期趋势的研究，为差别化制定中国绿色全要素生产率增长的提升路径及策略提供基本依据；二是基于对不同区域绿色全要素生产率增长及其影响因素空间溢出效应和溢出方式的研究，为中国经济稳增长、促改革、调结构目标的实现，以及中国区域发展战略的实施提供切实可行的政策建议。

1.2 文献综述

1.2.1 TFP 增长的测度模型与方法

全要素生产率（TFP）是指各要素（如资本和劳动等）投入之外的技术进步和能力实现等导致的产出增加，是剔除要素投入贡献后所得到

的残差,最早由索洛提出,故也称为索洛残差(郭庆旺,2005)。TFP
不仅是衡量生产过程中利用全部要素投入获得产出能力水平的重要指
标,也是理解经济增长方式和结构的重要指标之一。作为发展质量的评
价,TFP 受到众多学者的关注(张军等,2003;王兵等,2015;余泳
泽,2017;刘华军等,2018)。阅读所及,现有研究对 TFP 的测算方法
较多,代表性文献如表 1 – 1 所示。

表 1 –1   TFP 测算方法相关文献梳理

测算方法	代表文献
增长核算法	周(Chow,1993);周和林(Chow and Lin,2002);张军和施少华(2003);李小平和朱钟棣(2005);江飞涛等(2014)
随机前沿分析方法	吴(Wu,2003;2008);李胜文和李大胜(2008);张健华和王鹏(2012);江飞涛等(2014);余泳泽(2015);孙早、刘李华(2016)
数据包络方法	魏楚(2007);王兵等(2010);王兵和刘光天(2015);张海洋和金则杨(2017);卢飞等(2018)

（1）代数指数法。根据全要素生产率的基本定义进行估算,应用
广泛的指数公式包括 Laspeyres 指数、Peasche 指数、Fisher 指数和
Tomqvist 指数(陈诗一,2010)。使用指数是为了在异质性的产出和投
入之间能够可比,但指数法估计全要素生产率需要投入产出的价格信
息,很多时候只能把缺乏市场价格信息的环境污染变量排除在生产率计
算之外,即指数法仅仅考虑"好"产出(good outputs)或期望产出
(desirable outputs),却忽视了"坏"产出(bad outputs)或非期望产出
(undesirable outputs)。为此,在当前生态优先、绿色发展要求下已无法
实现对绿色全要素生产率的测算要求。此外,代数指数法通常需要作为资
本和劳动可以完全替代以及边际生产率不变等诸多假设,难以模拟真实的
生产过程,因此更多的是一种概念性方法,较少应用于具体的实证分析。

（2）增长核算法。索罗(Slow,1957)提出以生产函数形式的生
产率测度公式,并将它们同经济增长分析联系在一起,即增长核算法。
利用增长核算法估算全要素生产率时首先需要确定投入要素的产出弹
性。而产出弹性的估算通常需要根据先验知识假定其为某个固定的常
数,或者利用 Cobb – Douglas 生产函数或超越对数生产函数的回归估计

得到。增长核算法需要作出完全竞争和利润最大化等假设，与现实生产过程并不完全吻合，并且它将全要素生产率增长完全归结于技术进步的贡献，未考虑到生产者技术与前沿面的效率差距问题（吴军等，2010）。此外，增长核算法只能处理多种投入和单一产出的情形，若同时考虑期望产出和非期望产出，只能将后者进行处理后作为投入要素加入生产函数（陈诗一，2009）。在生态优先、绿色发展要求下，特别是当前中国面临复杂环境污染情况下，上述局限造成无法更加全面准确地衡量中国绿色全要素生产率，这极大地限制了增长核算法在当前研究中的适用性。

（3）随机前沿生产函数法，又称随机前沿分析方法（stochastic frontier analysis，SFA）。该方法通过参数化设定一定的生产函数进行全要素生产率的估算。王志刚等（2006）运用超越对数生产函数的随机前沿模型，测算了改革开放后中国地区间生产效率演进。吴延瑞（2008）使用随机前沿分析方法检验了中国1993~2004年的经济增长。随机前沿生产函数法考虑了由测量误差等因素造成的随机误差，有效剔除了这些随机误差对效率项的不良影响。但随机前沿生产函数法需要参数化设定，最大缺陷是为求最佳效率边界而需预先确定函数形式，因而可能导致效率计量出现偏差（袁晓玲和张宝山，2009）。此外，随机前沿生产函数法一般需要给出效率项的先验分布，如果上述假设存在偏差也易于造成效率值估计偏误。同时与增长核算法类似，随机前沿生产函数法也只能拟合一种产出的生产过程，因此难以同时考虑期望产出和非期望产出。以上局限也在很大程度上限制了随机前沿生产函数法在绿色全要素生产率测度方面的应用。

（4）数据包络分析方法。该方法是一种数据驱使的方法，属于非参数方法。数据包络分析方法（DEA）作为效率分析的主要工具之一，在能源和环境领域得到了广泛应用（Zhou et al.，2008），受到国内外诸多学者的高度关注。相比其他方法，DEA方法优点如下：①DEA方法无须设定具体的生产函数，能够避免参数化方法有可能导致模型设定误差和随机干扰项正态分布假定无法满足的缺陷；②DEA方法能够同时模拟多种投入和多种产出的生产过程，也能够通过恰当的模型实现对期望产出和环境污染等非期望产出的区分处置；③DEA方法可对生产率进行分解，有助于掌握生产率增长来源。

自1978年美国运筹学家查恩斯（Charnes）、库珀和罗兹（Cooper

and Rhodes）提出第一个 DEA 模型起，随着应用领域及研究内容的丰富，DEA 模型被不断扩展及创新。主要代表模型及其应用如表 1 - 2 所示。根据投入或产出是否同比例变化，DEA 模型可以分为径向模型和非径向模型，径向模型意味着在评价效率时要求投入或产出同比例变动。表 1 - 2 中的 CCR 模型和 BCC 模型均属于径向模型。根据预先假设不同，DEA 模型可分为角度模型和非角度模型，角度模型需在评价效率时作出基于投入或者基于产出的选择，投入导向的模型假设产出不变将投入最小化，产出导向的模型假设投入不变将产出最大化。表 1 - 2 中的 CCR 模型、BCC 模型和 RMM 模型均属于角度模型。当存在投入过度或产出不足时，即存在投入或产出的非零松弛（slack）时，径向 DEA 模型效率测度会高估评价对象的效率，角度 DEA 模型效率测度会忽视投入或产出的某一个方面，计算的效率结果并不准确（王兵等，2010），由此非径向非角度的 DEA 模型得到广泛的应用（杨文举和龙睿赟，2012；朱智洺和张伟，2015；冯杰和张世秋，2017；岳利和李文波，2017；王兵等，2011；刘华军等，2016；陈明华等，2018）。孟等（Meng et al.，2016）比较了中国区域能源与碳排放效率主流的 6 种测算模型后认为，SBM 模型与 DDF 模型的测算结果差异并不明显，同时冯杰与张世秋（2017）进一步对基于 DEA 方法的我国省际绿色全要素生产率进行比较研究后认为，SBM 模型更符合绿色全要素生产率的现实含义。

5

表 1 - 2　　　　　　　　　DEA 主流模型相关文献梳理

DEA 模型	代表文献
CCR	查恩斯等（Charnes et al.，1978）；李小平和朱钟棣（2006）；魏楚和沈满洪（2007）
BCC	班克等（Banker et al.，1984）；李小平和朱钟棣（2006）
RMM	拉塞尔（Russell，1985）
RAM	库珀（Cooper et al.，1999）；李涛等（2013）；王兵和罗佑军（2015）
DDF	钟等（Chung et al.，1997）；杨文举和龙睿赟（2012）；朱智洺和张伟（2015）；高明（2016）；冯杰和张世秋（2017）；岳利和李文波（2017）
SBM	托恩（Tone，2001）；王兵等（2010）；王兵等（2011）；刘华军等（2016）；陈明华等（2018）；刘华军等（2018）

在非参数框架中，通过 DEA 技术构建了 Malmquist（M）生产率指数，实现了效率的跨期比较。Malmquist 生产率指数最初由曼奎斯特（Malmquist）于 1953 年提出，因其在动态分析中的优势得到不断发展（Caves，Chirstensen and Diewert，1982；Fare and Grosskopf，1922；Thrall，2000）。法勒等（Fare et al.，1992）建议运用两个 Malmquist 指数的平均来测度全要素生产率的增长并对其进行分解为描述技术进步与技术效率变化的指数，并将技术效率变化进一步分解为纯技术效率变化和规模技术效率变化，奠定了 Malmquist 指数研究体系的基础。自此，Malmquist 生产率指数便被广泛地应用到多种研究领域。1997 年，钟等（Chung et al.）将其扩展为可以测度包含环境因素的 ML（Malmquist - Luenberger）指数。无论是 Malmquist 指数还是 Malmquist - Luenberger 指数，均需要在成本最小化或者收益最大化的假设下对测度的角度进行选择，即基于投入的测度方法还是基于产出的测度方法（王兵等，2010）。钱伯斯等（Chambers et al.，1996）发展了一种新的生产率测度方法即 Luenberger 生产率指标。这个指标不需要对测度角度的选择，可以同时考虑投入的减少和产出的增加，与利润最大化的假设相对应，并且也可以考虑成本最小化和收益最大化的情况。因此，Luenberger 生产率指标是 M 指数和 ML 指数的一般化（Boussemart et al.，2003）。

众多学者在 DEA 模型基础上，构建 Malmquist 生产率指数，用以测算全要素生产率的增长。尹希果等（2008）以 1986～2003 年的省级面板数据为样本，采用基于非参数的 Malmquist 生产率指数来度量中国全要素生产率的变化。王兵等（2010）运用 SBM 方向性距离函数和卢恩伯格生产率指标测度了考虑资源环境因素下中国 30 个省份 1998～2007 年的环境效率、环境全要素生产率及其成分。王兵等（2011）运用 SBM 方向性距离函数和 Luenberger 生产率指标测度了中国 31 个省份 1995～2008 年的农业效率和农业全要素生产率。杨文举和龙睿赟（2012）运用方向性距离函数及 ML 指数测算了中国省份工业绿色全要素生产率增长。刘华军和杨骞（2014）运用 DDF 模型和 Malmquist 生产率指数测算了中国分省资源环境约束下的区域全要素生产率增长。朱智洺和张伟（2015）基于方向性距离函数与 ML 指数模型，以 2000～2012 年中国 36 个工业行业的面板数据为样本，测度中国工业行业全要素生产率的变动。易明等（2018）运用 DEA - Malmquist 指数法测算研究

2004～2015 年长江经济带 11 省（市）的绿色全要素生产率变化。刘华军等（2018）运用 SBM 模型和 Malmquist 生产率指数测算了中国各省份的全要素生产率。综上所述，DEA 模型经历了由径向的、角度的模型向非径向的、非角度的模型发展，由静态分析发展为跨期的动态分析，在测算领域及测算准确性上取得了明显进步。

1.2.2 TFP 增长的空间计量分析

地理学第一定律（Tobler，1970）指出，在空间层面，所有事物均存在一定程度的关联性，并且该关联程度与空间位置的远近直接相关（白俊红，2016；金刚，2016）。空间相关性是研究区域经济不可忽视的问题（马越越，2016；阎志军，2016；王裕瑾，2016）：一方面，相邻区域的全要素生产率增长因为空间集聚存在相互作用；另一方面，全要素生产率增长可以通过空间溢出效应带动周边区域全要素生产率的发展（李新忠，汪同三，2015；金刚，2016；祝福云，2018）。因此，传统计量模型忽视了全要素生产率增长的空间溢出效应，在空间均质或空间独立假设上开展实证研究，导致有偏估计结果。而空间计量模型考虑空间因素，基于区域协调发展视角研究全要素生产率增长（刘建国，2014），这对于更加准确地揭示出中国全要素生产率的空间溢出影响因素，协调提升各地区全要素生产率具有重要的指导价值（梅国平，2014；吴玉鸣，2015；宋跃刚，2016；阎志军，2016）。

如表 1-3 所示，在区域经济增长的相关文献中，空间计量模型主要有以下三类：

表 1-3　　　　　　　　空间计量模型相关文献梳理

计量模型	代表文献
空间滞后模型	吕冰洋（2009）；曾淑婉（2013）；刘建国（2014）；舒辉（2014）；余泳泽（2015）；戴彬（2015）；程中华（2015）；陈菁泉（2016）；白俊红（2016）；金刚（2016）；鹿坪（2017）；王钺（2017）；焦翠红（2018）
空间误差模型	吕冰洋（2009）；曾淑婉（2013）；刘建国（2014）；舒辉（2014）；戴彬（2015）；程中华（2015）；陈菁泉（2016）；白俊红（2016）；金刚（2016）；鹿坪（2017）；王钺（2017）；焦翠红（2018）
空间杜宾模型	舒辉（2014）；谭光荣（2016）；阎志军（2016）；韩增林（2018）

（1）空间滞后模型（SAR）。空间滞后模型是指被解释变量中存在空间相关性（王周伟，崔百胜，2017；焦翠红，2018），即本区域全要素生产率增长受其他区域全要素生产率增长的影响，考虑到被解释变量具有空间溢出效应，学者将被解释变量的滞后因子纳入研究模型反映全要素生产率增长的空间相关性（王建康，2015）。

（2）空间误差模型（SEM）。空间误差模型是指随机误差项中存在空间相关性（王周伟，崔百胜，2017；焦翠红，2018），即本区域全要素生产率增长受其他区域随机误差项（未被纳入研究模型的因素）的干扰。鉴于此，现有学者将误差项的空间滞后因子纳入研究模型反映全要素生产率增长的空间相关性（王建康，2015）。

（3）空间杜宾模型（SDM）。空间杜宾模型是指混合空间相关（王周伟，崔百胜，2017），即本区域全要素生产率增长不仅受自身空间相关性的影响，同时受其他解释变量的空间相关性的影响（王建康，2015）。即 SDM 模型能够同时考虑解释变量和被解释变量的空间相关性（阎志军，2016）。

随着经济增长理论框架中对空间因素的重视，全要素生产率增长的空间溢出效应研究日渐增多，现有文献大多使用空间误差模型（SEM）和空间滞后模型（SAR）进行全要素生产率增长影响因素分析（吕冰洋，2009；曾淑婉，2013；刘建国，2014；戴彬，2015；程中华，2015；白俊红，2016；金刚，2016；陈菁泉，2016；鹿坪，2017；王铖，2017；焦翠红，2018）。这些模型存在其局限性（祝福云，2018），上述研究认为全要素生产率增长的空间溢出效应来自邻近地区全要素生产率增长的溢出影响，或者因所处的相对位置不同而存在差异，忽视了全要素生产率增长的影响因素的空间溢出效应。另外，空间模型可以出现空间滞后项与空间误差项并存状态，单一借助 SAR 模型和 SEM 模型难以准确有效地衡量影响因素对全要素生产率增长的空间溢出效应（阎志军，2016；刘华军，2016；孙学涛，2018）。而空间杜宾模型（SDM）能够做到无偏估计（Anselin，1988；邵朝对，2017），不仅能够有效解决这一问题（徐敏，2015；王建康，2015；张翠菊，2015；胡煜，2015；王裕瑾，2016；刘华军，2016；祝福云，2018），还考虑了自变量的滞后项对邻近地区的空间效应（谭光荣，2016）。这将有助于更加准确全面地揭示跨地区提升全要生产率的影响因素。

　　空间计量模型的空间相关性具有多样性，主要通过设定不同的空间权重矩阵予以体现，现有空间计量模型的空间权重矩阵主要有三类：

　　（1）地理邻接空间权重矩阵。地理距离是影响全要素生产率增长空间相关性的重要因素（程中华，2015），地理距离越近，空间关联程度越强。相邻地理空间单元全要素生产率增长具有显著的相关性。地理邻接空间权重矩阵根据观测单元 i 和 j 之间的邻接状况，对空间权重矩阵中元素 W_{ij} 赋值，含有共同边界（Rook 赋权法）或共同边界或定点（Queen 赋权法）的观测单元 W_{ij} 赋值为 1，其余赋值为 0（李新忠、汪同三，2015）。

　　（2）地理距离空间权重矩阵。地理距离空间权重矩阵原理与地理邻接空间权重矩阵相似，全要素生产率增长的溢出效应并不局限于邻接区域，对其他距离较远的区域也会有相应影响。地理距离空间权重矩阵通过观测单元之间的距离对空间权重矩阵进行赋权，选定观测单元质点（如首都、省会），借助经纬度、球面距离等测度距离并对距离数值进行相应处理。王裕瑾等（2017）研究 2003～2013 年我国创新 TFP 溢出效应时以各省省会城市为质点，根据省会城市间经纬度计算地理距离，同时为避免内生性问题对测度的距离进行了距离倒数处理。宋跃刚等（2016）研究 1999～2007 年中国工业企业间 TFP 增长的空间溢出效应时选择工业企业所在省会城市之间的球面距离定义空间距离权重矩阵。

　　（3）社会经济特征空间权重矩阵。空间相关性不仅与地理空间位置有关，还与观测单元社会经济发展水平、文化背景、人力资本状况等社会经济特征相关（李新忠、汪同三，2015）。社会经济特征空间权重矩阵可仿照欧式距离进行测度（王周伟、崔百胜，2017），即根据观测单元的经济距离（人均 GDP 等）的差值 $d_{ij} = |z_i - z_j|$ 构建。

　　以上空间权重主要从地理空间视角体现出全要素生产率的空间相关性，将全要素生产率增长的空间溢出效应局限于经济地理学上"相邻"或"相近"地区上。事实上，李敬等（2016）研究表明，当前中国经济已逐渐打破地理位置的局限，其空间相关性正呈现出典型的网络结构特征（刘华军等，2017），新常态下中国区域发展战略更需要实现协调联动的多中心、网络化区域发展格局，这些区域之间在地理上可能并不相邻，但在经济增长上确实相关联，这使得仅依据地理空间权重得到的结论可能有偏误（李敬等，2014；刘华军等，2016）。此外，以上研究均没有考察中国全要素生产率增长的时间滞后因素的空间溢出影响，也未进一步分解和揭示区域内、区域间溢出效应的程度。为此，本书将从传统地理分布和网络结构两个方面构建空间权重矩阵，对中国多层面、跨区域的全要素生产率的空间溢出效应进行分解，更加深入地揭示其空间溢出影响因素，探寻全要素生产率的提升路径。

1.2.3 TFP 增长的影响因素研究

根据已有研究，全要素生产率增长的影响因素主要包括经济发展水平、结构因素、环境管理因素、技术创新能力、对外因素及其他因素等。其中结构因素又包括产业结构、能源消费结构和要素禀赋结构；环境管理因素包括政府环境投入、污染治理能力和环保意识；技术创新能力包括 R&D 投入和科技支出；对外因素包括外商直接投资和贸易开放度。下面对已有研究进行简要梳理，代表文献如表 1-4 所示。

表 1-4　　　　　　TFP 增长的影响因素相关文献梳理

影响因素	细分	代理指标	作用方向	代表文献
经济发展	经济发展水平	人均 GDP	正	王兵和王丽（2010）；张可云等（2013）；叶祥松和彭良燕（2011）；郑丽琳和朱启贵（2013）
			负	王兵等（2010）；田银华等（2011）；庞瑞芝等（2011）；郑凌霄和赵静敏（2012）；刘钻扩和辛丽（2018）；陈明华等（2018）
	经济发展水平的平方项	人均 GDP 的平方	正	王兵等（2010）；田银华等（2011）；庞瑞芝等（2011）；郑凌霄和赵静敏（2012）；刘钻扩和辛丽（2018）；陈明华等（2018）
			负	王兵和王丽（2010）；张可云等（2013）

续表

影响因素	细分	代理指标	作用方向	代表文献
结构因素	产业结构	工业增加值占地区生产总值比重；第二产业占GDP的比重；第三产业占GDP的比重	负	王兵等（2010）；王兵和王丽（2010）；叶祥松和彭良燕（2011）；张可云等（2013）；陈明华等（2018）
			正	肖攀等（2013）
			负	郑丽琳和朱启贵（2013）
			正	屈小娥（2012）
			负	刘建国等（2012）；刘建国和张文忠（2014）
	能源消费结构	煤炭消费量占能源总消费量的比重	负	王兵等（2010）；屈小娥（2012）；王兵和王丽（2010）；郑丽琳和朱启贵（2013）；庞瑞芝等（2011）；陈超凡（2016）
	要素禀赋结构	资本—劳动比	正	王兵等（2010）；王兵和王丽（2010）；叶祥松和彭良燕（2011）；陈明华等（2018）
			负	沈可挺和龚健健（2011）；叶祥松和彭良燕（2011）；郑丽琳和朱启贵（2013）；陈超凡（2016）
环境管理因素	政府的环境管理能力	排污费收入占工业增加值比重；颁布环境地方法规数；节能减排投资支出；工业SO₂去除率；工业废水排放达标率	正	郑丽琳和朱启贵（2013）
			负	庞瑞芝等（2011）
			正	沈可挺和龚健健（2011）；屈小娥（2012）
			负	王兵等（2010）
			正	沈可挺和龚健健（2011）
			负	屈小娥（2012）
			正	郑丽琳和朱启贵（2013）
	公众的环保意识	6岁及以上人口中高中以上的人口比例；每万人在校大学生数	不显著	王兵等（2010）
			正	郑丽琳和朱启贵（2013）

续表

影响因素	细分	代理指标	作用方向	代表文献
技术因素	R&D 投入	R&D 投入占GDP 的比重	正	石风光（2012）；屈小娥（2012）；袁天天等（2012）；庞瑞芝等（2011）；陈明华等（2018）；陈超凡（2016）
			负	沈可挺和龚健健（2011）；江佩（2012）；刘钻扩和辛丽（2018）
	政府的科技支出	财政支出中科技支出的比重	正	郑丽琳和朱启贵（2013）；孙雅致（2012）
	人力资本	人力资本	正	石风光（2012）；刘建国等（2012）；刘建国和张文忠（2014）；张先锋等（2010）
			负	肖攀等（2013）
对外经济因素	对外开放程度	进出口总额占 GDP 比重	正	王志刚等（2006）；田银华等（2011）；张可云等（2013）；郑丽琳和朱启贵（2013）
	外商直接投资	外商直接投资占 GDP 的比重	正	王兵等（2010）；石风光（2012）；郑丽琳和朱启贵（2013）；庞瑞芝等（2011）；王志刚（2016）
			负	王兵和王丽（2010）；肖攀和李连友（2013）；江佩（2012）；陈明华等（2018）

1. 经济发展水平

经济发展水平的提高带来经济发展规模的扩大，人民生活水平的改善，表现为人均 GDP 的增加。因此现有研究 TFP 的文献一般使用人均 GDP 作为经济发展水平的代理变量，作为影响全要素生产率的重要指标之一，同时，现有部分研究中引入了人均 GDP 的滞后项和（或）人均 GDP 的平方项，以获得更加稳健的计量结果。现有研究对经济发展水平影响绿色 TFP 增长的解释并未达成一致，存在分歧。陈菁泉（2016）、徐茉（2017）、蒋伟杰（2018）等的研究都证明经济发展水平对 TFP 的提升具有显著正向影响。而刘钻扩（2018）、陈明华（2018）的研究结论与此相反，即研究发现人均 GDP 的回归系数为负，认为经济发展水

平与 TFP 之间存在负相关关系。究其原因：一方面，经济发展水平提高
使得工业化得到飞速发展，工业发展规模的扩大不可避免地造成污染物
排放加剧，可能阻碍绿色 TFP 的提升（陈明华，2018），此外，在经济
发展水平较为落后的地区，扩大经济发展规模最直接的途径是发展资源
密集型产业，粗放式的发展模式使得资源利用效率低下、资源浪费、环
境污染加剧，从而降低绿色 TFP（刘华军，2016）；另一方面，经济发
展水平的提高使得经济发展方式得以转变，大量资金投入创新型产业，
使得资源利用率提高，经济发展模式由粗放式发展变为集约式发展，发
展不仅注重经济规模的扩大，更加注重经济质量的提升，即经济发展水
平通过促进创新提高资源利用效率使得 TFP 进一步提升。

2. 结构因素

现有文献中，影响 TFP 增长空间溢出效应的结构因素主要包括三大
类：能源消费结构、产业结构和要素禀赋结构。能源结构调整是中国建
设资源节约型、环境友好型社会面临的重要任务之一，也是保证中国能
源安全的重要组成部分。调整中国能源结构就是要减少对石化能源资源
的需求与消费，特别是降低煤电的比重，为此，通常使用煤炭消费量占
能源总消费量比重作为能源结构的代理变量（刘伟明，2012；尹传斌，
2017），这与我国以煤炭为主的能源消费结构相匹配。已有研究结果表
明，煤炭消费量比重增加将显著抑制中国全要素生产率的增长。中国作
为煤炭消费大国，以煤炭为主的能源消费结构产生了较为严重的污染，
因此，煤炭消费量占能源消费总量的比重越高，越不利于我国绿色 TFP
的提升，这与梅国平（2014）、陈超凡（2016）、刘华军（2018）等研
究结论一致，能源消费结构对 TFP 具有显著的负向影响，这一结论警示
当前中国能源消费结构亟待转变。产业结构是指一定时期内，一国或一
地区的第一产业（农业）、第二产业（工业）和第三产业（服务业）在
其经济结构中的构成关系，因此现有文献中衡量产业结构的代理变量众
多，包括工业增加值占地区生产总值比重、第二产业占 GDP 比重、第
三产业占 GDP 比重。王兵（2010）、叶祥松（2011）、张可云（2013）
等用工业增加值占地区生产总值的比重衡量产业结构，发现工业增加值
占地区生产总值比重的增加不利于我国 TFP 的提升；郑丽琳（2013）、
梅国平（2014）、戴彬（2015）、汪锋（2015）等用第二产业产值占

GDP 的比重来衡量我国的产业结构，认为第二产业产值占 GDP 的比重增加会抑制我国 TFP 的提升；屈小娥（2012）、邵朝对（2017）用第三产业产值占 GDP 的比重衡量产业结构，得出产业结构优化有利于 TFP 的提高，而刘建国（2012）用同样的代理变量得出相反的结论，认为第三产业占 GDP 的比重增加会阻碍我国 TFP 的提升。此外，马越越（2016）、王裕瑾（2016，2017）等以第二、第三产业增加值之和占 GDP 的比重来衡量产业结构，认为产业结构优化有利于提升 TFP。特别是中国经济进入新常态后，在转方式、调结构、稳增长经济发展政策指导下，提高第三产业比重，进而带动经济发展方式转变和经济发展质量的提升成为当前学术界关注的热点。要素禀赋结构作为"生产技术"的表现，对全要素生产率的增长具有直接影响，体现出管理和技术对全要素生产率增长的作用，通常使用资本—劳动比作为代理变量。现有研究中要素禀赋结构对 TFP 的影响存在分歧。

3. 资源环境管理

"绿水青山就是金山银山"，环境管理因素已成为当前提升中国经济质量的重要内容。提高政府环境管理能力、企业治污水平和公众环保意识成为实现生态优先、绿色发展的重要途径。相较于传统的 TFP，绿色 TFP 更强调环境污染与环境规制对其产生的影响。一方面，绿色 TFP 增长的测算将废水、废气、固体废弃物以及 PM2.5 等环境污染物作为非期望产出，指示环境污染对绿色 TFP 增长的负向作用。企业治理污染的能力一般通过工业 SO_2 去除量来体现，但受数据的局限，较少学者在研究 TFP 时将企业治理污染能力纳入研究模型，郑丽琳等采用通过工业废水达标排放率替代工业 SO_2 去除量衡量企业治理污染能力。另一方面，现有研究一般用环境规制衡量政府在提升绿色 TFP 进程中的作用。郑丽琳（2013）采用排污费收入占工业增加值的比重衡量政府环境规制，认为政府环境管理能力的提高有利于 TFP 的提升。庞瑞芝（2011）得出相反的结论。梅国平（2014）采用排污费收入占工业增加值的比重衡量政府环境规制，认为两者不存在显著的关系。此外，王钺（2017）、邵朝对（2017）等借助财政支出衡量政府环境规制强度。同时，公众的环保意识是降低环境污染的治本之策，教育通过向人们传达环保的重要性与迫切性，加强社会的舆论监督。同时公众环保意识的高低需要通过其行为得以体现，教育通过向人们传播知识，提高劳动力的劳动技能，进一步提高绿色 TFP。郑丽琳、朱启贵（2013）通过每万人在校大学生衡量公众的环保意识，认为每万人在校大学生数的增加对 TFP 的提升具有显著的正向促进作用。随后汪锋等（2015）、阎志军等（2016）、马越越等（2016）借助 6 岁及以上人口中高中以上的人口所占比例衡量公众的环保意识，并得出教育水平的提升对绿色 TFP 具有显著的正向推动作用。以纳税罚款等手段表征的政府环境规制通过警示、监管减少社会污染物的排；企业自发进行污染物去除 SO_2 排放减少对大气的污染；公众强化环保意识，从自我要求与社会舆论监督两方面切实进行环境保护。三方的行为均有利于减少非期望产出，带动绿色 TFP 的提升。

4. 技术创新能力

在环境库兹涅茨曲线假说下，技术因素是破除"环境诅咒"的关键因素，在现有研究中技术因素往往使用 R&D 投入占 GDP 比重和财政支出中科技支出的比重作为代理变量，分析其对全要素生产率增长的影响。技术创新能力是提高企业生产效率，决定经济社会发展质量的重要影响因素，笔者发现技术创新投入对 TFP 包含促进与抑制两种影响方向。一方面，科技研发的力度代表企业、区域是否处于创新产业链的前端，科技研发力度的增强使得先进机器设备、管理理念、前瞻信息的获取成为可能，伴随着生产工具、生产方法的改良，高水平的创新使得创新前沿面进一步扩大，通过生产质量改进、生产效率提升进一步提高 TFP。另一方面，科技创新投入加大也存在对 TFP 的抑制作用。究其原因，创新投入的增加不可避免地存在对生产投入的挤出效应（江佩，2012；陈明华，2018），当科技投入对生产效率的提升效果小于增加生产投入对产出的提升效果时，增加研发投入对 TFP 的提升作用受到限制，甚至增加研发投入这一举措会变成提升 TFP 的掣肘因素。

5. 外商直接投资

除此之外，对外经济因素也是影响全要素生产率增长的重要因素。梅国平（2014）、王志刚（2016）、邵朝对（2017）等研究了外商直接投资占 GDP 比重对 TFP 的影响，认为外商直接投资对 TFP 提升具有促进作用。蔡乌赶（2017）认为外商直接投资对 TFP 的影响存在外溢效应和示范效应，一方面针对其外溢效应，学习借鉴外资企业的先进技术水平，另一方面针对其示范效应，模仿其产品设计与制造过程的绿色化、创新性，外资的双途径影响使得外商直接投资的增加对区域 TFP 具有正向促进作用。此外劳动就业、工业化程度、信息化程度、城镇化水平、公共服务、市场化程度等对 TFP 均存在不同程度的影响，本书剔除了环境因素、随机误差扰动及空间异质性测度绿色 TFP 增长时，受数据来源的局限在"一带一路"沿线国家、中国省际及城市三个层面上选取不同的影响因素进行实证分析。

首先，现有全要素生产率增长影响因素的研究成果已十分丰富，但从表 1-4 中可以看出，使用不同的代理变量往往会得出不同的结论，即使采用相同的代理变量，也会因分析方法、测算模型、时间跨度以及研究对象的不同得出相反的结论，这使得影响因素对全要素生产率增长的空间溢出效应的实证结果存在差异（刘华军，2016）。其次，现有研究发现多种影响因素对全要素生产率增长空间溢出效应影响显著，但对于上述影响因素的内在作用机制、相互作用关系缺乏必要的认识，这不利于进一步明确全要素生产率的提升路径和具体的实施举措。另外，在当前多层次、跨区域战略实施背景下，上述影响因素在多个空间层次上对全要素生产率的协同提升作用则显得至关重要。但现有研究却忽视了影响因素在不同空间层次的协同提升机制，例如国家、省际、城市等跨层次的协作效应对全要素生产率增长的影响，这不利于化解影响因素在不同实施层面上可能存在的冲突，阻碍了影响因素对全要素生产率增长的空间溢出效应。为此，从不同层次、跨区域探究全要素生产率增长的空间溢出影响因素，理顺多层次间影响因素的作用关系，明确影响因素在多空间层次上的协同提升机制，制定科学高效的全要素生产率提升路径对于经济新常态下全面实现五大跨区域协调发展战略和中国"两个一百年"奋斗目标具有重要的理论与现实意义。

1.3 研究框架及思路

本书针对中国经济由高速增长阶段转向高质量发展时期所面临的经

济与环境协调发展问题，立足于中国区域经济发展的新格局，通过促进经济要素在更大范围、更高层次、更广空间顺畅流动与合理配置，构建协调联动的多层次、跨区域发展新机制，实现中国经济在高质量发展道路上行稳致远。为此，本书提出基于空间异质性的三阶段 DEA 动态分析模型，构建超效率非期望产出的 SBM – Malmquist 指数，从"一带一路"沿线国家、中国省际及城市三个层次考察绿色全要素生产率的增长，在此基础上综合运用经济、地理和社会学研究方法，从绿色全要素生产率增长的空间溢出网络、空间差异、时空演变及收敛趋势等方面，全面揭示中国绿色全要素生产率增长的空间分布特征，并进一步采用空间计量建模和分析技术，从地理分布、经济网络、收敛趋势三类空间关联模式，对绿色全要素生产率增长的影响因素及其空间溢出效应进行实证分析，最终明晰中国绿色全要素生产率增长的多层次、跨区域协同提升路径，并提供科学有效的区域经济协调发展对策建议。

如图 1 – 1 所示，本书研究内容主要包括六个方面的内容：

（1）绿色全要素生产率增长的测度模型与方法构建。为力求更加准确地测度全要素生产率的增长，本书提出基于空间异质性的三阶段 DEA 动态分析模型，利用数据包络分析（DEA）模型对非期望产出的合理处置，以及随机前沿分析方法（SFA）对测量误差的有效控制，从国家、省际、城市三个层级剔除空间异质性、环境影响和随机波动对测量结果的影响。同时，克服传统三阶段 DEA 模型采用截面数据无法进行动态分析的局限，本书利用面板 SFA 模型计算管理无效率项，实现绿色全要素生产率的跨期比较。

（2）绿色全要素生产率增长的测度与比较。中国已形成实施"一带一路"、长江经济带、京津冀等五大跨国家、省际、城市的区域协调发展总体格局。采用基于空间异质性的三阶段 DEA 动态分析模型，对"一带一路"沿线国家、中国省际及城市层次的绿色全要素生产率进行测算，可以较为全面地比较分析绿色全要素生产率的增长情况。换言之，一方面从空间视角横向比较中国绿色全要素生产率增长在"一带一路"沿线国家、中国省际及城市层次的水平和排名；另一方面从时间视角纵向比较绿色全要素生产率增长的变化趋势。此外，从结构上将绿色全要素生产率的增长分解为技术进步和技术效率变化，揭示绿色全要素生产率的增长来源。同时，囿于现有数据，本书较为全面地考虑了非期

研究框架	研究内容	工具方法

提出问题
全要素生产率增长的空间溢出及协同提升路径

现状：中国经济由高速增长阶段转向高质量发展阶段；生态文明建设强调经济与资源环境协调发展；区域协调发展已成为"十三五"时期国家战略

问题：TFP增长如何影响和带动其他地区TFP增长；如何多层级、跨区域协同提升TFP增长

工具方法：逻辑演绎 文献梳理

TFP测量问题
剔除空间异质性、客观环境差异、随机扰动的影响准确测量绿色TFP的增长

多层级区域战略："一带一路"国家层面；中国省际层面；中国城市层面

TFP增长的测算：基于环境生产技术和DEA框架
投入：资本投入、劳动投入、能源消费量
产出：期望产出（GDP）、非期望产出（CO_2、SO_2、COD、氨氮、烟（粉）尘、工业"三废"合成综合污染排放指数）

工具方法：三阶段SP-DEA模型 超效率SBM-Malmquist指数 共同前沿与群组前沿

TFP溢出网络
多层级TFP增长的空间溢出关系及溢出网络特征分析

空间溢出关系检验	空间溢出网络结构可视化	空间溢出网络结构特征
对各省TFP增长测算结果进行非线性空间格兰杰检验	以省份为节点构建空间溢出关联关系矩阵	整体网络特征 个体网络特征 空间聚类特征

工具方法：空间统计方法 R语言编程分析 社会网络分析

TFP增长的空间分布特征
TFP增长的空间差异、动态演进及收敛检验

空间差异	动态演进	收敛检验
（1）空间分布描述 （2）空间差异测度 （3）空间差异分解	（1）空间转移概率 （2）空间稳态分布 （3）空间演变时间	（1）全局收敛检验 （2）俱乐部收敛检验 （3）潜在俱乐部识别

工具方法：Dagum系数分析 时变因子模型 空间马尔科夫链分析

TFP增长的空间溢出效应分解
TFP增长的空间溢出影响因素分析

空间溢出关系的影响分析
基于关系数据的随机化检验方法
因变量：省际环境污染排放绩效指数的空间溢出关系
自变量：经济发展因素的差异、结构调整因素的差异、环境规制因素的差异

空间溢出效应的影响分析
基于属性数据的动态空间面板计量模型
因变量：环境污染排放绩效指数
自变量：经济发展因素、结构调整因素、环境规制因素
空间权重：省际TFP增长的空间溢出关联关系矩阵

工具方法：空间自相关性检验 空间杜宾模型 空间偏微分方法

TFP协同提升机制
三层级、跨区域TFP增长的协同提升与对策建议

三层级、跨区域TFP影响因素协同提升路径
国家、省际、城市三层级TFP影响因素协同提升路径
国家、省际、城市跨地区TFP影响因素协同提升路径

"一二三"协同提升机制
一个目标：经济与资源环境的协调发展
二级政府：中央和地方政府推动
三个抓手：政策引导、市场主导、法律保障

工具方法：归纳比较 专家意见法 DEMATEL-ISM分析法

图1-1 研究框架及技术路线

18

望产出，例如在省际层面采用八种污染物（二氧化碳、二氧化硫、COD、氨氮、粉尘、工业"三废"）作为非期望产出，以资本、劳动、能源作为投入要素，以分省实际生产总值作为期望产出，以熵值法将上述污染物拟合成综合污染排放指数作为非期望产出，对分省绿色全要素生产率进行评价及排名。

（3）绿色全要素生产率增长的空间溢出关系及网络结构分析。本书构建绿色全要素生产率增长的空间溢出关系网络，据此阐释"一带一路"沿线国家、中国省际及城市在绿色全要素生产率增长的空间溢出网络中具有的角色和地位，用以差别化制定不同区域绿色全要素生产率协同提升路径。主要包括两个方面：①整体网络结构。揭示空间溢出关系的紧密程度（网络密度）、相互影响程度（网络等级度）、全连通程度（网络关联度）以及冗余溢出关系（网络效率），明确绿色全要素生产率增长的空间溢出方式。②个体网络结构。揭示空间溢出关系的局部中心程度（度数中心度）、对其他溢出关系的调节作用（中介中心性）以及是否处于网络中心（接近中心性），进一步揭示个体在空间溢出过程中的关键作用。

（4）绿色全要素生产率增长的空间分布特征分析。为了进一步揭示绿色全要素生产率的空间差异收敛趋势及动态演进规律，本书从"一带一路"沿线国家、中国省际及城市三个层次，首先采用迭戈姆（Dagum，1997）的基尼系数分解方法，对不同空间分布下的绿色全要素生产率增长的空间差异进行分解，探究绿色全要素生产率增长的空间差异来源。此外，进一步从结构上分析绿色全要素生产率增长的技术进步和技术效率变化的空间差异来源。其次，采用非线性时变因子模型，破除现有方法须预先人为设定收敛区域和无法跨区域进行收敛检验的局限，对不同层次进行收敛分析，并进一步基于数据驱动识别出潜在收敛俱乐部成员。最后，应用空间马尔科夫链分析，对空间俱乐部和空间溢出网络分布下，绿色全要素生产率增长在转移概率、稳态分布以及演变时间三个方面呈现出的长期演变规律进行模拟，比较不同空间分布对绿色全要素生产率增长变化的影响，预测中国绿色全要素生产率增长的发展。

（5）绿色全要素生产率增长的影响因素及空间溢出效应。为从"一带一路"沿线国家、中国省际及城市三个层次揭示绿色全要素生产率增长的空间影响因素，本书采用空间计量方法，构建空间杜宾模型

(Spatial Durbin Model, SDM), 在地理邻接、俱乐部收敛以及空间溢出网络三类空间关联模式下, 对影响绿色全要素生产率增长的影响因素进行实证研究。同时, 为进一步揭示绿色全要素生产率增长影响因素的空间溢出效应, 本书采用勒萨热和帕斯 (LeSage and Pace, 2009) 提出的空间回归模型偏微分方法, 将上述溢出效应分解为直接效应和间接效应, 从而为探究中国绿色全要素生产率增长的提升路径提供实证支持。

(6) 绿色全要素生产率增长的多层面、跨区域的协同提升路径及对策建议。依据上述分析结果, 本书通过构建 DEMATEL - ISM (decision making trial and evaluation laboratory-interpretive structural modeling) 复杂系统层次模型, 识别绿色全要素生产率增长的关键影响因素之间关联关系与层级结构, 探寻多层次、跨区域绿色全要素生产率增长的协同提升路径。在此基础上面向经济与环境的协调发展, 从经济发展、产业结构、资源环境、技术创新等方面提出切实可行的对策建议。

1.4 研 究 方 法

本书综合使用了经济学、统计学、社会学、情报科学等多种方法 (见图 1 - 1), 上述方法为科学有效地解决本书的研究难点提供了有力的支撑。以此为基础, 本书在绿色全要素生产率增长测算、溢出网络分析、空间差异演变趋势分析、跨地区俱乐部收敛检验以及复杂影响因素关系与层级结构分析五个环节形成了一套系统有效的分析方法体系, 具体内容如下:

(1) 基于空间异质性的三阶段 DEA 动态分析模型 (three stages DEA based on spatial heterogeneity, SP - DEA)。该模型将超效率 SBM - Malmquist 指数模型与传统三阶段 DEA 模型结合, 弥补传统三阶段 DEA 模型无法考虑非期望产出及在面板数据应用方面的局限性。同时, 借鉴周等 (Zhou et al., 2012)、周梦玲与张宁 (2017) 的思想, 在三阶段 DEA 模型中采用两步随机性共同边界法, 去除不同地区空间异质性、环境因素及随机测量误差, 以期更加真实地刻画绿色全要素生产率的增长。

(2) 社会网络分析方法。该方法以 "关系" (relation) 作为分析数据，采用图论工具等技术探究关系模式中结构对成员整体和个体的影响，是一种面向"关系数据"的分析方法，已被广泛应用于社会学、经济学和管理学等领域（李敬等，2014；刘华军等，2015）。在社会网络分析中，通常对整体网络结构和个体网络结构进行分析，整体网络结构中常采用网络密度、网络关联度、网络效率、网络等级度等指标进行分析；个体网络结构中常采用度数中心度、中介中心度、接近中心度等指标进行分析。

（3）空间马尔科夫链分析方法。该方法可以考察跨区域空间分布差异在绿色全要素生产率增长的长期演变中存在的交互影响，与传统马尔科夫链分析不同，空间马尔科夫链构建了空间转移矩阵，该矩阵利用空间滞后表征绿色全要素生产率增长的空间依赖关系，基于此关系计算出某一地区绿色全要素生产率增长转向相邻地区绿色全要素生产率增长水平的概率。进一步利用上述空间转移矩阵，本书对多层面、跨区域绿色全要素生产率增长的长期稳态分布及其转移时长进行了分析。

（4）非线性时变因子模型。该方法不但能够判断相同地理分布的区域之间是否存在整体收敛，而且可以跨区域进一步筛选出潜在的部分收敛国家及收敛俱乐部数量。同时与主流收敛检验方法比较，该方法具有两个优势：一是不但考虑研究个体存在的异质性，而且允许研究个体的异质性随时间在不同的演变路径上改变。换言之，绿色全要素生产率增长短期内存在分散趋势，而长期内各地区依据各自的发展路径实现稳态收敛时，现有主流收敛检验方法会错误的拒接收敛，而该模型的上述优势可以全面准确地识别出收敛特征。二是该模型不存在回归分析中因内生性问题导致估计偏差和不一致的问题，也有效地规避了传统协整检验对个体间存在渐进协动性时具有较低解释力的局限。此外，现有方法更多地采用线性计量方法，但理论和实证上都受到线性假设的挑战（覃成林，2008），需要进一步应用非线性方法验证现有结论。

（5）DEMATEL - ISM 复杂系统层次模型。决策与试验评价实验室分析法（DEMATEL）和解释结构模型（ISM）是对复杂系统进行分析和决策的重要方法。其基本原理是，通过确定系统的多种影响因素及其相互关系，利用图论中的关联矩阵原理，对影响因素及其相互关系的信息进行识别处理，以明确多种影响因素间的关联性和层次性，从而揭示复杂社会经济系统中主要影响因素的内在联系，是对社会经济系统进行结构分解的有效方法。本书采用该方法探寻多层面、跨区域绿色全要素生产率增长的协同提升路径，并据此从市场、政策、法律等方面提出切实可行的对策建议。

1.5　研究特色与创新点

1.5.1　研究特色

本书从区域协同发展的视角对绿色全要素生产率增长进行了研究，本书研究特色主要表现在以下三个方面：

第一，力求更加准确地测度绿色全要素生产率增长。绿色全要素生产率的测度已成为学术界研究的热点问题，但在测量方法、数据以及测量结果等方面仍未形成较为一致的结论。本书综合应用数据包络分析（DEA）和随机前沿分析（SFA）两个主流方法的优势，从区域协同发展视角，剔除空间异质性、区域环境差异以及随机误差的影响，提出三阶段 PS – DEA 动态分析模型重新测算中国绿色全要素生产率增长。同时，本书较为全面地考虑了非期望产出，例如在省际层面采用八种污染物（二氧化碳、二氧化硫、COD、氨氮、粉尘、工业"三废"）作为非期望产出，以资本、劳动、能源作为投入要素，以分省实际生产总值作为期望产出，以熵值法将上述污染物拟合成综合污染排放指数作为非期望产出，对分省绿色全要素生产率进行评价及排名。

第二，全面解释绿色全要素生产率增长的空间网络溢出效应。伴随着"一带一路"建设和长江经济带、京津冀协同发展等一系列区域发展战略的实施，中国绿色全要素生产率增长呈现出广泛的空间相关性。李敬等（2016）、刘华军等（2017）等的研究也进一步揭示出，上述空间相关性已突破原有的地理邻接方式，正呈现出典型的网络关联结构。鉴于此，本书一方面识别出"一带一路"沿线国家、中国省际以及城市三个层面的绿色全要素生产率增长的空间网络结构，在此基础上对上述空间网络结构特征进行刻画和全面刻画和分析，并采用空间马尔科夫链对空间网络结构下中国绿色全要素增长的空间差异、长期演变趋势进行研判，最后采用空间计量模型揭示绿色全要素生产率增长的影响因素及其空间网络溢出效应。

第三，揭示多层次、跨区域绿色全要素生产率协同提升路径。中国绿色全要素生产率增长离不开区域发展战略的成功实施。区域发展战略下中国绿色全要素生产率的增长一方面得益于经济要素的跨区域流动，即经济发展的空间溢出效应，探究跨区域的经济溢出影响因素对于提升中国绿色全要素生产率十分重要；另一方面当前中国区域发展战略正呈现出多层面、跨区域发展方式，这更需要研究国家间、省际、城市间的多层面上经济要素的跨区域溢出影响因素及其协同提升路径，本书聚焦这一研究，统一识别各层面经济溢出效应的同时，利用复杂系统层次分析技术，揭示不同层面的空间溢出因素的内在关联关系，明确多层面、跨区域的区域发展战略背景下，绿色全要素生产率增长的多种影响因素间的关联性和层次性，据此阐释绿色全要素生产率增长的多层面、跨区域的协同提升路径。

1.5.2　创新点

基于上述现实背景和研究进展，本书的边际贡献主要表现以下三个方面：

第一，提出三阶段 SP - DEA 动态分析模型。该模型剔除空间异质性、环境因素和随机测量误差，将超效率 SBM - Malmquist 指数模型与传统三阶段 DEA 模型结合，弥补传统三阶段 DEA 模型无法考虑非期望产出，以及无法利用面板数据进行动态分析方面的局限性，同时，在第二阶段采用两步随机性共同边界法去除不同地区空间异质性、环境因素及随机因素影响，更加真实地准确地测度绿色全要素生产率增长。在此基础上，利用非线性时变因子模型，克服现有收敛检验预先分组及线性假设的局限，基于数据驱动识别中国省际真实绿色全要素生产率增长的潜在收敛俱乐部。采用跨地区识别潜在收敛俱乐部的检验方法，从整体上依据绿色全要素生产率的真实增长情况进行收敛性分析。

第二，从网络关联视角重新审视绿色全要素生产率增长的空间差异、空间演变及空间溢出效应。拓展经济地理学聚焦空间地理因素对经济发展的影响，将空间网络关系、网络结构特征纳入经济发展的分析框架中，建立科学的关系识别方法，刻画绿色全要素生产率增长的空间网络，并分析个体和整体网络结构特征；利用上述网络关系及网络结构特征，展示绿色全要素生产率增长存在的空间相关性，进而揭示其空间差异及长期演变趋势；进而采用最新的空间计量建模和估计技术，构建空间面板数据计量模型，采用空间回归模型偏微分方法（spatial regression model partial derivatives），对绿色全要素生产率增长的影响因素进行了实证研究，揭示了绿色全要素生产率增长的影响因素及其空间溢出效应。

第三，绿色全要素生产率的多层次、跨区域的协同提升对策。现有研究对绿色全要素生产率增长的影响因素展开了广泛且深入的研究，研究结论十分翔实。借鉴上述研究成果，本书应用决策与试验评价实验室分析法（DEMATEL）和解释结构模型（ISM）对多层次、跨层级的绿色全要素生产率增长的协同提升路径进行分析，在对"一带一路"沿线国家、中国省际和城市三个层面上绿色全要素生产率增长的跨区域影响因素进行分析的基础上，将研究重点放在揭示多层次、跨区域影响因素对提升绿色全要素生产率增长的协同效应方面。换言之，在识别单一层面上影响因素对绿色全要生产率增长的空间溢出效应以外，兼顾不同层面上影响因素对绿色全要素生产率增长的协同提升作用，并据此提出多层次、跨区域的绿色全要素生产率的协同提升对策，这将有利于进一步发挥中国区域发展战略的叠加效应。

1.6　本　章　小　结

本书旨在从空间协同发展视角出发，遵循生态优先、绿色发展要求，探究"一带一路"沿线国家、中国省际及城市三级空间层次下绿色全要素生产率的增长、时空演变趋势及其空间溢出影响因素，以揭示多层次、跨区域协同提升路径，为中国经济稳增长、促改革、调结构目标的实现，以及中国区域发展战略的实施提供切实可行的政策建议。为此，本章从绿色全要素生产率增长的测度模型、空间计量分析以及影响因素三个方面对现有研究进行梳理和评述，明确了研究思路并构建研究框架，针对当前研究在全要素生产率测度方法、空间权重选择以及影响路径识别方面存在的不足，本书创新性地提出基于空间异质性的三阶段绿色全要素生产率增长的测度模型，并引入网络空间权重以及 ISM 方法，构建了集成绿色全要素生产率增长测算、溢出网络分析、空间差异演变趋势分析、跨地区俱乐部收敛检验以及复杂影响因素关系与层级结构分析五个方面的系统分析方法体系，以期在绿色全要素生产率增长测度，空间分布特征及其演变，和多层次、跨区域的协同提升对策方面丰富和拓展现有研究。

第2章 TFP 增长的测度：基于绿色发展视角的选择

自全要素生产率（TFP）提出以来，关于 TFP 的测度问题一直是学术界研究的热点，为此学者们也相继提出众多测度方法。目前常用的测度方法主要包括代数指数法、索洛余值法、随机前沿分析法（SFA）和数据包络分析法（DEA）。上述方法各有优势，但也因为应用的前提条件或者理论假设不同，在绿色发展视角下测度全要素生产率方面表现各异，特别是在考虑坏的产出或非期望产出的时候，代数指数法因为无法估计环境污染的价格信息，索罗余值法和 SFA 无法同时处理多个产出的情况，而使得上述三类方法无法更好地测算绿色全要素生产率。因此，DEA 方法则成为当前测度绿色 TFP 增长的主流方法（陈诗一，2010）。鉴于此，本书主要针对 DEA 方法的应用现状和问题进行梳理。

2.1 TFP 增长的测度现状与差异分析

2.1.1 TFP 增长的测度现状

DEA 方法作为非参数方法，是一种基于数据驱动的测算方法。相比较其他方法，DEA 具有以下优点：一是无须设定具体的生产函数形式；二是能同时模拟计算多种投入和多种产出的生产过程，这有利于区分处置期望产出和环境污染等非期望产出；三是可以对 TFP 增长进行分解，并进行跨期比较分析，有助于揭示 TFP 增长的长期变动趋势。但也应看到，DEA 方法要求决策单元（DMU）具有同质性，测算过程中也并未考虑随机测量误差等因素的影响。为尽可能地扬长避短、准确地测度绿色 TFP 增长，本书对 DEA 的模型建立、指标选取以及测度结果差异等研究内容进行简要梳理。

1. 模型建立

DEA 模型的建立通常需考虑径向（radial）、角度（oriented）、规模报酬假设，以及效率值的计算问题。具体如下：

（1）径向和角度选择。径向 DEA 要求投入或产出同比例变动，角度则需要选择投入导向或者产出导向。换言之，当生产过程存在无效率时，径向要求需要等比例调整投入或产出，而角度则限制了仅能调整产出或者投入以实现最有决策目标。王兵等（2010）对径向和角度 DEA 研究后指出，当存在投入或产出的松弛（Slack）改进时，径向选择会高估评价对象的效率，而角度限制则会片面的考察某一方面的最优，而无法兼顾资源节约和环境保护的内在绿色发展诉求（庞瑞芝、李鹏，2011）。因此非径向、非角度的 DEA 成为当前绿色 TFP 增长测算的主流模型。代表性研究包括，托恩（Tone，2001）提出了基于松弛变量的 SBM（slack-based measure）效率评价模型。在此基础上，托恩（2004）又将方向性距离函数引入 SBM 模型中，提出考虑非期望产出的 SBM 模型，此模型能够同时处理非期望产出和松弛变量问题，成为众多学者研究绿色 TFP 增长测度的主力模型（王兵，2010、2015；陈诗一，2010；胡晓珍和杨龙，2011；刘晓洁与刘洪，2018；刘华军等，2018）。鉴于孟等（Meng et al.，2016）比较了中国区域能源与碳排放效率主流的 6 种测算模型后认为，SBM 模型与 DDF 模型的测算结果差异并不明显，同时冯杰与张世秋（2017）进一步对基于 DEA 方法的中国绿色 TFP 增长进行比较研究后认为，SBM 模型更符合绿色 TFP 增长的现实含义，本书也遵循上述研究结论，选择 SBM 模型作为绿色 TFP 增长的测度模型。

（2）规模报酬假设。规模报酬作为一个经济学术语主要指，保持其他条件不变时，当输入成比例变化时输出变量的变化方式。具体到 DEA 模型中，规模报酬反映了参考技术（reference technology）并且决定了前沿面的形状。一般来说，规模报酬通常包括四种类型，规模报酬不变（CRS）、非增规模报酬（NIRS）、非减规模报酬（NDRS）以及可变规模报酬（VRS）。当前研究中较多地使用了 CRS 作为参考技术，较少的研究选择了 VRS（王兵等，2010；刘瑞翔、安同良，2012；Meng et al.，2016）。同时，也有部分研究同时使用了 CRS、VRS 和 NIRS。具体选择何种规模报酬假设，现有文献并未得出一致结论。选择 VRS 的理由主要认为，CRS 假设对生产过程的假设过于理想，实际生产过程中各个 DMU 的规模不同，往往呈现出规模报酬递增或者递减趋势（国涓等，2013）。另外郑等（Zheng et al.，1998）建议，当 CRS 和 VRS 假设结果不一致时，应当采取 VRS 假设。这一结论更多的是基于参考技术和前沿面的考量，因为 VRS 假设下生产集通常是 CRS 的子集，这使得 TFP 的测度更接近于现有 DMU 的真实水平。为此，本书也遵循上述建议，采用 VRS 假设测度绿色 TFP 增长。

（3）效率值的计算。在 DEA 分析结果中，通常会出现多个 DMU 的效率水平处于前沿面上的情况，此时 DMU 的效率值均为最大值 1。特别是 DMU 数量较多的时候，如对中国城市绿色 TFP 增长进行测度时，上述有效城市的数量将更多，这将不利于对城市绿色 TFP 增长进行区分。为解决上述问题，安德森和彼德森（Andersen and Petersen，1993）提出了进一步区分有效 DMU 的方法，称为"超效率"模型，其核心思想是将被评价 DMU 与其他被评价的 DMU 区分开来，不计入前沿面内，其效率值参照其他 DMU 的前沿面计算得出。为此，有效的 DMU 通常效率值会大于 1，从而可以更好地区分有效 DMU。采用超效率值计算中国绿色 TFP 增长，有助于采用更加灵活的实证方法揭示影响绿色 TFP 增长的关键因素。因为传统 DMU 的取值不超过 1 的情况下，通常被认为是断尾数据，而超效率值会大于 1，不存在效率值的断尾问题，因此可以更加方便的采用多种计量模型开展实证研究。鉴于此，本书也将采用超效率值作为中国绿色 TFP 增长的测度结果。

2. 指标选取

为揭示中国绿色 TFP 增长的长期演变趋势，本书收集并利用面板数据测算中国绿色 TFP 增长，同时进一步分解绿色 TFP 增长为技术效率变化和技术进步两个方面，以深入揭示中国绿色 TFP 增长差异的结构成因。为此，现有研究通常采用 Malmquist 指数（MI）进行分析。

法勒等（Färe et al.，1992）首次提出采用 DEA 方法计算 MI 指数，并将 MI 指数进一步分解为两个时期内的技术效率的变化（technological efficiency change，EC）和生产技术的变化（technological change，TC），反映 DEA 中生产前沿面的变动情况。自此，MI 指数的应用和发展迅速，概括而言当前主要包括五类 MI 指数，即相邻参比 MI 指数、固定参比 MI 指数、全局参比 MI 指数、序列参比 MI 指数以及窗口参比 MI 指数（成刚，2014）。①相邻参比 MI 指数。该指数采用前后两个时期的生产前沿面，分别计算得出不同的生产效率值后，法勒等（1992）采用卡夫等（Caves et al.，1982）的方法，计算上述两个 MI 指数的几何平均值作为被评价 DMU 的 MI 指数。由于上述计算过程中存在被评价 DMU 不在参考集内的情况而导致 VRS 假设下可能存在无解的问题，为解决上述问题，可采用将相邻两个时期的 DMU 联合构建共同前沿面的方法（联合前沿参比 MI）解决，这样计算得出的 MI 指数则不需要采用几何平均数计算得出。需要说明的是，两种相邻参比 MI 指数均不具备可传递性，相邻时期的 MI 指数不可累乘。②固定参比 MI 指数。该方法以固定时期作为参考集，即各期共同的参考集为一固定前沿。由于固定参比 MI 指数也存在与本期以外的前沿进行参比，因此 VRS 假设下也可能存在无可行解的问题。由于各期参考固定前沿面，因此固定参比 MI 指数具备可传递性，相邻时期的固定参比 MI 指数可以累计相乘。③全局参比 MI 指数。帕斯特等（Pastor et al.，2006）提出了一种利用所有各期的总和作为参考集计算前沿面的全局参比 MI 指数。由于各期参考的是同一个前沿面，计算得出的 MI 指数是单一指数，无须计算相邻时期 MI 值的几何平均数作为 MI 指数。由于被评价 DMU 包含在全局参考集内，故不存在 VRS 假设下无可行解的问题。同时，由于各个时期参考的是同一个前沿面，因此全局参比 MI 指数也具备传递性，可计算累乘积。④序列参比 MI 指数。谢斯塔洛娃（Shestalova，2003）提出一种各期的参考集包含以前所有时期的参考集的 MI 计算方法。与之前介绍的 MI 计算方法相比较，序列参比 MI 指数相邻时期的前沿由本期和所有之前各期的 DMU 构成，即构建 t + 1 期前沿面的 DMU 包含前面 t 期的 DMU。因此，序列参比 MI 指数的前沿面不会出现后退。由于该方法也存在两个前沿面，故在计算 MI 指数时，可以采用卡夫等（1982）的方法计算两个 MI 指数的几何平均数作为被评价 DMU 的 MI 指数，也可以采用联合前沿的方法，计算得出单一 MI 指数。上述两种指数计算方法在 VRS 假设下计算可行解的结果不同，前者可能存在无可行解的问题，后者则不存在上述问题。但无论采用何种方法计算 MI 指数，序列参比 MI 指数均不具备传递性。⑤窗口参比 MI 指数。该 MI 计算方法是将一定窗口期内所有 DMU 作为参考集，从而使参考集内 DMU 数量成倍增加，作为解决 DMU 数量不足时构建前沿面的一种方法。窗口参比 MI 指数可以借鉴相邻参比 MI 方法和固定参比 MI 方法的计算公式给出相应的窗口前沿交叉参比 MI 指数、窗口联合前沿参比 MI 指数以及窗口固定参数 MI 指数。上述窗口参比 MI 指数的三种计算方法中，前两种不具有传递性，窗口固定参数 MI 指数则具备传递性，可累乘。而在 VRS 假设下，第一种方法可通过调整窗口设置，即当窗口宽度大于 3，移动偏量大于 1 时，避免无可行解的问题；第二种方法不存在无可行解问题；第三种方法则可能存在无可行解问题。

以上五类 MI 指标的计算结果可能存在很大差异，很大程度上缘于 DMU 数量不足导致的构建前沿面过于粗糙，导致结果的可靠性和稳健性较差。从理论上看，随着 DMU 的增加，在数据不存在误差的情况下，不同类型的 MI 指数的差异性会减少（成刚，2014）。因此，选择增加 DMU 的 MI 指数计算方法，如全局参比、序列参比和窗口参比，可以达到提高前沿精细度的目的，从而提高中国绿色 TFP 增长测量的鲁棒性。为保证 VRS 假设下存在可行解，本书选择全局参比 MI 指标测度中国绿色 TFP 增长。

3. 测量结果

现有文献对不同模型测度结果的差异研究较少，代表性的研究文献包括孟等（2016）、末吉等（Sueyoshi et al.，2016）、冯杰与张世秋（2017）以及埃姆鲁兹内贾德和杨（Emrouznejad and Yang，2018）等。上述文献中使用了不同的概念，如环境绩效、环境全要素生产率、环境约束下的全要素生产率、能源环境效率等，但这些概念都利用生产投入、期望产出、非期望产出测算生产过程中总投入和总产出的比率，与本书测算绿色 TFP 增长的模型和方法较为一致。孟等（2016）比较了当前用于中国能源和碳排放方面 TFP 测量的六种主流 DEA 模型，即径向模型（the radial model，Radial）、修正径向模型（modified-radial model，M - Radial）、拉塞尔模型（russell measure model，RMM）、托恩松弛变量模型（Tone's slack based model，SBM）、范围可调模型（range adjusted model，RAM）和方向距离函数模型（directional distance function model，DDF）。在 2011 年之前，主要使用 Radial 和 M - Radial 模型，而当前非径向模型，特别是 SBM 和 DDF 模型，由于其相对较强的识别能力和适用性，并且在增加期望产出的同时能减少非期望产出，近年来变得越来越受欢迎。以上六种模型的特点如表 2 - 1 所示。

表 2 - 1　　　　　　　　　　　　DEA 模型特征比较

项目	径向模型	M—径向模型	RMM	SBMT	RAM	DDF
投入/产出导向	I/O	I/O	I/O	Non	Non	Non
规模报酬	C(V)RS	C(V)RS	C(V)RS	C(V)RS	C(V)RS	C(V)RS
最优值	[0, 1]	[0, 1]	[0, 1]	[0, 1]	[0, 1]	[0, 1]
比例调节	Yes	No	No	No	No	No
松弛变量	No	Yes	No	Yes	Yes	No

上述模型具有不同的特征。首先，根据研究的目的，径向模型、M—径向模型和 RMM 模型可以是输入导向或输出导向。换句话说，在应用这三种类型的模型之前，应该假设输入/输出导向。另外，SBM 模型、RAM 模型和 DDF 模型所采用的方向有第三种选择，即利用松弛变量和方向向量同时处理输入过量和输出不足。其次，在比例调整和松弛变量方面也存在差异，上述差异在调整输入和输出方面尤为重要。径向模型在不考虑松弛的情况下按比例调整输入和输出，而其他非径向模型，以非比例的方式处理输入和输出。例如，M—径向模型、SBM 模型和 RAM 模型使用了所有输入和输出条件的松弛变量来消除 DMUs 的低效率。RMM 模型，通过设置不同输入（输出）的调整系数，允许输入（输出）按照不同比例增大或者减少。DDF 模型，通过设置不同的方向向量，可以在不同的速率下同时减少输入和增加输出。

根据以上六种模型的特征，在测量中国省际能源 TFP 时，依据测度结果六种模型可以分为三类：①R（RMM）模型和 M—径向模型；②RAM模型；③SBM 模型和 DDF 模型。上述分类产生的原因可能是，R（RMM）模型和 M—径向模型都主要通过径向系数来检验效率。而

SBM 模型和 DDF 模型通过使用非径向项目（如松弛变量和其他可调变量）构建性能指标。对于 RAM 模型，尽管它也是应用松弛变量构建性能指标的非径向模型，但它只包含了能源投入的松弛变量。这就是它不同于 SBM 模型和 DDF 模型的原因，并且它的辨别能力较弱。从碳排放效率的测量结果看，R（RMM）模型、SBM 模型和 DDF 模型获得的效率分数没有显著差异。不同于能源 TFP 下的测度结果，R（RMM）模型、SBM 模型和 DDF 模型可以被视为一组。这可能是由于在 R（RMM）模型中对非期望产出的处理能力较弱。从实践的角度来看，SBM 模型和 DDF 模型在中国区域能源效率和碳排放效率评估中具有较强的识别能力。

冯杰与张世秋（2017）聚焦于不同模型选择的差异对中国省际绿色 TFP 评估的影响，选择常用的三类模型，强处置性方向距离函数模型（S－DDF）、弱处置性方向距离函数模型（W－DDF），以及基于强处置性的松弛模型（SBM）进行比较研究，其中，S－DFF 模型和 W－DDF 模型的比较，可以揭示出产出可能性集合的不同对绿色 TFP 测量结果的影响，而 S－DFF 模型和 SBM 模型的比较，可以验证效率指标选择不同对绿色 TFP 测量结果的影响。

通过比较上述三个模型测量结果可以发现，W－DDF 模型和 S－DDF 模型得到的绿色 TFP 测量的绝对值更接近，而空间分布或者时间趋势方面，S－DDF 模型和 SBM 模型得到的结果更接近。上述结果产生的原因，一方面来自生产可能集的假设差异。弱可处置性意味着只要不存在期望产出更多同时非期望产出更少的 DMU，则该 DMU 绿色 TFP 赋值 1，这导致同为有效决策 DMU 的非期望产出却存在不同；另一方面则源自效率测度指标的选择差异。S－DFF 模型效率测度指标为径向指标，而 SBM 模型为松弛变量，由于松弛变量同时考虑了投入和产出松弛问题带来的无效率，而径向则忽略了一些生产无效性，所以笔者认为，松弛型指标更能代表真实绿色 TFP 增长。基于以上研究结论，本书将采用基于松弛变量的 SBM 模型作为绿色 TFP 增长的测度模型。

2.1.2 TFP 增长的测度差异分析

在现有采用 DEA 方法测度中国绿色 TFP 增长的研究中，阅读所及，胡晓珍和杨龙（2011）利用 DEA 方法分析了中国省际的绿色 Malmquist 指数，结果表明中国的全要素生产率增长率下降 2.5%，技术进步率的差异是地区经济增长差距的主要原因，我国的绿色 Malmquist 指数整体上不存在绝对收敛趋势，只有东部地区呈现较典型的俱乐部收敛特征。王兵等（2015）采用两期权重修正罗素模型揭示出节能减排通过推动技术进步进而促进考察期内中国省际绿色全要素生产率平均增长了 1.33%，绿色全要素生产率增长依旧呈现出东部、中部、西部逐渐下降趋势。刘晓洁与刘洪（2018）采用混合距离的 EBM 模型和 Malmquist – Luenberger 指数，测算出中国省际绿色全要素生产率考察期内年均上升 4.59%，同时中国省际绿色全要素生产率在东、中、西区域呈现出 α 收敛和 β 收敛。刘华军等（2018）利用夜间灯光数据测算出中国省际绿色全要素生产率考察期内年均下降 4.36%，中国绿色全要素生产率在东、中、西地区差距呈扩大态势，技术进步的地区差距是造成上述差距的主要原因。

以上测算结果的差异可能源于研究样本和数据的不同，但 DEA 模型假设决策单元具有同质性，忽视决策单元资源禀赋、经济结构和制度环境等客观因素差异也会使决策单元真实生产率的刻画带来偏差（王兵，2014）。同时，DEA 方法最重要的缺漏是没有考虑外部随机波动对生产过程造成的影响（Reinhard et al.，2000；Zhou et al.，2012）。为此，弗里德等（Fried et al.，2002）基于传统 DEA 模型提出了三阶段 DEA 法，该方法能有效地排除外部环境及随机误差等因素对决策单元的影响（郭四代等，2018）。然而，囿于传统三阶段 DEA 模型仅能采用截面数据进行静态分析（蓝虹与穆争社，2016），上述方法多用于区域生态效率（邓波等，2011；赵鑫等，2017）、财政支出效率（王谦等，2016）、产业效率（刘自敏等，2016；范建平等，2017）、工业绿色效率（李晓阳等，2018；郭四代等，2018）等效率测度研究。同时，上述研究未考虑非期望产出，或者采用取倒数及其他转化方法处理后的非期望值作为投入或产出进行测算（郭四代等，2018），这些处理方法忽视了环境污染的负外部性，未将单独的非期望产出作为约束条件纳入模型。正如纳米立等（Nanere et al.，2007）所指出的，未能考虑或者未能正确考虑环境因素将会给全要素生产率度量带来有偏的结果。目前国内仅有少数学者拓展三阶段 DEA 模型采用面板数据进行动态分析。

刘自敏等（2014）提出面板三阶段 DEA 模型分析了中国省际政府卫生投入效率。蓝虹与穆争社（2016）基于三阶段 DEA 模型 Malmquist 指数分析法分析了农村信用社改革绩效进行了实证分析。虽然上述研究考虑了跨期比较，或引入了非期望产出并剔除了外部环境因素影响，但上述研究未考虑到地区间空间异质性的影响，为此，周梦玲与张宁（2017）考虑了空间异质性和随机波动的影响，采用随机前沿分析（SFA）测算了中国省际全要素能源效率，但上述方法仍属于静态分析范畴，同时未考虑非期望产出以及外部环境因素对测算结果的影响。鉴于孟等（2016）比较了中国区域能源与碳排放效率主流的 6 种测算模型后认为，SBM 模型与 DDF 模型的测算结果差异并不明显，同时冯杰与张世秋（2017）进一步对基于 DEA 方法的我国省际绿色全要素生产率进行比较研究后认为，SBM 模型更符合绿色全要素生产率的现实含义。为此，本书提出基于空间异质性的三阶段 DEA 动态分析模型（three stages DEA based on spatial heterogeneity，SP - DEA），将超效率 SBM - Malmquist 指数模型与传统三阶段 DEA 模型结合，弥补传统三阶段 DEA 模型无法考虑非期望产出及在面板数据应用方面的局限性，同时，借鉴周等（Zhou et al.，2012）、周梦玲与张宁（2017）的思想，在三阶段 DEA 模型中采用两步随机性共同边界法，去除不同地区空间异质性、环境因素及随机因素影响，以期更加真实地刻画中国省际绿色全要素生产率增长。

三阶段 SP - DEA 动态分析模型为更加准确的判断中国绿色全要素生产率增长的俱乐部收敛提供了可能。现有研究通常采用主观划分东、中、西三个区域的方式对中国省际绿色全要素生产率俱乐部收敛趋势进行分析，上述方式得出的收敛性结论，可能造成新时期中国区域经济协调发展政策与实际发展趋势的脱节或背离。究其原因，一方面可能源于无法剥离既有的空间差异对测算结果的影响，为尽可能准确的解释当前中国绿色全要素生产率的收敛趋势，给出的一种基于主观空间划分下的分析和解释。另一方面可能是受限于现有收敛方法的局限：一是它仅能判断相同地理分布的地区之间是否存在整体收敛，如果不存在收敛趋势，无法筛选出潜在的部分收敛俱乐部。二是对收敛俱乐部成员"预先"指定，即不同空间分布的地区之间不存在俱乐部收敛现象。事实上，已有研究结论表明，中国区域经济增长呈现出网络结构（李敬等，

2016）。此外，现有方法更多地采用线性分析方法，但理论和实证上都受到线性假设的挑战（覃成林，2008），需要进一步应用非线性方法验证现有结论。

2.2　基于空间异质性的三阶段动态测度模型

传统三阶段 DEA 模型 2002 年由弗里德（Fried）等提出，其主要思想为：第一阶段将投入产出指标代入传统的 DEA 模型（BCC 模型或 CCR 模型），计算得到各个决策单元的松弛变量；第二阶段运用随机前沿分析法（SFA），对松弛变量和影响决策单元的环境变量进行回归分析，根据回归结果调整各个决策单元的投入（产出），依次剔除环境因素和随机因素的影响；第三阶段依据第二阶段调整后的各个决策单元的投入产出指标再次带入 DEA 模型，测算出剔除环境因素和随机因素的效率值。

上述模型可以有效剔除环境因素和随机因素的影响，但正如前文所述，传统模型仍存在仅能用于静态研究，无法有效测量非期望产出以及忽视技术空间差异性等问题，为此，本书提出三阶段 SP – DEA 动态分析模型，将空间异质性纳入分析模型，采用动态分析方法对绿色 TFP 增长进行测度。

2.2.1　空间异质性的处理方法

为剔除空间异质性对决策单元的影响，本书将同质性决策单元划分为一个小组，并由不同小组形成共同前沿面。具体而言，本书构建面板 SFA 模型，将第一阶段得到的松弛变量表达为由环境因素、随机因素和效率因素三个自变量的函数（边文龙、王向楠，2016）。为此，构建第一步模型如下：

$$S_{lkt}^g = f(Z_{kt}; \beta_l^g) + V_{lkt}^g - U_{lkt}^g, \quad t = 1, 2, 3, \cdots, T;$$
$$k = 1, 2, 3, \cdots, K; \quad l = 1, 2, 3, \cdots, N \qquad (2-1)$$

其中，S_{lkt}^g 为考察期 t 内第 g 分组中 k 省份在第 l 投入上的松弛变量，即最优投入与实际投入的差值；函数 $f(\cdot)$ 表示环境因素对松弛变量的影响，Z_{kt} 为观测到的环境变量，β_1^g 为环境变量对应的参数估计值。剩余部分称为联合误差项，其中 V_{lkt}^g 为随机误差项，呈正态分布，即 $V_{lkt}^g \in N(0, \sigma_{vl}^2)$，$U_{lkt}^g = \gamma_t U_l^g$ 为无效率项，$U_l^g \in N(0, \sigma_{ul}^2)$，呈截断正态分布，假设 $\gamma_t = \exp(-\eta(t-T))$，且 V_{lkt}^g 和 U_{lkt}^g 独立不相关。

在此基础上，第二步构建共同前沿面模型。图 2-1 给出了共同前沿面示意图。

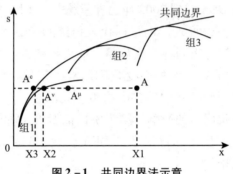

图 2-1　共同边界法示意

在既定投入和产出下，观测值 A 与共同前沿面上点 A^c 的差距由三部分组成，AA^μ 表示管理无效率 U 的影响，$A^\mu A^\nu$ 表示组内随机误差的影响，$A^\nu A^c$ 表示组内前沿面与共同前沿面之间的差距，本书将 $A^\nu A^c$ 定义为空间异质性技术差距 TSD。如果组内前沿面与共同前沿面无限接近，TSD 将逐渐缩小至 0。由此可得总差距由三部分组成，$A = A^c - TSD - V - U$。定义组内前沿面 S^g 与共同前沿面 S^c 满足：

$$S^c - S^g = TSD \tag{2-2}$$

又因为组内随机前沿估计误差 $\hat{V}$ 的存在，故得出：

$$S^g = \hat{S}^g + \tilde{V}, \quad \tilde{V} = \hat{V} - V^g \tag{2-3}$$

进一步得出共同前沿面下模型为：

$$\hat{S}^g = S^c + V^c - U^c, \quad V^c = -\tilde{V}, \quad U^c = TSD \tag{2-4}$$

具体参数估计过程，借鉴周梦玲和张宁（2017）的做法，可分为两步：①对公式（2-1）估算得出每组管理无效率值 U_{lkt}^g，以及估计系数和因变量估计值；②将上述估计值用于公式（2-4），再次使用上述估计方法得出共同前沿面下的空间异质性技术差距 TSD。然后，利用公式（2-2）得出 U^c_{lkt} 估计值，并计算得出 V^c_{lkt}。最后，通过公式（2-5）得出剔除不同地区空间异质性、环境因素及随机因素影响的新投入值。

$$x^*_{lk} = x_{lk} + [\max(f^c(Z_k; \hat{\beta}_l)) - f^c(Z_k; \hat{\beta}_l)] + [\max(\nu^c_{lkt}) - \nu^c_{lkt}]$$
$$l = 1, 2, \cdots, N; \ k = 1, 2, \cdots, K \qquad (2-5)$$

其中，x^*_{lk} 为经过同质化调整后的新投入值；第一个中括号表示调整环境因素影响；第二个中括号表示对经过共同前沿面调整后的随机误差进行调整。运用两次 SFA 结果调整所有决策单元的投入，剔除了环境因素、随机因素和空间异质性影响，使各个决策单元处于相同的环境条件。使用调整后的数据，再次使用超效率 SBM - Malmquist 模型测算得到各个决策单元的真实绿色 TFP 增长。

2.2.2　动态分析方法的设计

传统三阶段 DEA 存在无法利用面板数据进行动态分析，同时无法有效考虑非期望产出的负外部性效应。为此，本书依据孟等（2016）和冯杰与张世秋（2017）的研究结论，利用超效率 SBM - Malmquist 指数模型改进传统三阶段 DEA 模型。超效率 SBM 模型可以有效解决 SBM 模型在多个决策单元有效情况下无解的问题，在绿色 TFP 增长测算方面应用较广（Li, 2014；刘华军, 2016；陈明华, 2018）。现将超效率 SBM - Malmquist 指数模型简述如下：

假设存在 K 个 DMU，每个 DMU 对应 N 个投入 x_n，I 个期望产出 y_i 和 J 个非期望产出 b_j。向量 s^- 表示过度的投入，s^b 表示过度的非期望产出，s^y 表示期望产出不足。那么对于 DMU_o，本书所采用的超效率 SBM 模型构建如下：

$$\theta = \min_{\lambda, x, y, b} \frac{\dfrac{1}{N} \sum_{n=1}^{N} \dfrac{x_n}{x_{no}}}{\dfrac{1}{I+J}\left(\sum_{i=1}^{I} \dfrac{y_i}{y_{io}} + \sum_{j=1}^{J} \dfrac{y_j}{y_{jo}} \right)} \qquad (2-6)$$

$$\text{s. t.} \ \sum_{k=1}^{K} \lambda_k x_{nk} \leqslant x_n \qquad (2-7)$$

$$\sum_{k=1}^{K} \lambda_k y_{ik} \geqslant y_i \qquad (2-8)$$

$$\sum_{k=1}^{K} \lambda_k b_{jk} \leqslant b_j \qquad (2-9)$$

$$\sum_{k}^{K} \lambda_k = 1 \qquad (2-10)$$

$$x \geqslant x_o, y \leqslant y_o, b \geqslant b_o, \lambda_k \geqslant 0 \qquad (2-11)$$

$$x_n = x_{no} + s^- (n = 1, 2, \cdots, N) \qquad (2-12)$$

$$y_i = y_{io} - s^g (i = 1, 2, \cdots, I) \qquad (2-13)$$

$$b_j = b_{jo} + s^b (j = 1, 2, \cdots, J) \qquad (2-14)$$

$\sum_{k}^{K} \lambda_k = 1$ 表示可变规模报酬（VRS），如果去掉这一约束则意味着规模报酬不变（CRS），本书主要测算 VRS 条件下的中国省际真实绿色 TFP 增长。在超效率 SBM 效率测度模型的基础上，构建马奎斯指数 MI，公式如下：

$$MI_o^{T,T+1} = \left[\frac{\theta_o^T(x_o^{T+1}, y_o^{T+1}, b_o^{T+1})}{\theta_o^T(x_o^T, y_o^T, b_o^T)} \times \frac{\theta_o^{T+1}(x_o^{T+1}, y_o^{T+1}, b_o^{T+1})}{\theta_o^{T+1}(x_o^T, y_o^T, b_o^T)} \right]^{\frac{1}{2}}$$

$$(2-15)$$

DMU$_o$ 从 T 时期到 T + 1 时期的 TFP 的变动用 MI$_o^{T,T+1}$ 表示。其中，DMU$_o$ 在 T、T + 1 时期的效率值分别用 $\theta_o^T(x_o^T, y_o^T, b_o^T)$、$\theta_o^{T+1}(x_o^{T+1}, y_o^{T+1}, b_o^{T+1})$ 表示，基于 T + 1 时期生产技术和 T 时期投入产出的效率值用 $\theta_o^{T+1}(x_o^T, y_o^T, b_o^T)$ 表示，基于 T 时期生产技术和 T + 1 时期投入产出的效率值用 $\theta_o^T(x_o^{T+1}, y_o^{T+1}, b_o^{T+1})$ 表示。MI$_o^{T,T+1}$ = 1 表明 TFP 无变化，若 MI$_o^{T,T+1}$ > 1 表明 TFP 提高，若 MI$_o^{T,T+1}$ < 1，表明 TFP 下降。

2.3 "一带一路"沿线国家绿色 TFP 增长的测算

2.3.1 数据来源

囿于数据选择的局限，本书使用考虑非期望产出的超效率 SBM 模型及 Malmquist 指数测度"一带一路"沿线国家绿色 TFP 增长。该模型考虑了投入产出变量的松弛问题，同时突破了标准效率 DEA 模型无法对有效 DMU 进一步比较的局限。具体数据如下：

（1）投入要素：使用资本、劳动和能源作为投入变量，资本投入采用宾大佩恩表（PWT 9.0）中资本存量数据表示；劳动投入采用就业人员总数表示，通过世界银行官方数据库中劳动力总数和失业比例数据相乘计算得到；能源投入采用能源使用总量表示，通过世界银行官方数据库中人均能源使用量和总人口数相乘计算得到。

（2）期望产出：使用国内生产总值作为期望产出。

（3）非期望产出：使用二氧化碳排放量表示。

因部分国家数据缺失，且二氧化碳排放的数据公布至 2014 年，因此本书收集了跨度为 1995～2014 年的 57 个"一带一路"沿线国家数据进行绿色 TFP 增长的测算，国家具体包括：阿尔巴尼亚、埃及、阿联酋、阿曼、阿塞拜疆、爱沙尼亚、巴基斯坦、巴林、白俄罗斯、保加利亚、波黑、波兰、俄罗斯、菲律宾、格鲁吉亚、哈萨克斯坦、吉尔吉斯斯坦、柬埔寨、捷克、科威特、克罗地亚、拉脱维亚、黎巴嫩、立陶宛、罗马尼亚、马来西亚、马其顿、蒙古国、孟加拉国、缅甸、摩尔多瓦、尼泊尔、塞浦路斯、沙特阿拉伯、斯里兰卡、斯洛伐克、斯洛文尼亚、塔吉克斯坦、泰国、土耳其、土库曼斯坦、文莱、乌克兰、乌兹别克斯坦、希腊、新加坡、匈牙利、亚美尼亚、也门、伊拉克、伊朗、以色列、印度、印度尼西亚、约旦、越南、中国。

2.3.2　测算结果

本书使用超效率 SBM 模型及 Malmquist 指数（MI）测度"一带一路"沿线 57 个国家绿色全要素生产率的增长，并按照增长来源将其分解为技术效率变化（EC）和技术变化（TC），表 2-2 汇报了"一带一路"沿线国家绿色 TFP 增长及其分解的年均增长率。

表 2 - 2　　　"一带一路"沿线国家 MI、EC、TC 年均增长率　　　单位：%

国家	MI	EC	TC	国家	MI	EC	TC
阿尔巴尼亚	- 6.5274	- 2.9321	- 3.7040	缅甸	- 7.2429	- 7.5890	0.3745
埃及	- 1.0201	- 1.5152	0.5029	摩尔多瓦	4.0665	5.8121	- 1.6498
阿联酋	- 3.0940	- 4.2101	1.1651	尼泊尔	- 7.2438	- 8.0463	0.8728
阿曼	- 4.1415	- 4.2856	0.1505	塞浦路斯	0.6483	1.9001	- 1.2283
阿塞拜疆	7.0111	3.9859	2.9092	沙特阿拉伯	0.5255	- 0.6565	1.1898
爱沙尼亚	0.5158	1.6927	- 1.1573	斯里兰卡	- 0.6106	- 5.8404	5.5542
巴基斯坦	0.8563	0.2870	0.5676	斯洛伐克	3.6302	2.8012	0.8064
巴林	- 1.4467	- 0.2768	- 1.1732	斯洛文尼亚	1.9968	1.2478	0.7398
白俄罗斯	1.9054	2.1001	- 0.1909	塔吉克斯坦	- 6.8609	7.6595	- 13.4873
保加利亚	- 7.8351	- 6.2605	- 1.6798	泰国	1.2479	- 1.2536	2.5334
波黑	- 5.4925	- 4.4304	- 1.1114	土耳其	0.9987	0.0813	0.9166
波兰	2.6943	1.8168	0.8620	土库曼斯坦	- 0.5658	1.1172	- 1.6644
俄罗斯	1.2862	- 0.7926	2.0955	文莱	- 4.0444	- 0.9416	- 3.1322
菲律宾	1.9373	0.6385	1.2905	乌克兰	2.5960	2.3090	0.2805
格鲁吉亚	- 1.3978	0.9984	- 2.3725	乌兹别克斯坦	1.4724	1.2573	0.2125
哈萨克斯坦	3.6494	3.4128	0.2287	希腊	0.5511	- 2.0690	2.6755
吉尔吉斯斯坦	- 1.9193	3.7213	- 5.4384	新加坡	3.5913	2.7761	0.7931
柬埔寨	- 8.2173	- 6.8012	- 1.5193	匈牙利	2.6066	1.4324	1.1577
捷克	2.4198	1.1641	1.2413	亚美尼亚	- 3.1279	0.4611	- 3.5725
科威特	- 3.3759	- 3.6216	0.2551	也门	- 4.3209	- 4.2073	- 0.1186
克罗地亚	1.5435	0.6598	0.8778	伊拉克	3.7892	3.3938	0.3825
拉脱维亚	5.6409	3.8069	1.7668	伊朗	0.5543	- 2.0343	2.6424
黎巴嫩	- 0.2142	- 0.4784	0.2653	以色列	0.1992	0.1024	0.0966
立陶宛	4.3764	3.8511	0.5058	印度	14.6618	0.7354	13.8249
罗马尼亚	3.7385	2.6360	1.0742	印度尼西亚	6.0935	- 1.4626	7.6684
马来西亚	1.9726	- 0.4450	2.4283	约旦	- 1.3669	- 0.3024	- 1.0678
马其顿	- 3.0029	- 0.1955	- 2.8129	越南	- 3.1853	- 3.5707	0.3997
蒙古国	- 0.2912	1.5650	- 1.8276	中国	2.4098	1.2502	1.1453
孟加拉国	- 0.7000	- 1.7001	1.0175	——	——	——	——

资料来源：笔者整理。

2.4　中国省际真实绿色 TFP 增长的测算

2.4.1　数据来源

由于数据不可得性，本书基于 2000 ~ 2015 年剔除西藏后的中国大陆 30 个省份[①]的面板数据进行真实绿色 TFP 增长测算，具体数据如下：

（1）投入要素：资本存量（K）、劳动力（L）和能源（E）。①资本存量方面，中国各省份的资本存量没有官方统计数据，本书采用永续盘存法进行估计，以 2000 年为基期，选取各省份经过平减处理的固定资产投资价格指数作为相应省份的价格指数，增长率以各省份考察期内全社会固定资产投资总额的几何平均增长率表示，为考虑各省份的异质性，借鉴吴延瑞（2008）的做法，不同省份使用不同的折旧率进行计算。②劳动力方面，本书以各省份从业人员数代表劳动力投入。③能源方面，本书用折合成万吨标准煤的能源消费总量反映各省份能源投入情况。

（2）期望产出（Y）：各省份地区生产总值，以 2000 年为基期进行平减处理。

（3）非期望产出（U）：二氧化碳（CO_2）排放量、工业二氧化硫（SO_2）排放量、工业烟（粉）尘排放、工业化学需氧量排放（COD）、工业氨氮排放总量、工业废水、工业废气、工业固体废弃物。其中，以煤炭（万吨）、原油（万吨）和天然气（亿立方米）三种一次能源消费量为基准，利用《2006 年 IPCC 国家温室气体清单指南》中发布的参考方法，利用公式（2 - 16）进行估算中国各省份的二氧化碳排放量。

$$CO_2 = \sum_{i=1}^{3} CO_{2,i} = \sum_{i=1}^{3} E_i \times NCV_i \times \delta_i \qquad (2 - 16)$$

其中，CO_2 表示待估算的二氧化碳的排放量，i = 1、2、3，分别代表三

---

①　30 个省份具体包括：北京、天津、河北、山西、内蒙古、辽宁、吉林、黑龙江、上海、江苏、浙江、安徽、福建、江西、山东、河南、湖北、湖南、广东、广西、海南、重庆、四川、贵州、云南、陕西、甘肃、青海、宁夏、新疆。

种一次能源（煤炭、原油和天然气），E 代表三种一次能源的消耗量，NCV 为三种一次能源的平均低位发热量，煤炭、原油和天然气的平均低位发热量分别为 20908 千焦/千克、41816 千焦/千克和 38931 千焦/立方米，来源于 2000 ~ 2002 年《中国能源统计年鉴》；δ 表示碳排放系数，煤炭、原油和天然气的碳排放系数分别为 95340、73300 和 56100，其中，依据陈诗一（2009）的方法，烟煤（80%）和无烟煤（20%）的二氧化碳系数加权总和作为煤炭的 CO_2 排放系数，相关 CO_2 排放系数由 IPCC（2006）提供。2000 ~ 2010 年的工业烟（粉）尘排放由烟尘数据和粉尘数据相加得到。为提高 DEA 的识别能力，本书将上述 8 个非期望产出运用熵值法综合成一个综合环境污染指数作为非期望产出[①]。上述数据非特别指出外，均来源于国家统计局官方网站、中国统计年鉴。

2.4.2 测算结果

基于三阶段 SP - DEA 动态分析模型，测算中国省际真实绿色 TFP 增长，各阶段测算结果如下：

1. 阶段一：测算常规绿色全要素生产率的增长

表 2 - 3 展示了中国省际常规绿色全要素生产率增长及分解的年均增长率，结果表明，考察期内北京、河北、上海、江苏等 14 个省份常规绿色全要素生产率增长（用"MI"表示，下同）呈现正向增长，其中江苏增长最快，年均增长 7.13%；而天津、山西、内蒙古、辽宁等 16 个省份呈现负增长，其中宁夏降速最快，年均下降 13.48%。进一步从绿色 TFP 增长的分解结果中可以看出，绿色 TFP 增长的省份中，河北、上海、福建、河南、广东和陕西 6 个省份技术效率变化（用"EC"表示，下同）呈现下降趋势，其常规绿色 TFP 增长来源于技术进步（用"TC"表示，下同），而其他 8 个省份常规绿色 TFP 增长则得益于效率提高和技术进步的双重作用；绿色 TFP 下降的省份中，天津、山西和湖南 3 个省份常规绿色 TFP 下降来源于效率降低，贵州和甘肃 2 个省

---

① 限于篇幅未给出具体测算结果，有需要的读者可随时向笔者索取。

常规绿色全 TFP 下降来源于技术退步，而其他 11 个省份则陷入效率降低和技术退步的双重恶化境地。整体来看，考察期内 30 个省份常规绿色 TFP、技术效率变化和技术进步变化的年均增长率呈现下降趋势，通过计算 2001~2005 年、2006~2010 年和 2011~2015 年的年均增长率发现，"十五"规划期间，整体常规绿色 TFP、技术效率变化和技术进步变化均呈现出下降趋势，"十一五"规划期间常规绿色 TFP 和技术效率变化呈现出上升趋势，技术变化处于下降趋势。"十二五"规划期间常规绿色 TFP 和技术变化呈现上升趋势，技术效率变化呈现下降趋势。

表 2-3 中国省际常规 MI、EC、TC 年均增长率 单位：%

省份	MI	EC	TC	省份	MI	EC	TC
北京	2.1711	0.3550	1.8097	河南	0.2442	-1.4128	1.6807
天津	-0.1526	-0.6340	0.4845	湖北	2.2299	0.8133	1.4050
河北	1.3935	-0.5709	1.9757	湖南	-0.3520	-0.7764	0.4276
山西	-1.2087	-1.3499	0.1430	广东	1.3560	-0.2609	1.6212
内蒙古	-7.1809	-5.3691	-1.9147	广西	-5.2025	-2.0699	-3.1990
辽宁	-1.1403	-0.5598	-0.5837	海南	-4.6471	0.6480	-5.2611
吉林	-4.9565	-2.3429	-2.6762	重庆	1.7346	1.2167	0.5116
黑龙江	-9.0927	-0.1543	-8.9522	四川	2.4832	1.4142	1.0543
上海	3.1890	-0.1012	3.2935	贵州	-1.5613	0.7639	-2.3075
江苏	7.1297	2.6050	4.4097	云南	-1.9042	-1.4390	-0.4719
浙江	4.4262	0.0222	4.4030	陕西	0.2163	-0.4686	0.6880
安徽	0.4086	0.3093	0.0988	甘肃	-1.4634	0.6410	-2.0910
福建	1.5431	-2.3269	3.9622	青海	-11.3660	-0.0574	-11.3151
江西	-0.9559	-0.4878	-0.4703	宁夏	-13.4793	-2.2038	-11.5295
山东	3.3389	0.6811	2.6399	新疆	-2.5674	-2.4209	-0.1502
整体 (01-15)	-0.7153	-0.0320	-0.4666	整体 (06-10)	0.5214	1.5996	-0.7407
整体 (01-05)	-2.7706	-0.8571	-1.9035	整体 (11-15)	0.1362	-0.8188	1.2702

注：括号内数值表示样本数据的时间跨度。
资料来源：笔者整理。

43

图2-2展示了东、中、西地区常规绿色TFP、技术效率变化和技术变化的时间演变趋势①。从中可以看出，2001～2010年各地区常规绿色TFP变化、技术效率变化及技术变化较为平稳，2011年后波动较大，呈现出增长—下降—增长的发展趋势。东部地区的常规绿色TFP增长在多数年份处于领先位置，2011～2013年东部地区绿色TFP增长急剧下降，在2014年后恢复领先地位。西部地区在多数年份落后于东、中部地区，但在2003年、2006年、2008年等年份短暂超过中部地区。各个地区的技术效率变化波动较大，东部地区的技术效率变化优势不明显，甚至在2012年和2013年落后于中部、西部地区。而技术进步整体发展趋势和常规绿色TFP增长趋势相同，东部地区位于领先地位，西部地区水平最低。

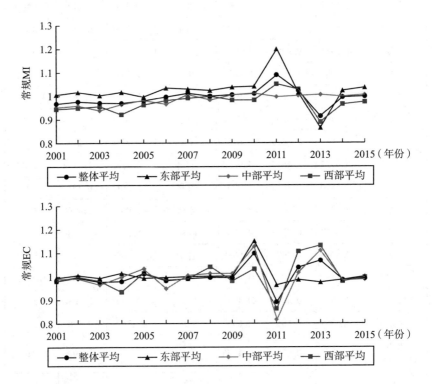

① 东部地区包括北京、天津、河北、辽宁、上海、江苏、浙江、福建、山东、广东和海南11个省份，中部地区包括山西、吉林、黑龙江、安徽、江西、河南、湖北和湖南8个省份，西部地区包括内蒙古、广西、重庆、四川、贵州、云南、陕西、甘肃、青海、宁夏和新疆11个省份，以下东、中、西部划分方式相同。

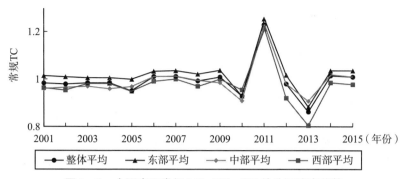

图 2-2　中国省际常规 MI、EC、TC 的分区演变趋势

　　综上所述，中国常规绿色 TFP 负增长的态势得到了有效遏制，整体上升趋势并不稳定，具有较为明显的波动性。进一步从不同地区的演变趋势中可以看出，东、中、西三个地区的常规绿色 TFP 增长仍呈现出较大的波动性，且上述三个地区的常规绿色 TFP 增长、技术效率变化与技术变化出现了分散无序的发展趋势，特别是"十二五"规划期间尤为明显。为此，本书将在第二阶段采用共同边界法，使用两次 SFA 回归模型剔除外部环境、随机误差以及空间异质性等因素的影响，测度更加真实的绿色 TFP 增长，以准确反映近年来中国经济政策调控的效果。

2. 阶段二：剔除空间异质性、外部环境与随机误差的影响

　　（1）外部环境变量说明。依据戴平生（2009）、刘建国（2014）、陈明华（2018）等的研究，本书选取了 5 个外部环境变量，具体包括发电量（x_1）、经济开放度（x_2）、外商投资水平（x_3）、金融水平（x_4）、教育水平（x_5），分别用分省发电量、进出口总额、外商投资企业总额、银行业金融机构各项存贷款总和、平均受教育年限表示。其中，平均受教育年限参照戴平生（2009）的方法①计算得到。为去除量纲影响，对环境因素进行标准化处理。以上因素一方面对省际绿色 TFP 增长具有显著的影响，另一方面这些因素或受中央行政指令的约束，或受到各省份自然环境、长期经济发展水平以及传统地域文化等的影响，导致各个省

<hr />

　　①　平均受教育年限 =（文盲人数 ×1 + 小学文化人数 ×6 + 初中文化人数 ×9 + 高中文化人数 ×12 + 大专以上文化人数 ×16）/6 岁以上人口总数

份在今后较长时间内难以改变现有差异，这使得 DEA 模型决策单元"同质性"假设受到质疑，为此，本书剔除上述 5 个外部环境因素的影响计算真实绿色 TFP 增长。

（2）两步随机性共同边界 SFA 回归。为进一步剔除空间异质性影响，本书将中国 30 个省份分为东部、中部和西部地区省份①，使用分区 SFA 回归模型分别考察环境因素对三个地区投入产出松弛变量的影响作用，具体结果如表 2－4 所示。为进一步检验管理无效率是否存在时间效应，本书运用似然比检验对模型不存在时间效应的原假设进行了检验，检验结果（LR Test）表明，中部地区、西部地区的劳动投入和东部地区的期望产出的管理无效率不存在时间效应，其他检验结果均在 1% 的显著性水平下拒绝原假设，说明其他投入、产出变量的管理无效率均存在时间效应。

表 2－4 　　　　　　　　　　中国省际 SFA 回归结果

			s－K	s－L	s－E	s－Y
分区 SFA	东部 地区	常数项	－5782.6937 ***	－1594.0222 ***	－9075.2082 ***	－921.0666 ***
		x_1	－5220.9698 ***	－229.8084 ***	－3495.6861 ***	－242.6464
		x_2	4173.4909 ***	60.5730	965.0115 ***	－2767.8825 ***
		x_3	770.6698 ***	374.2609 ***	1359.2871 ***	－345.3721
		x_4	－3728.3172 ***	－99.1326	－607.5416 **	1660.6196 ***
		x_5	287.7315	73.9329 *	160.1759	286.8329 **
		σ^2	82210765.0000 ***	417832.5400 ***	23630591.0000 ***	3359075.0000 ***
		γ	0.7604 ***	0.6652 ***	0.9016 ***	0.2313 ***
		η	－0.1952 ***	0.0326 ***	－0.0237 ***	0.0000
		LR Test	86.3040 ***	13.5822 ***	－8.5352 ***	0.0382
	中部 地区	常数项	3954.8412 ***	－836.6121 ***	－1284.3683 **	－4469.1729 ***
		x_1	－726.3699 ***	－96.6287	－159.0196	－1926.6444 ***
		x_2	12348.7700 ***	－936.0126 ***	－1152.5678 *	－10203.0620 ***

---

① 为方便与当前文献研究结果进行比较，本文选取东部、中部、西部的划分方式。

续表

			s－K	s－L	s－E	s－Y
分区 SFA	中部 地区	x_3	1340. 4887 ***	－297. 7370	2175. 7073 ***	4631. 7149 ***
		x_4	－1773. 5720 ***	602. 4935 **	1147. 4701 *	929. 5086 ***
		x_5	344. 8156 ***	93. 8259	86. 4285	700. 5553 ***
		σ^2	10691868. 0000 ***	415647. 8900 ***	2384450. 1000 ***	2680777. 6000 ***
		γ	0. 8098 ***	0. 7211 ***	0. 4648 ***	0. 9420 ***
		η	－0. 1768 ***	0. 0000	0. 0496 ***	－0. 0329 ***
		LR Test	58. 9998 ***	1. 1815	8. 6702 ***	18. 9558 ***
	西部 地区	常数项	－3227. 4696 ***	－382. 0121 *	1038. 5575 ***	－5613. 2198 ***
		x_1	－844. 2128 *	－25. 1521	－1982. 1590 ***	108. 2083
		x_2	－12052. 5870 ***	－1238. 3673 ***	－7205. 1012 ***	2035. 2641 ***
		x_3	19259. 0300 ***	2846. 6469 ***	15473. 1740 ***	－7519. 8952 ***
		x_4	－10179. 8100 ***	－734. 9319 ***	－2357. 4394 ***	－1673. 1437 ***
		x_5	643. 0603 ***	－32. 2435	－53. 9322	－105. 9209
		σ^2	14625325. 0000 ***	318745. 8300 ***	3448474. 9000 ***	2340454. 6000 ***
		γ	0. 7198 ***	0. 7582 ***	0. 5993 ***	0. 8092 ***
		η	－0. 1664 ***	0. 0000	－0. 1021 ***	－0. 0869 ***
		LR Test	45. 4866 ***	0. 0266	10. 5500 ***	41. 6060 ***
整体 SFA		常数项	－6535. 0248 ***	－1615. 6286 ***	－8041. 6679 ***	－3675. 2217 ***
		x_1	－2599. 8139 ***	－210. 1624 ***	－1799. 2880 ***	－1320. 4606 ***
		x_2	2426. 1963 ***	92. 6733 ***	－119. 7524 ***	－1855. 9866 ***
		x_3	－469. 9689 ***	345. 0613 ***	－1133. 9847 ***	309. 4820 ***
		x_4	－3174. 6634 ***	－124. 5864 ***	318. 7478 ***	258. 2188 ***
		x_5	905. 8872 ***	20. 8608 ***	－372. 9749 ***	50. 8887 ***
		σ^2	17092444. 0000 ***	441122. 9800 ***	22735856. 0000 ***	3990146. 1000 ***
		γ	0. 8965 ***	0. 9785 ***	0. 9510 ***	0. 9312 ***
		η	－0. 0693 ***	－0. 0242 ***	－0. 0387 ***	－0. 0742 ***
		LR Test	172. 4572 ***	131. 2050 ***	251. 3198 ***	153. 1254 ***

注：s－代表该变量的松弛变量，* 、** 、*** 分别代表通过显著性水平为 10% 、5% 、1% 的检验。

　　依据上述模型选择结果，本书给出了对应的计量模型回归结果，如表 2-4 上半部分所示。东、中、西三大地区各个投入、产出变量的 γ 值均通过了 1% 的显著性水平检验，拒绝了不存在管理无效率的原假设，并且当前资本、劳动、能源投入以及期望产出中均存在不同程度的管理无效率因素。具体而言，除东部地区期望产出的 γ 值（0.2313）和中部地区能源投入的 γ 值（0.4648）较小外，其他投入、产出中管理无效率的影响占比均超过 60%，甚至在东部能源投入和中部期望产出中管理无效率的影响超过 90%，这也进一步表明剔除上述五个外部环境因素的影响，测度中国真实绿色 TFP 增长的必要性和有效性。同时，外部环境对松弛变量的影响表现如下：①投入松弛变量方面，东部地区的教育水平对资本投入的松弛变量回归结果未通过显著性检验，经济开放程度和金融水平对劳动力投入的松弛变量回归未通过显著性检验。教育水平对能源投入的松弛变量回归结果未通过显著性检验。中部地区的发电量、投资水平和教育水平对劳动力投入的松弛变量回归结果未通过显著性检验，发电量和教育水平对能源投入的松弛变量回归结果未通过显著性检验。西部地区的发电量和教育水平对劳动力投入的松弛变量回归结果未通过显著性检验，教育水平对能源的松弛变量回归结果未通过显著性检验。除此之外，外部环境对三大地区投入松弛变量的回归结果均通过了 10% 显著性水平检验。②产出松弛变量方面，东部地区的发电量和投资水平对期望产出的松弛变量回归结果未通过显著性检验，西部地区的发电量和教育水平对期望产出的松弛变量回归结果未通过显著性检验，除此之外，外部环境对三大地区期望产出的松弛变量均通过了 5% 显著性水平检验。特别指出的是，所有外部环境变量对非期望产出的松弛变量均未通过显著性检验，在非期望产出的弱处置性（weak disposability）以及与期望产出的零结合（null-jointness）假设下，外部环境因素无法对非期望产出的松弛变量产生直接影响，这也印证了仅仅通过调整外部环境因素减少非期望产出是不可能的，产生期望产出的同时必定会产生非期望产出。为此，本书未对非期望产出进行调整①。

　　三大地区之间的回归结果在回归系数和显著性两个方面均存在较大

---

① 限于篇幅，表 2-3 中未报告具体系数值，有需要的读者可向笔者索取。

差异，说明空间异质性对上述回归过程具有显著影响。为此，本书进一步计算共同前沿面下各个省份的管理无效率项，结果详见表 2 - 4 整体 SFA 部分。似然比检验结果（LR Test）表明，各项投出产出的松弛变量回归结果均具有显著的时间效应。投入的松弛变量和产出松弛变量的整体 SFA 回归的 γ 值在 1% 的显著性下均大于 0.897，拒绝了不存在管理无效率项的原假设。所有五个外部环境因素对投入松弛变量和产出松弛变量的回归结果均通过了 1% 显著性水平检验，说明实际投入值与目标投入值之间的差距很大一部分来自环境因素的影响。具体而言，发电量对资本投入、劳动力投入、能源投入和期望产出的松弛变量均具有负向作用，说明当前如果继续增加电厂建设，将抑制资本、劳动和能源的投入，并拖累地区经济发展。经济开放度对资本投入、劳动投入的松弛变量具有正向影响，对能源投入和期望产出的松弛变量具有负向影响，说明经济开放度越高越有助于节约能源，扩大资本投入和劳动投入，但限制了本地区经济发展。外商投资水平对劳动力投入和期望产出的松弛变量具有正向影响，对资本投入和能源投入的松弛变量具有负向影响，表明当前外商投资有利于能源利用，带动了地区就业和经济发展，但并未带动资本投入的增长。金融水平对能源投入和期望产出的松弛变量具有正向影响，对资本投入、劳动力投入的松弛变量具有负向影响，表明当前金融业的发展增加了能源需求，带动了地区经济发展，但无法支撑资本投入和就业市场的持续扩大。教育水平对资本投入、劳动力投入和期望产出的松弛变量具有正向影响，对能源投入的松弛变量具有负向影响。表明伴随教育水平的提高，资本投入、劳动就业和地区经济均有不同程度的提升，同时也有利于节约能源使用。

3. 阶段三：测算真实绿色全要素生产率的增长

根据上述两次 SFA 回归的结果，运用公式（2 - 5），对投入变量和产出变量进行调整，使用调整后的投入变量和产出变量，剔除空间异质性、外部环境及随机误差影响，运用超效率 SBM - Malmquist 指数模型，重新测算真实绿色 TFP 增长。表 2 - 5 报告了 2001 ~ 2015 年中国省际真实绿色 TFP 增长、技术效率变化和技术变化的年均增长率。

表 2－5　　　　　中国省际真实 MI、EC、TC 年均增长率　　　　单位：%

省份	MI	EC	TC	省份	MI	EC	TC
北京	1.8634	0.5514	1.3049	河南	1.0227	－1.7997	2.8741
天津	0.9678	－2.5419	3.6012	湖北	1.5657	－1.8423	3.4719
河北	－0.2226	－3.3545	3.2408	湖南	0.3731	－2.5837	3.0351
山西	－0.0573	－3.6485	3.7271	广东	2.1525	0.2101	1.9383
内蒙古	－1.9365	－4.5397	2.7270	广西	－1.3927	－4.0899	2.8124
辽宁	0.0433	－2.6592	2.7763	海南	10.8149	11.3561	－0.4860
吉林	－1.8355	－3.2193	1.4298	重庆	0.1770	－2.8765	3.1438
黑龙江	1.0622	－2.4838	3.6363	四川	2.9558	－0.7943	3.7800
上海	2.2345	0.1395	2.0917	贵州	－0.3335	－4.4481	4.3062
江苏	2.5175	0.1914	2.3217	云南	－1.4926	－5.0534	3.7503
浙江	1.6435	－1.9762	3.6925	陕西	－0.6349	－3.9126	3.4113
安徽	0.2810	－2.8708	3.2448	甘肃	－0.4856	－4.5467	4.2545
福建	－0.0951	－3.2126	3.2209	青海	－0.2664	－4.5825	4.5233
江西	0.0056	－3.5344	3.6696	宁夏	－1.7065	－5.3980	3.9022
山东	2.5655	－1.2468	3.8604	新疆	－2.5658	－6.0727	3.7336
整体 （01－15）	1.0834	－1.7480	3.2079	整体 （06－10）	0.5705	－0.1687	0.9887
整体 （01－05）	－0.2811	－0.9433	0.6751	整体 （11－15）	2.9892	－4.0880	8.1294

注：括号内数值表示样本数据的时间跨度。

2.5　中国城市真实绿色 TFP 增长的测算

2.5.1　数据来源

由于数据不可得性，本书基于 2003～2016 年中国大陆 270 个城市的面板数据进行真实绿色 TFP 增长测算，具体数据如下：

（1）投入要素：资本存量（K）、劳动力（L）和能源（E）。①资本存量方面，中国各城市的资本存量没有官方统计数据，本书采用永续盘存法进行估计，以 2003 年为基期，选取各城市经过平减处理的固定资产投资价格指数作为相应城市的价格指数，增长率以各城市考察期内全社会固定资产投资总额①的几何平均增长率表示，折旧率为各城市所在省份的折旧率，借鉴吴延瑞（2008）的做法，不同省份使用不同的折旧率进行计算。②劳动力方面，采用单位从业人员和私营和个体从业人员之和为劳动力投入。③能源方面，使用全社会用电量反映各城市能源投入。

（2）期望产出（Y）：各城市地区生产总值，以 2003 年为基期进行平减处理。

（3）非期望产出（U）：①本书使用熵值法将工业废水、工业二氧化硫和工业烟（粉）尘②拟合为综合污染指数作为非期望产出。②将基于卫星监测的全球 PM2.5 年均值的栅格数据进行解析得到中国地级市所有栅格数据，取均值作为各城市 PM2.5 浓度。以上数据除特殊说明外，均来自《中国城市统计年鉴》。

2.5.2　测算结果

基于三阶段 SP – DEA 动态分析模型，测算中国城市真实绿色 TFP 增长，测算结果如下：

---

① 受数据的不可得性所限，固定资产投资总额（万元），在 2011 年及之前年份为全社会固定资产投资总额，2012 年之后为不含农户固定资产投资总额。

② 根据统计局统计口径的变化，2003～2010 年为工业烟尘排放量，2010～2016 年为工业烟（粉）尘排放量。

1. 阶段一：测算常规绿色全要素生产率的增长

附表1展示了中国各个城市的常规绿色 TFP 增长年均增长率，结果表明，考察期内北京、海口、成都、石家庄等 128 个城市常规绿色 TFP 增长（用"MI"表示，下同）呈现正向增长，其中北京增长最快，年均增长 39.69%；而张家口、岳阳、苏州、葫芦岛等 142 个城市呈现负增长，其中安顺降速最快，年均下降 18.11%。进一步从绿色 TFP 增长的分解结果中可以看出，绿色 TFP 增长的城市中，北京、成都、石家庄、重庆、周口和唐山等 62 个城市技术效率变化（用"EC"表示，下同）呈现下降趋势，其常规绿色 TFP 的增长来源于技术进步（用"TC"表示，下同）；河池、抚顺、辽阳、雅安、牡丹江和运城等 13 个城市呈现技术退步趋势，其常规绿色 TFP 的增长来源于技术效率变化；而海口、包头、大连、淄博、合肥、青岛等 53 个城市常规绿色 TFP 的增长则得益于效率提高和技术进步的双重作用。绿色 TFP 下降的城市中，岳阳、苏州、驻马店、东莞和茂名等 20 个城市常规绿色 TFP 下降来源于效率降低，张家口、葫芦岛、永州市、四平市和黄山市等 65 个城市常规绿色 TFP 下降来源于技术退步，而承德、临汾、安阳、焦作、荆门和绥化等 57 个城市则陷入效率降低和技术退步的双重恶化境地。

2. 阶段二：剔除空间异质性、外部环境与随机误差的影响

（1）外部环境变量说明。依据省际外部环境变量挑选原则，本书选取了人力资本（x_1）、城市建设用地面积（x_2）、金融发展水平（x_3）、绿化覆盖面积（x_4）4 个外部环境因素，分别用普通高等学校在校学生数占总人数的比重、城市建设用地面积、银行业金融机构各项存贷款总和占 GDP 比重、绿化覆盖面积表示。为去除量纲影响，对环境因素进行标准化处理。

（2）两步随机性共同边界 SFA 回归。为剔除空间异质性影响，本书将 270 个城市分为东部、中部和西部地区城市①，使用分区 SFA 回归模型分别考察环境因素对三个地区投入产出松弛变量的影响作用，具体结果如表 2-6 所示。

---

① 划分东部、中部、西部地区城市的目的在于与省际保持一致。

表 2 - 6   中国城市 SFA 回归结果

			s - K	s - L	s - E	s - Y
分区 SFA	东部地区	常数项	- 42495823 ***	- 66. 20 ***	- 1028746. 70 ***	- 3582165. 80 ***
		x_1	4908148 ***	- 0. 62	- 86592. 63 ***	- 155022. 48 ***
		x_2	7603976 ***	- 17. 52 ***	108958. 89 ***	- 3856753. 40 ***
		x_3	- 11610161 ***	- 23. 60 ***	- 38022. 12 ***	1105573. 70 ***
		x_4	- 15154869 ***	- 9. 91 ***	- 207917. 87 ***	1104324. 30 ***
		σ^2	14089882 $* 10^8$ ***	7324. 13 ***	79920742 $* 10^4$ ***	2158272 $* 10^7$ ***
		γ	0. 610 ***	0. 79 ***	0. 77 ***	0. 73 ***
		η	0. 01	- 0. 02 **	- 0. 01 **	- 0. 01 **
		LR Test	2. 65 *	24. 13 ***	5. 22 **	12. 89 ***
	中部地区	常数项	- 29124751 ***	- 61 ***	- 627366. 59 ***	- 1391421. 70 ***
		x_1	- 2943588 ***	5 ***	- 149110. 16 ***	270780. 84 ***
		x_2	2701338 ***	0. 095	- 11546. 09 ***	1727364. 50 ***
		x_3	- 2890477 ***	- 6. 08 ***	- 37759. 35 ***	168618. 41 ***
		x_4	- 21004306 ***	- 26 ***	- 147751. 66 ***	- 2953661. 6 ***
		σ^2	37077064 $* 10^7$ ***	1536 ***	17858829 $* 10^4$ ***	25840385 $* 10^5$ ***
		γ	0. 625 ***	0. 83 ***	0. 87 ***	0. 79 ***
		η	0. 025 ***	0	- 0. 02 ***	- 0. 11 ***
		LR Test	27. 38 ***	0. 1326	86. 28 ***	502. 35 ***
	西部地区	常数项	- 28641963 ***	- 65. 47 ***	- 609883. 63 ***	- 987885. 19 ***
		x_1	2568558 ***	15. 858 ***	- 68081. 04 ***	23724. 19 ***
		x_2	4842752 ***	- 41. 47 ***	- 101749. 18 ***	- 56759. 55 ***
		x_3	- 2730602 ***	- 4. 95 *	- 55762. 27 ***	75734. 81 ***
		x_4	- 35123141 ***	- 59. 39 ***	- 148572. 48 ***	- 59630. 47 ***
		σ^2	3989115 $* 10^8$ ***	3254. 07 ***	2013868 $* 10^5$ ***	13710866 $* 10^5$ ***
		γ	0. 47 ***	0. 56 ***	0. 70 ***	0. 85 ***
		η	0	- 0. 05 **	- 0. 02 ***	- 0. 03 ***
		LR Test	0. 288	19. 20 ***	20. 47 ***	76. 49 ***

续表

		s－K	s－L	s－E	s－Y
整体 SFA	常数项	－44429429 ***	－75 ***	－17140916000 ***	－3979889 ***
	x_1	152514 ***	1 **	－10707481000 ***	175522 ***
	x_2	7749674 ***	－14 ***	－2404040200 ***	－3621339 ***
	x_3	－3903671 ***	－148 ***	6583114800 ***	558569 ***
	x_4	－22986585 ***	－33 ***	22816129000 ***	1026002 ***
	σ^2	25899957 $*10^7$ ***	1110 ***	7589901 $*10^{14}$ ***	47948311 $*10^5$ ***
	γ	1 ***	1 ***	0.83 ***	0.95 ***
	η	－0.009 ***	－0.06 ***	－0.03 ***	0
	LR Test	88.69 ***	1864 ***	172.51 ***	0.29

注：s－代表该变量的松弛变量，＊、＊＊、＊＊＊分别代表通过显著性水平为10%、5%、1%的检验。

依据上述模型选择结果，本书给出了对应的计量模型回归结果，如表2－6上半部分所示。东、中、西三大地区各个投入、产出变量的γ值均通过了1%的显著性水平检验，拒绝了不存在管理无效率的原假设。具体而言，除西部地区资本存量的γ值（0.47）较小外，其他投入、产出中管理无效率的影响占比均超过60%，这也进一步表明剔除上述四个外部环境因素的影响，测度城市真实绿色TFP增长的必要性和有效性。同时，除金融发展水平对西部地区劳动力投入松弛变量的影响仅通过10%的显著性水平外，其他外部环境对三大地区投入、产出松弛变量的影响均通过了1%的显著性水平检验。此外，经检验，外部环境因素对非期望产出松弛变量影响不显著，因此本书未对非期望产出进行调整①。

本书进一步计算共同前沿面下各个城市的管理无效率项，结果详见表2－6整体SFA部分。似然比检验结果（LR Test）表明，各项投入产出松弛变量回归结果均具有显著的时间效应。投入的松弛变量和产出松弛变量的整体SFA回归的γ值在1%的显著性下均大于0.83，拒绝了不

---

① 限于篇幅，表2－6中未报告具体系数值，有需要的读者可向笔者索取。

54

存在管理无效率项的原假设。所有外部环境因素对投入、产出松弛变量影响均通过了 1% 的显著性水平检验，具体而言，人力资本对资本投入、劳动力投入、期望产出的松弛变量具有正向影响，而对能源投入具有负向影响，说明在校学生数量增加使该地区教育水平提高，资本投入和劳动力投入增加，同时促使该地区经济进一步发展。此外，教育水平的提高使该地区企业向创新型企业发展，有利于节约能源。城市建设用地面积对资本投入的松弛变量具有正向影响，而对劳动力投入、能源投入以及期望产出的松弛变量具有负向影响。说明城市建设面积增加会使该地区资本投入进一步增加，同时有利于节约能源，但抑制了该地区劳动力投入以及经济的发展。金融发展水平和绿化覆盖面积对资本投入和劳动力投入的松弛变量具有负向影响，对能源投入和期望产出的松弛变量具有正向影响，说明金融发展水平的提高和绿化覆盖面积的扩大会扩大劳动投入和资本投入，促进经济发展，同时金融业作为低能耗企业会节约能源，而绿化覆盖面积的扩大也在一定程度上减少了工业用地，降低能源消耗。

3. 阶段三：测算真实绿色全要素生产率的增长

附表 2 报告了 2004 ~ 2016 年中国城市真实绿色 TFP 增长（MI）、技术效率变化（EC）和技术变化（TC）的年均增长率。

2.6　本　章　小　结

本章在梳理和总结绿色 TFP 增长测度的现状和存在差异的基础上，将超效率 SBM – Malmquist 指数模型与传统三阶段 DEA 模型结合，弥补传统三阶段 DEA 模型无法考虑非期望产出，以及无法利用面板数据进行动态分析方面的局限性，同时，在第二阶段采用两步随机性共同边界法去除不同地区空间异质性、环境因素及随机因素影响，更加真实地测算出中国省际绿色 TFP 增长。

第3章 绿色 TFP 增长的空间特征描述

3.1 "一带一路"沿线国家绿色 TFP 增长的空间特征描述

3.1.1 "一带一路"沿线国家绿色 TFP 增长的总体特征

附图 1 中第 1 个图直观展示了"一带一路"沿线国家 MI 年均增长水平的横向比较情况,可以看出,阿塞拜疆、白俄罗斯、波兰等 32 个国家的绿色 TFP 处于增长趋势,其中印度、阿塞拜疆、印度尼西亚、拉脱维亚及立陶宛增势明显,阿尔巴尼亚、阿联酋、埃及等 25 个国家的绿色 TFP 处于下降趋势,其中尼泊尔、保加利亚、柬埔寨、缅甸和塔吉克斯坦下降趋势明显。表 2-2 的第 2 列及第 6 列展示了"一带一路"沿线国家 1996~2014 年绿色 TFP 平均增长率的数值,可以看出,绿色 TFP 处于增长趋势的 31 个国家中,增长最快的前三个国家分别为印度、阿塞拜疆和印度尼西亚,年平均增长率分别为 14.66%、7.01% 和 6.09%,增长最慢的三个国家分别为沙特阿拉伯、爱沙尼亚和以色列,年平均增长分别为 0.53%、0.52% 和 0.20%。绿色 TFP 处于下降趋势的 25 个国家,尼泊尔、保加利亚和柬埔寨下降最快,年平均下降分别为 7.24%、7.84% 和 8.22%,黎巴嫩、蒙古国和土库曼斯坦下降最慢,年平均下降分别为 0.21%、0.29% 和 0.57%。整体来看,半数以上"一带一路"沿线国家的绿色 TFP 呈现正向增长,11 个国家的年均增长率超过 3%,增速明显,但与此同时,15 个国家的绿色 TFP 呈现年均超过 3% 的负增长。增长最快的国家增速是增长最慢国家增速的 1.25 倍，差距明显存在。根据测算结果，虽然多数国家的绿色 TFP 增长呈现出较好的增长态势，但是国家间差距不可小觑，国家间绿色 TFP 增长差距长期存在将不利于"一带一路"沿线国家平衡发展，对"一带一路"倡议的实施必将构成威胁。

3.1.2　"一带一路"沿线国家绿色 TFP 增长的分解

按照 TFP 增长来源，将"一带一路"沿线国家绿色 TFP 增长分解为技术效率变化（EC）和技术变化（TC），附图 1 中第 2、第 3 个图直观展示了"一带一路"沿线国家 EC 和 TC 年均增长水平的横向比较情况，可以看出，阿塞拜疆、爱沙尼亚、白俄罗斯等 31 个国家的技术效率变化呈现增长趋势，其中塔吉克斯坦、摩尔多瓦、阿塞拜疆、立陶宛及拉脱维亚的技术效率提升较明显，阿尔巴尼亚、埃及、阿联酋等 26 个国家的技术效率变化呈现下降趋势，其中尼泊尔、缅甸、柬埔寨、保加利亚及斯里兰卡的技术效率下降趋势明显。埃及、阿联酋、阿塞拜疆等 38 个国家的技术变化呈现上升趋势，其中，印度、印度尼西亚及斯里兰卡的技术进步较为明显，阿尔巴尼亚、爱沙尼亚、巴林等 19 个国家的技术变化呈现下降趋势，其中，塔吉克斯坦、吉尔吉斯斯坦、阿尔巴尼亚、亚美尼亚及文莱的技术退步趋势明显。表 2 - 2 中第 3、第 4、第 5、第 6 列展示了各个国家 EC 及 TC 的年均增长率。绿色 TFP 处于上升趋势的国家中，印度、阿塞拜疆、拉脱维亚、立陶宛、伊拉克、罗马尼亚、哈萨克斯坦、斯洛伐克、新加坡、波兰、匈牙利、乌克兰、捷克、中国、斯洛文尼亚、菲律宾、克罗地亚、乌兹别克斯坦、土耳其、巴基斯坦及以色列 21 个国家源自技术效率提高及技术进步的双重作用，印度尼西亚、马来西亚、泰国、俄罗斯、伊朗、希腊及沙特阿拉伯 7 国的绿色 TFP 的提高源自技术进步，其技术效率变化均呈现负增长。摩尔多瓦、白俄罗斯、塞浦路斯及爱沙尼亚 4 国的绿色 TFP 增长源自效率提高，其技术进步均呈现负增长。绿色 TFP 处于下降趋势的国家中，技术效率变化及技术变化的双重下降导致约旦、巴林、马其顿、文莱、也门、波黑、阿尔巴尼亚、保加利亚和柬埔寨 9 个国家的绿色 TFP 呈现下降趋势，黎巴嫩、斯里兰卡、孟加拉国、埃及、阿联酋、越南、科威特、阿曼、缅甸及尼泊尔 10 个国家的绿色 TFP 下降源自技术效率下降，其技术变化均呈现正增长。蒙古国、土库曼斯坦、格鲁吉亚、吉尔吉斯斯坦、亚美尼亚、塔吉克斯坦 6 国的绿色 TFP 下降主要由技术退步导致，上述国家的技术效率变化均呈现正增长。

图 3 - 1 展示了"一带一路"沿线国家绿色 TFP 增长及其分解结构随时间变化的趋势。可以看出，"一带一路"沿线国家的整体绿色 TFP 呈现波动下降趋势，2002 年之前，绿色 TFP 增长趋势与技术变化趋势较为相似，2002 年之后，绿色 TFP 增长趋势与技术效率变化趋势更为相似。受技术效率提升的影响，2003 ~ 2006 年，"一带一路"沿线国家的绿色 TFP 呈现大幅增长趋势，2006 ~ 2009 年，技术退步以及技术效率下降的双重作用导致"一带一路"沿线国家绿色 TFP 呈现明显下降趋势。

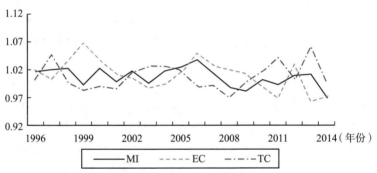

图 3 - 1 "一带一路"沿线国家绿色 TFP 增长及其分解的演变趋势

3.1.3 "一带一路"沿线国家绿色 TFP 增长的空间溢出网络

构建国家间绿色 TFP 增长空间溢出网络的关键是识别国家之间的空间关联关系，本书借助 VAR Granger causality 方法考察"一带一路"沿线国家绿色 TFP 增长的关联关系。具体由公式（3 - 1）、公式（3 - 2）计算得出。

$$X_t = \sum_{i=1}^{\theta_1} \alpha_i X_{t-i} + \sum_{j=1}^{\theta_2} \beta_j Y_{t-j} + \varepsilon_{1,t} \qquad (3-1)$$

$$Y_t = \sum_{i=1}^{\theta_3} \delta_i Y_{t-i} + \sum_{j=1}^{\theta_4} \varphi_j X_{t-j} + \varepsilon_{2,t} \qquad (3-2)$$

其中，X_t、Y_t 是两个时间序列变量；α、β、δ 以及 φ 是被估计参数；ε_1、ε_2 是残差序列，θ_1、θ_2、θ_3 及 θ_4 为滞后阶数。为了测度特定滞后阶数下的线性 Granger 因果关系，可以利用 T 统计值来检验公式（3-1）中的原假设"$H_0: \sum \beta_j = 0$"，即 Y_t 的过去值对预测 X_t 的未来值没有影响；或者是检验公式（3-2）中的原假设"$H_0: \sum \varphi_j = 0$"，即 X_t 的过去值对预测 Y_t 的未来值没有影响。如果拒绝公式（3-1）中的 H_0，称 Y 是 X 的 Granger 因，即 Y 对 X 存在溢出关系；同样地，如果拒绝公式（3-2）中的 H_0，则可以称 X 是 Y 的 Granger 因，即 X 对 Y 存在溢出关系。通过上述分析过程对"一带一路"沿线国家间绿色 TFP 增长关联关系进行检验，构建出以"一带一路"沿线国家为节点，上述关联关系为连线的有向网络图，具体的溢出关系构建如公式（3-3）所示。

$$\omega_{ij} = \begin{cases} 1 & i \text{ 对 } j \text{ 存在溢出关系} \\ 0 & i \text{ 对 } j \text{ 不存在溢出关系} \end{cases} \qquad (3-3)$$

若 i 对 j 存在溢出关系，则网络矩阵设置为 1，在网络中，画一条由 i 指向 j 的箭头，并将两点连接起来，表明两个国家之间具有溢出关系。若不存在溢出关系，则网络矩阵设置为 0，表明两个国家之间不具有溢出关系。可以依此方法检验两两国家之间的空间溢出关系，进而画出"一带一路"沿线国家空间溢出网络。

图 3-2 对"一带一路"沿线 41 个国家[①]绿色 TFP 增长的溢出关系进行了可视化。在"一带一路"沿线国家绿色 TFP 增长溢出网络中，

---

① 结合后续研究及数据可得性，选取"一带一路"沿线 41 个国家进行空间网络溢出结构分析，41 个国家具体包括阿塞拜疆、埃及、爱沙尼亚、巴基斯坦、巴林、白俄罗斯、保加利亚、波兰、俄罗斯、菲律宾、格鲁吉亚、哈萨克斯坦、吉尔吉斯斯坦、捷克、科威特、克罗地亚、拉脱维亚、立陶宛、罗马尼亚、马来西亚、蒙古国、摩尔多瓦、塞浦路斯、沙特阿拉伯、斯里兰卡、斯洛伐克、斯洛文尼亚、泰国、土耳其、乌克兰、希腊、新加坡、匈牙利、亚美尼亚、伊拉克、伊朗、以色列、印度、印度尼西亚、约旦、中国。

溢出关系总数为212，最大可能溢出关系数为1640，网络密度①为0.13，这表明，"一带一路"沿线国际绿色TFP增长的溢出程度较高。网络关联度②为1，说明整体网络联动性强，均不存在孤立的国家。网络等级度③为0，表明绿色TFP增长溢出效应网络不存在等级结构，节点间对称可达程度较高，各国之间的绿色TFP增长存在"互利性"。网络效率为0.79，说明溢出关系存在多重叠加现象，"一带一路"沿线国家间绿色TFP增长的溢出关系网络较为稳定。

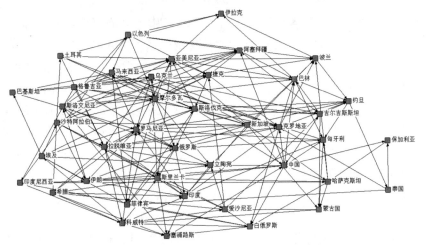

图3-2 "一带一路"沿线国家绿色TFP增长的空间溢出关系网络

为揭示"一带一路"沿线国家在绿色TFP增长溢出网络中的地位和作用，本书选择度数中心度、接近中心度和中介中心度三个中心性指标④进行分析，结果如表3-1所示。

---

① 网络密度是指网络中实际存在的关系数量与所有理论上可能存在的关系数量之比，密度越高说明结点间联系渠道越多，下同。

② 网络关联度是指网络成员相互关联的程度，若任一对节点之间均可达，则网络关联度为1，下同。

③ 网络等级度指网络节点之间在多大程度上非对称可达，下同。

④ 度数中心度指在网络中与某区域直接相关联的区域数目和最大可能直接相连的区域数目之比；接近中心度指如果一个点与图中所有其他点的捷径距离之和，如果一个点与网络中所有其他点的距离都很短，则称该点具有较高的接近中心度；中间中心度指节点处于其他节点最短路径上的能力，如果一个点处于许多其他点对的捷径（最短的途径）上，则称该点具有较高的中间中心度，下同。

表 3-1　"一带一路"沿线国家绿色 TFP 增长的空间溢出网络中心性

国家	出度	入度	中心度			国家	出度	入度	中心度		
			度数中心度	接近中心度	中间中心度				度数中心度	接近中心度	中间中心度
阿塞拜疆	4	7	25.000	54.054	1.425	摩尔多瓦	10	6	37.500	59.701	4.013
埃及	5	3	20.000	52.632	1.601	塞浦路斯	2	6	17.500	50.633	0.802
爱沙尼亚	4	5	22.500	52.632	1.991	沙特阿拉伯	6	3	22.500	54.054	1.190
巴基斯坦	2	3	12.500	45.455	0.301	斯里兰卡	5	9	32.500	57.143	3.476
巴林	7	6	30.000	54.795	3.298	斯洛伐克	9	6	35.000	60.606	3.970
白俄罗斯	3	5	20.000	52.632	1.899	斯洛文尼亚	4	7	25.000	54.054	2.198
保加利亚	1	2	7.500	40.816	0.368	泰国	3	1	10.000	42.553	0.684
波兰	5	5	22.500	51.948	1.814	土耳其	3	4	15.000	48.193	0.958
俄罗斯	7	6	32.500	57.971	2.343	乌克兰	6	5	27.500	56.338	2.223
菲律宾	4	4	20.000	52.632	2.100	希腊	5	6	20.000	51.282	1.073
格鲁吉亚	9	2	27.500	54.795	2.165	新加坡	4	9	32.500	59.701	3.650
哈萨克斯坦	5	4	22.500	53.333	3.151	匈牙利	4	7	22.500	54.054	1.865
吉尔吉斯斯坦	8	3	22.500	54.795	1.777	亚美尼亚	5	9	35.000	57.971	4.017
捷克	6	6	30.000	57.971	2.834	伊拉克	2	4	12.500	44.944	0.332
科威特	7	7	27.500	52.632	2.726	伊朗	3	7	25.000	53.333	1.790
克罗地亚	6	7	32.500	58.824	4.755	以色列	7	2	20.000	51.282	1.433
拉脱维亚	4	10	35.000	58.824	3.469	印度	6	8	30.000	55.556	2.124
立陶宛	3	6	22.500	55.556	1.451	印度尼西亚	5	1	15.000	50.633	1.378
罗马尼亚	3	12	35.000	59.701	4.350	约旦	5	4	22.500	54.054	1.879
马来西亚	7	4	27.500	56.338	2.529	中国	11	4	32.500	58.824	6.214
蒙古国	2	4	15.000	47.619	0.690						

资料来源：笔者整理。

（1）度数中心度。在溢出网络中，度数中心度排名最靠前的国家是摩尔多瓦，度数中心度是 37.5，说明该国家与其他国家的绿色 TFP 增长存在较多的溢出关系，在网络中处于中心位置。罗马尼亚、亚美尼亚、斯洛伐克和的拉脱维亚度数中心度紧随其后，度数中心度均为 35，中国的度数中心度为 32.5，位列上述国家之后。表明中国较为接近高度数中心度国家，在"一带一路"沿线国家绿色 TFP 增长网络中也存在较多的溢出关系，随着"一带一路"倡议的推进，将有利于中国绿色 TFP 的溢出。蒙古国、伊拉克、巴基斯坦、泰国和保加利亚的度数中心度最低，度数中心度分别为 15、12.5、12.5、10 和 7.5。表明上述国家绿色 TFP 增长存在较少的溢出关系。

（2）接近中心度。"一带一路"沿线国家绿色 TFP 增长溢出网络中，斯洛伐克的接近中心度最高，达到 80.606，摩尔多瓦、罗马里亚和新加坡并列第二，接近中心度为 59.701，拉脱维亚、中国和克罗地亚紧随其后，接近中心度为 58.824。这说明中国等上述国家绿色 TFP 增长更接近溢出网络的中心，受到溢出网络的影响较大，表现出融入溢出网络一体化的程度更高。而伊拉克、泰国和保加利亚的接近中心度排名靠后，接近中心度分别为 44.944、42.553 和 40.816，表明上述国家与"一带一路"沿线国家绿色 TFP 增长的溢出网络中心"距离"较远，其溢出网络一体化程度较低。

（3）中间中心度。中国的中间中心度最高，达到 6.214，表明中国作为"一带一路"倡议的发起国，利用其"中介"地位可以更好地平衡其他国家绿色 TFP 的增长，缩小沿线国家增长差距。克罗地亚和亚美尼亚紧随其后，中间中心度分别为 4.455 和 4.35，说明这些国家的绿色 TFP 增长在"一带一路"沿线国家绿色 TFP 增长的溢出网络中易于发挥"中介"作用，调节其他国家的绿色 TFP 增长。保加利亚、伊拉克和巴基斯坦的中间中心度最低，分别为 0.368、0.332 和 0.301，表明上述国家绿色 TFP 增长容易受到其他国家的影响。

综合以上分析，位于"一带一路"沿线国家绿色 TFP 增长溢出网络"中心"的国家并非单纯处于绝对中心位置，其同时担任着"经纪人"角色。度数中心度排名前五位的国家除拉脱维亚和斯洛伐克外其他国家在中间中心度的排位中均在前五位。作为"一带一路"倡议的发起国，中国的度数中心度和接近中心度分别排名第六位和第五位，但其中间中心度在"一带一路"沿线国国家中排名第一位，说明在"一带一路"倡议实施过程中，中国发挥着"桥梁"作用，成为"一带一路"沿线国家的"纽带"中心，有利于推进"一带一路"沿线国家协同发展。

3.2　中国省际真实绿色 TFP 增长的空间特征描述

3.2.1　中国省际真实绿色 TFP 增长的总体特征

图 3 – 3 中第 1 个图直观展示了中国各省份 MI 年均增长水平的横向比较情况，可以看出，北京、天津、黑龙江等 17 个省份的真实绿色 TFP 呈现增长趋势，其中海南、四川、山东、江苏及上海增势明显，河北、内蒙古、吉林等 13 个省份的真实绿色 TFP 呈现下降趋势，其中新疆、内蒙古、宁夏、吉林及云南下降趋势明显。表 2 – 5 的第二列及第六列展示了各个省份 2001 ~ 2015 年真实绿色 TFP 平均增长率的数值，可以看出，真实绿色 TFP 呈现增长趋势的 17 个省份中，增长最快的前三个省份分别为海南、四川和山东，年平均增长率分别为 10.81%、2.96% 和 2.57%，增长最慢的三个省份分别为重庆、辽宁和江西，年平均增长分别为 0.18%、0.04% 和 0.01%。绿色 TFP 处于下降趋势的 13 个省份中，新疆、内蒙古及吉林下降最快，年平均下降分别为 2.57%、1.94% 和 1.84%，山西、福建及河北下降最慢，年平均下降分别为 0.06%、0.1% 和 0.22%。整体来说，中国省际真实绿色 TFP 呈现出较好的发展态势，上海、江苏、山东等 7 个省份的年均增长率超过 2%，仅新疆 1 省的年均下降超过 2%。

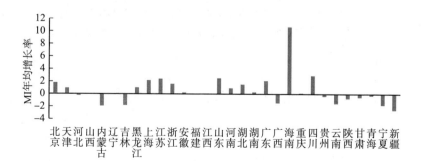

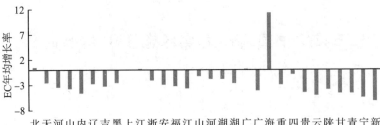

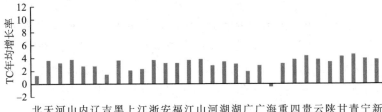

图3-3 中国省际 MI、EC、TC 年均增长率比较

64 从整体演化趋势看，全国整体真实绿色 TFP 增长呈现出上升趋势，年均增长 1.083%，"十五"规划期间，真实绿色 TFP 增长年均下降 0.281%，"十一五"规划期间实现逆转，年均增长 0.571%，"十二五"规划期间年均增长率进一步提高至 2.989%，较"十一五"规划年均增长率提高了五倍多。从分解指标看，考察期内整体真实绿色 TFP 增长全部来源于技术进步，而技术效率变化则抑制了真实绿色 TFP 增长。具体而言，"十五"规划、"十一五"规划和"十二五"规划期间技术效率变化的年均增长呈现出倒"V"型演变趋势。但技术进步呈现出逐期快速增长趋势，"十二五"规划期间年均增长达到 8.129%，技术进步的快速增长超出了效率下降导致的负向影响，促使全国整体真实绿色 TFP 增长呈现出持续上升趋势。

3.2.2 中国省际真实绿色 TFP 增长的分解

按照 TFP 增长来源，将中国省际真实绿色 TFP 增长分解为技术效率变化（EC）和技术进步（TC），图3-3 中第 2 个和第 3 个图直观展示了中国省际真实 EC 和 TC 年均增长水平的横向比较情况，可以看出，北京、上海、江苏、广东和海南 5 个省份的技术效率变化呈现增长趋势，其中仅海南增长趋势明显；天津、河北、山西等 25 个省份的呈现下降趋势，其中新疆、宁夏、云南、青海及甘肃下降趋势较为明显；北京、天津、河北等 29 个省份的技术进步呈现上升趋势，仅海南一省技术进步呈现下降趋势。表 2 - 2 中第 3、第 7 列和第 4、第 8 列分别展示了各个国家 EC 及 TC 的年均增长率具体数值。除海南绿色 TFP 的增长来自效率提升外，其他 29 个省份的技术进步均呈现出不同程度的正增长，其中青海增长最快，年均增长 4.523%。天津、河北、山西、内蒙古等 25 个省份陷入效率下降局面，其中新疆下降最快，年均下降达到 7.073%。同时，北京、上海、江苏、广东四省份真实绿色 TFP 增长源自效率提升与技术进步双重作用。综上所述，中国省际真实绿色 TFP 增长主要源自技术进步。

　　图 3 - 4 展示了中国各省份真实绿色 TFP 增长及其分解的整体变化趋势，2010 年之前，中国各省份真实绿色 TFP 增长变化较为平稳，2010 年以后，各省份真实绿色 TFP 增长的平均水平波动较大，考察期末较之考察期初，中国省际真实绿色 TFP 呈现上升趋势。总体来看，技术效率变化和技术进步呈现出相反的变化趋势，换言之，效率提高时，技术进步呈现下降趋势，技术效率变化呈现下降趋势时，技术进步呈现上升趋势。2010 年之前，在技术效率变化及技术进步的相互牵制下，中国各省真实绿色 TFP 增长并未发生明显变化，2010 年之后，中国省际真实绿色 TFP 增长与技术进步的变化趋势更为相似，尤其是 2013 年之后，受技术进步明显增加的影响，中国省际真实绿色 TFP 呈现大幅上升趋势。

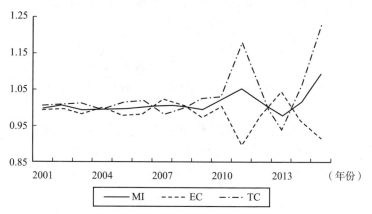

图 3 - 4　中国省际真实绿色 TFP 增长及其分解的演变趋势

3.2.3 中国省际真实绿色 TFP 增长的空间溢出网络

本书对中国各省份真实绿色 TFP 增长的空间溢出关系网络进行了可视化，如图 3 - 5 所示。在中国省际真实绿色 TFP 增长的空间溢出网络中，溢出关系数为 125，最大可能溢出关系数为 870，网络密度为 0.14，这表明，中国各省份真实绿色 TFP 增长的溢出程度较高。网络关联度为 1.00，说明整体网络联动性强，均不存在孤立的省份。网络等级度为 0.138，表明中国各省份真实绿色 TFP 增长溢出效应网络存在较低的等级结构，节点间对称可达程度较高，各省份之间的真实绿色 TFP 增长存在"互利性"。网络效率为 0.744，说明溢出关系存在多重叠加现象，中国各省份真实绿色 TFP 增长的溢出关系网络较为稳定。

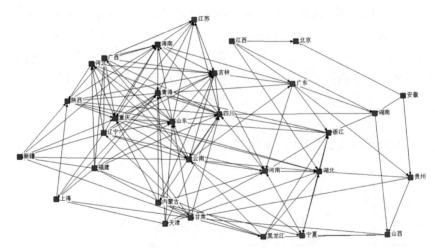

图 3 - 5 中国省际绿色 TFP 增长的空间溢出关系网络

为揭示中国各省份在真实绿色 TFP 增长的空间溢出网络中的地位和作用，本书选择度数中心度、接近中心度和中介中心度三个中心性指标进行分析，结果如表 3 - 2 所示。

表 3 - 2　　　中国省际真实绿色 TFP 增长的空间溢出网络中心性

省份	出度	入度	中心度			省份	出度	入度	中心度		
			度数中心度	接近中心度	中间中心度				度数中心度	接近中心度	中间中心度
北京	0	2	6.897	32.955	0.123	河南	5	7	34.483	58.000	2.246
天津	5	1	20.690	51.786	0.872	湖北	4	7	34.483	60.417	9.211
河北	5	7	34.483	53.704	0.656	湖南	4	3	20.69	52.727	6.081
山西	3	2	17.241	46.774	1.384	广东	7	3	31.034	59.184	7.458
内蒙古	5	2	24.138	51.786	1.274	广西	5	6	34.483	53.704	0.656
辽宁	8	4	41.379	58.000	2.562	海南	6	10	41.379	56.863	1.936
吉林	4	10	44.828	60.417	2.549	重庆	4	9	44.828	60.417	3.861
黑龙江	3	4	24.138	52.727	2.087	四川	8	9	55.172	67.442	10.746
上海	2	4	20.690	50.000	0.537	贵州	3	2	17.241	50.877	4.127
江苏	5	6	27.586	50.000	0.170	云南	9	4	44.828	61.702	5.498
浙江	4	5	31.034	56.863	2.847	陕西	4	4	37.931	58.000	2.373
安徽	3	0	10.345	39.189	1.465	甘肃	7	4	34.483	58.000	7.058
福建	7	2	31.034	53.704	1.822	青海	4	4	44.828	60.417	4.798
江西	4	0	13.793	45.313	5.453	宁夏	4	4	20.69	50.000	1.190
山东	8	6	48.276	60.417	3.486	新疆	3	4	24.138	50.000	0.550

资料来源：笔者整理。

（1）度数中心度。在溢出网络中，度数中心度排名最靠前的省份是四川，度数中心度是 55.172，说明该省份与其他省份的绿色 TFP 增长存在较多的溢出关系，在网络中处于中心位置。而山东的度数中心度紧随其后，度数中心度为 48.276，吉林、重庆、云南和青海的度数中心度均为 44.828，位于排名第三的位置，江西、安徽和北京度数中心度分别为 13.793、10.345 和 6.897，表明上述省份绿色增长存在较少的溢出关系。值得一提的是，北京在所有省份中排名最低，究其原因，剔除空间异质性及环境因素后，北京在区位、政治方面的影响有所衰减，导致北京市真实绿色 TFP 增长的溢出关系较少，对其他省份影响较弱。

（2）接近中心度。中国省际真实绿色 TFP 增长溢出网络中，四川的接近中心度最高，达到 67.442，云南排名第二，接近中心度为 61.702，山东、吉林、重庆、青海和湖北紧随其后，接近中心度均为 60.417。这说明上述省份真实绿色 TFP 增长更接近溢出网络的中心，受到溢出网络的影响较大，表现出融入空间溢出网络一体化的程度更高。而江西、安徽和北京的接近中心度排名靠后，接近中心度分别为 45.313、39.189 和 32.955，表明上述省份与中国省份真实绿色 TFP 增长的溢出网络中心 "距离" 较远，其溢出网络一体化程度较低。

（3）中间中心度。四川的中间中心度最高，达到 10.746，湖北和广东紧随其后，中间中心度分别为 9.211 和 7.458，说明这些省份真实绿色 TFP 增长在中国省际真实绿色 TFP 增长空间溢出网络中发挥 "中介" 作用，调节其他省份的真实绿色 TFP 增长。上海、江苏和北京的中间中心度最低，分别为 0.537、0.17 和 0.123，表明上述省份的真实绿色 TFP 增长更容易受到其他省份的影响。

综合以上分析，四川的度数中心度、接近中心度及中间中心度均位于中国各个省份的第一位，表明其不仅位于中国省际真实绿色 TFP 增长溢出网络 "中心" 的位置，其同时担任着 "经纪人" 角色。度数中心度排名前六位的省份在接近中心度中的排名也位于前六位，但中间中心度排名前几位的省份与之差别较大，说明度数中心度排名前列的云南、山东、青海、重庆、吉林等省份处于中国省际真实 TFP 增长溢出网络的中心位置，但并未起到各省份之间的 "桥梁" 作用。上述省份应增加与其他省份之间关系互通，发挥自身 "中心" 位置优势作用，加强各省份之间溢出效应。

3.3 中国城市真实绿色 TFP 增长的空间特征描述

3.3.1 中国城市真实绿色 TFP 增长的总体特征

附表 2 中的 "MI" 列展示了中国 270 个城市的真实绿色 TFP 增长的年均增长率数值，可以看出，样本考察期内，真实绿色 TFP 呈增长趋势的城市有 150 个，其中增长最快的 5 个城市分别为淮南市、宣城市、合肥市、蚌埠市和铜陵市，其真实 MI 年均增长率分别为 11.87%、10.48%、8.42%、7.3% 和 6.98%。增长最慢的 5 个城市分别为攀枝花市、焦作市、赤峰市、临汾市和梧州市，其真实 MI 年均增长分别为 0.01%、0.02%、0.02%、0.05% 和 0.08%。真实绿色 TFP 呈下降趋势的城市有 120 个，其中下降最快的 5 个城市分别为北京市、唐山市、天津市、石家庄市和邯郸市，年均下降分别为 13.29%、11.06%、10.9%、6.37% 和 5.49%。下降最慢的 5 个城市分别为赣州市、泸州市、汉中市、滨州市和孝感市，年均下降率分别为 0.02%、0.03%、0.05%、0.08% 和 0.09%。样本考察期内，城市间真实 MI 年均增长率存在较大差距，年均增长率最快的城市为淮南市，真实 MI 年均增长率为 11.87%，而真实 MI 年均增长率最慢的北京市为 -13.29%。整体来看，真实绿色 TFP 呈增长趋势的城市数量超过半数，且 10 个城市年均增长超高 5%，增速明显。但我国各城市真实绿色 TFP 增长差距较大，增长最快的城市增速是增长最慢的城市增速的 1.29 倍。根据测算结果，我国城市真实绿色 TFP 增长总体态势较好，但不同城市间仍面临较大差异，破解各城市真实绿色 TFP 增长差异来源对于协调促进我国经济发展具有重要意义。

3.3.2　中国城市真实绿色 TFP 增长的分解

按照 TFP 增长来源，将中国城市真实绿色 TFP 增长分解为技术效率变化（EC）和技术进步（TC），附表 2 中的 EC 和 TC 列展示了各个城市技术效率变化及技术进步的年均增长率。可以看出，真实绿色 TFP 处于增长趋势的 150 个城市中，淮南市、宣城市、合肥市等 17 个城市的增长来源于效率提高及技术进步双重作用；张家界及福州市两个城市的真实绿色 TFP 增长来源于效率提升，上述两个城市的技术变化呈现下降趋势；马鞍山市、阜阳市、衡阳市等 131 个城市的真实绿色 TFP 增长来源于技术进步，其技术效率变化呈现下降趋势。真实绿色 TFP 处于下降趋势的 120 个城市中，北京市、唐山市、天津市等 52 个城市的真实绿色 TFP 下降源自技术效率变化及技术变化的双重下降；青岛市、杭州市等 64 个城市的真实绿色 TFP 下降源自技术效率下降，其技术变化均呈现正增长；鄂尔多斯市、上海市、葫芦岛市及衢州市四个城市的真实

69

绿色 TFP 下降主要由技术退步导致，上述城市的技术效率变化均呈现正增长。

图 3-6 展示了中国城市真实绿色 TFP 增长及其分解结构的整体变化趋势。样本考察期内，中国城市真实绿色 TFP 增长变动趋势较为平稳，2004~2016 年，城市真实绿色 TFP 增长最高值为 2004 年的 1.07，最低为 2012 年的 0.93，差别较小，技术变化和技术效率变化呈现对称变动趋势。此外，中国城市真实绿色全要素生产率增长趋势与技术变化趋势较为一致，技术进步时，城市真实绿色全要素生产率呈现上升趋势。中国城市真实绿色全要素生产率增长与技术效率变化呈现相反趋势，换言之，技术效率提高时，城市真实绿色全要素生产率呈现下降趋势，技术效率下降时，城市真实绿色全要素生产率表现出上升趋势。由此可以看出，首先，剔除了环境因素、随机误差扰动和空间异质性的影响后，中国城市真实绿色 TFP 增长较小，表明中国经济增长质量仍然处于较低水平，城市绿色 TFP 增长前景广阔。其次，技术进步是中国城市真实绿色 TFP 提升的重要推动力量。

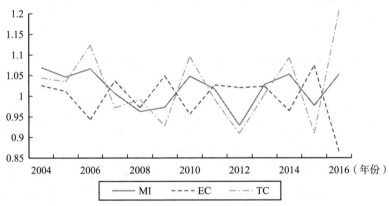

图 3-6　中国城市真实绿色 TFP 增长及其分解的演变趋势

3.3.3　中国城市真实绿色 TFP 增长的空间溢出网络

本书对中国城市真实绿色 TFP 增长的空间溢出关系网络进行了可视化，如附图 2 所示。在中国城市真实绿色 TFP 增长的空间溢出网络中，溢出关系数为 10953，最大可能溢出关系数为 72630，网络密度为

0.151，这表明，中国城市真实绿色 TFP 增长的溢出程度较高。网络关联度为 1，说明整体网络联动性强，均不存在孤立的城市。网络等级度为 0，表明中国城市真实绿色 TFP 增长的空间溢出网络不存在等级结构，节点间对称可达程度高，各城市之间的真实绿色 TFP 增长存在"互利性"。网络效率为 0.7318，说明溢出关系存在多重叠加现象，中国城市真实绿色 TFP 增长的空间溢出关系网络较为稳定。

为揭示中国城市真实绿色全要素生产率增长的空间溢出网络中的地位和作用，本书选择度数中心度、接近中心度和中介中心度三个中心性指标进行分析，具体结果如附表 3 所示。

（1）度数中心度。在溢出网络中，度数中心度排名最靠前的城市是唐山市和南平市，度数中心度均为 43.123，说明上述两市与其他城市的真实绿色 TFP 增长存在较多的溢出关系，在网络中处于中心位置。而承德市、广州市紧随其后，度数中心度分别为 42.007 和 41.636，石家庄市、廊坊市、张家口市、邯郸市、辽阳市、衢州市、鹤壁市、衡水市、通化市、济宁市、鹤岗市、阜新市、鸡西市、贺州市、鞍山市、朝阳市、盘锦市、保定市、商丘市度数中心度均超过 35，位居广州市之后，度数中心度分别为 40.892、40.149、39.405、38.662、38.290、38.290、38.290、37.918、37.918、37.918、37.546、37.175、37.175、37.175、36.431、36.431、36.431、36.059、36.059。贵港市、咸宁市、安康市、白山市、荆州市、淄博市、十堰市、黄冈市度数中心度最低，均不足 15，分别为 14.870、14.126、14.126、13.755、13.755、13.383、12.639、9.665，说明上述城市与其他城市的真实绿色 TFP 增长存在较少的溢出关系，在网络中处于边缘位置。

（2）接近中心度。中国城市真实绿色 TFP 增长的空间溢出网络中，唐山市及南平市的接近中心度最高，均为 63.744，承德市、广州市分别列第三、第四位，接近中心度分别为 63.294 和 63.146。石家庄市、廊坊市、张家口市、邯郸市、辽阳市、衢州市、鹤壁市、衡水市、通化市、济宁市、鹤岗市、阜新市、鸡西市、贺州市、鞍山市、朝阳市、盘锦市、保定市、商丘市、钦州市、自贡市、德阳市、宿迁市、周口市、齐齐哈尔市、无锡市、亳州市、昆明市、南昌市、新余市、信阳市、银川市、海口市、宜宾市、贵阳市接近中心度位居其后，接近中心度均超高 60，分别为 62.850、62.558、62.269、61.982、61.839、61.839、

61.839、61.697、61.697、61.697、61.556、61.416、61.416、61.416、61.136、61.136、61.136、60.998、60.998、60.860、60.860、60.860、60.722、60.722、60.586、60.449、60.449、60.449、60.314、60.314、60.314、60.179、60.045、60.045、60.045，这说明上述城市真实绿色TFP增长更接近溢出网络的中心，受到溢出网络的影响较大，表现出融入溢出网络一体化的程度更高。而白山市、荆州市、淄博市、十堰市、黄冈市接近中心度排名靠后，分别为53.693、53.586、53.586、53.373、52.539，说明上述城市距离中国城市真实绿色TFP增长溢出网络中心较远，其溢出网络一体化程度较低。

（3）中间中心度。与度数中心度和接近中心度相同，南平市中间中心度仍位居第一，但数值较小，为0.676，而中间中心度排名靠后的白山市、厦门市、沧州市、荆州市、安康市、咸宁市、淄博市、十堰市、贵港市、黄冈市，中间中心度更低，分别为0.097、0.096、0.076、0.076、0.075、0.071、0.067、0.065、0.059、0.034，表明城市真实绿色TFP增长均容易受到其他城市的影响。

度数中心度排名前十位的城市与接近中心度排名前十位的城市相同，上述城市中除廊坊、张家口、衢州及邯郸市外其他城市中间中心度均排在前十位，这表明位于中国城市真实绿色TFP增长的空间溢出网络"中心"的城市并非单纯处于绝对中心位置，同时担任着"经纪人"的角色。

3.4 本章小结

本章在测算"一带一路"沿线国家、中国省际及城市绿色TFP增长的基础上，从国家、省际及城市三个层面描述了绿色TFP增长及其分解结构的总体特征，揭示国家、省际及城市三个层面下绿色TFP增长的演变趋势及其增长来源，并借助VAR Granger causality方法考察"一带一路"沿线国家之间、中国省际及中国城市之间绿色TFP增长的空间溢出关系，并运用网络分析方法刻画出上述关系，进而采用度数中心度、接近中心度、中介中心度三个中心性指标揭示各个国家、省份及城市在网络关系中的地位及角色。

第 4 章 绿色 TFP 增长的空间差异、收敛趋势及时空演变

4.1 "一带一路"沿线国家绿色 TFP 增长的空间特征分析

4.1.1 "一带一路"沿线国家绿色 TFP 增长的空间差异

本书为探究"一带一路"沿线国家绿色 TFP 增长的空间差异，采用迭戈姆（1997）提出的基尼系数分解方法，对"一带一路"沿线国家绿色 TFP 增长差异及其来源进行分析。同时为比较不同划分方式对"一带一路"沿线国家绿色 TFP 增长差异的影响，从"六大经济走廊"框架和沿线国家地理位置两个维度分别计算国家间绿色 TFP 增长的基尼系数及其地区贡献。

迭戈姆将总体基尼系数分解为区域内基尼系数、区域间基尼系数以及超变密度系数，并进一步通过计算对总体基尼系数的占比，揭示出区域差异的主要来源。具体而言，"一带一路"沿线国家绿色 TFP 增长的区域内基尼系数和区域间基尼系数分别表示依据地理分布特征或"六大经济走廊"框架的区域划分方式，区域内国家绿色 TFP 增长的差距水平和区域间国家绿色 TFP 增长的差距水平。超变密度揭示出不同区域划分下国家绿色 TFP 增长区域间差距与区域内差距的交互作用对总体国家间差距的贡献。展示了"一带一路"沿线国家绿色 TFP 增长的区域内基尼系数、区域间基尼系数、超变密度系数以及对总体基尼系数的贡献

度。表 4-1 结果表明，考察期内，"一带一路"沿线国家绿色 TFP 增长差距逐渐扩大，从差距来源看，超变密度是"一带一路"沿线国家绿色 TFP 增长差距的主要来源。

表 4-1 "一带一路"沿线国家绿色 TFP 增长差距及其来源分解

年份	总体基尼系数	地理分组（%）			经济走廊（%）		
		区域内差距	区域间差距	超变密度	区域内差距	区域间差距	超变密度
1996	0.0456	18.05	22.38	59.57	18.90	26.73	54.37
1997	0.0680	20.69	18.07	61.24	20.60	33.81	45.60
1998	0.1117	19.59	32.15	48.25	19.94	32.05	48.01
1999	0.1226	22.66	14.75	62.58	23.98	18.65	57.37
2000	0.1340	22.34	15.79	61.87	23.59	19.13	57.28
2001	0.1387	21.45	16.86	61.70	23.03	20.94	56.03
2002	0.1537	21.44	10.27	68.29	22.55	18.18	59.26
2003	0.1568	19.60	21.97	58.44	19.89	26.23	53.87
2004	0.1848	19.67	21.47	58.86	20.23	26.62	53.15
2005	0.2037	20.10	23.57	56.33	20.64	27.25	52.12
2006	0.2482	20.82	18.58	60.60	21.70	20.80	57.50
2007	0.2794	20.87	20.77	58.36	21.71	22.14	56.15
2008	0.2849	20.96	21.51	57.54	21.87	24.16	53.97
2009	0.2889	20.98	22.49	56.53	21.83	27.27	50.89
2010	0.3384	18.20	30.51	51.29	18.47	34.21	47.32
2011	0.3838	16.84	36.49	46.68	16.75	38.75	44.50
2012	0.3737	18.20	32.31	49.48	18.50	37.27	44.23
2013	0.4066	17.09	40.23	42.68	17.03	43.65	39.32
2014	0.4263	16.79	40.94	42.27	16.81	42.85	40.34

资料来源：笔者整理。

图 4-1 直观展示了"一带一路"沿线国家绿色 TFP 增长差距的演变趋势。整体而言，考察期内"一带一路"沿线国家绿色 TFP 增长差距呈现明显连续上升趋势，仅在 2012 年出现基尼系数下降现象，2014

年"一带一路"沿线各国的绿色 TFP 增长的基尼系数高达 0.43。该结果表明,"一带一路"沿线各国绿色 TFP 增长的区域差距显著存在,且呈现不断加大之势。区域内差距及区域间差距均呈现增长态势,区域间差距增长态势更为明显。同时从图 4 - 1 中可以看出,"一带一路"沿线国家间绿色 TFP 增长差距的演变趋势受国家分组方式的影响较为显著,为此,本书克服预先分组和线性假设的局限,采用非线性时变因子模型基于数据驱动识别"一带一路"沿线国家绿色 TFP 增长的俱乐部收敛趋势。

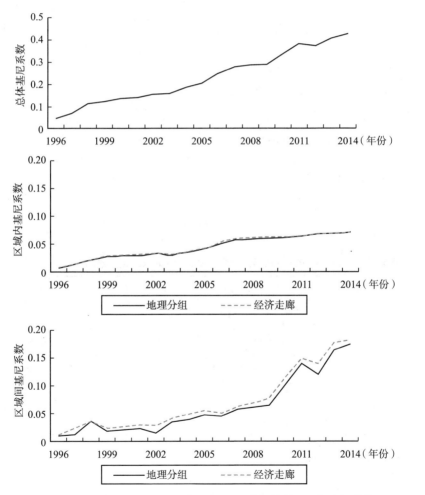

图 4 – 1 "一带一路"沿线国家绿色 TFP 增长的基尼系数分解趋势

4.1.2 "一带一路"沿线国家绿色 TFP 增长的收敛趋势

为克服前述局限，本书运用非线性时变因子模型，利用"一带一路"沿线国家绿色 TFP 增长数据，检验沿线国家间绿色 TFP 增长的收敛趋势，具体结果如表 4-2 所示。从中可以得出，整体收敛检验的 T 统计值 $t_b < -1.65$，表明在 5% 的显著性水平上拒绝"一带一路"沿线国家间绿色 TFP 增长存在整体收敛趋势的原假设。但这并不能排除"一带一路"沿线国家间绿色 TFP 增长存在俱乐部收敛趋势。为此，本书将采用施努布斯等（Schnurbus et al.，2017）提出的俱乐部筛选算法进一步识别出潜在的收敛俱乐部及其成员国。表 4-2 列出了俱乐部收敛检验结果，其中，收敛俱乐部I的 T 统计值 $t_b = 5.35$，收敛俱乐部II的 T 统计值 $t_b = 0.61$，收敛俱乐部III的 T 统计值 $t_b = -1.44$，上述三个俱乐部检验结果均满足 $t_b > -1.65$ 的条件，表明在 5% 显著性水平上接受存在俱乐部收敛趋势的原假设。同时，上述三个收敛俱乐部之间的系数值，$b_I = 1.17 > b_{II} = 0.08 > b_{III} = -0.73$，表明在"一带一路"沿线国家中，上述收敛俱乐部 I、II、III 分别处于高、中、低三个层级。非收敛小组的 T 统计值 $t_b = -17.62$，在 5% 显著性水平上拒绝了存在俱乐部收敛趋势的原假设。各个收敛俱乐部具体成员国如表 4-3 所示。

表 4-2   "一带一路"沿线国家 MI 收敛俱乐部检验结果

MI	常数项（a）	系数（b）	t 统计值（t_b）
整体收敛	2.7982（0.2412）	-1.6484（0.0950）	-17.348
收敛俱乐部 I	-3.2912（0.5569）	1.1742（0.2194）	5.352
收敛俱乐部 II	-0.6713（0.3192）	0.0760（0.1257）	0.605
收敛俱乐部 III	2.2585（1.2870）	-0.7323（0.5070）	-1.444
非收敛小组	1.2241（0.2585）	-1.7944（0.1018）	-17.622

注：括号内为系数标准误。
资料来源：笔者整理。

表 4 - 3　　　　　　　"一带一路"沿线国家 MI 收敛俱乐部成员

MI 收敛俱乐部	成员
收敛俱乐部 I	埃及　阿联酋　阿塞拜疆　巴基斯坦　巴林　保加利亚　波黑　波兰　俄罗斯　菲律宾　哈萨克斯坦　捷克　克罗地亚　立陶宛　罗马尼亚　马来西亚　孟加拉国　摩尔多瓦　塞浦路斯　沙特阿拉伯　斯洛伐克　斯洛文尼亚　泰国　土耳其　土库曼斯坦　乌克兰　乌兹别克斯坦　希腊　新加坡　匈牙利　以色列　印度尼西亚　越南　中国（34 国）
收敛俱乐部 II	阿尔巴尼亚　阿曼　爱沙尼亚　白俄罗斯　格鲁吉亚　吉尔吉斯斯坦　科威特　黎巴嫩　马其顿　蒙古国　缅甸　斯里兰卡　文莱　亚美尼亚　也门　伊拉克　伊朗　约旦（18 国）
收敛俱乐部 III	柬埔寨　尼泊尔　塔吉克斯坦（3 国）
非收敛小组	拉脱维亚　印度（2 国）

从表 4 - 3 中可以看出，超过半数的"一带一路"沿线国家收敛到俱乐部 I 中，收敛俱乐部 I 中主要由分布在中东欧、东南亚地区，是新亚欧大陆桥经济走廊和中国—中南半岛经济走廊连接的主要国家。收敛俱乐部 II 主要由西亚、北非地区国家构成，是中国—中亚—西亚经济走廊连接的主要国家。柬埔寨、尼泊尔和塔吉克斯坦收敛到一个俱乐部中，拉脱维亚和印度两国未收敛到任何一个俱乐部，上述三个俱乐部收敛于高、中、低三个水平，同时上述收敛俱乐部具有典型的"经济走廊"地理分布特征。

本书检验了"一带一路"沿线国家间绿色 TFP 增长分解来源的收敛趋势，技术效率变化的俱乐部收敛检验，具体结果如表 4 - 4 所示。从中可以得出，整体收敛检验的 T 统计值 t_b = - 1.62 > - 1.65，表明在 5% 显著性水平上"一带一路"沿线国家间技术效率变化存在整体收敛趋势，但统计结果接近显著性判别临界值。为此，本书进一步分析其收敛俱乐部，以检验其稳健性。俱乐部收敛检验结果表明，"一带一路"沿线国家的技术效率变化存在一个潜在收敛俱乐部及一个非收敛小组。其中，收敛俱乐部的 T 统计值 t_b = 3.83，满足 t_b > - 1.65 的条件，表明在 5% 显著性水平上接受存在俱乐部收敛趋势的原假设。非收敛小组的 T 统计值 t_b = - 9.2357，在 5% 显著性水平上拒绝了存在俱乐部收敛趋势的原假设，表明科威特、摩尔多瓦、尼泊尔和塞浦路斯 4 个国家未与其他国家共同呈现出收敛趋势，收敛俱乐部成员如表 4 - 5 所示。

表 4 - 4   "一带一路"沿线国家 EC 收敛俱乐部检验结果

EC	常数项（a）	系数（b）	t 统计值（t_b）
整体收敛	0.8134（0.5916）	-0.376（0.2330）	-1.6154
收敛俱乐部	-2.0376（0.6143）	0.927（0.2420）	3.8300
非收敛小组	8.7294（1.0891）	-3.962（0.4290）	-9.2357

注：括号内为系数标准误。
资料来源：笔者整理。

表 4 - 5   "一带一路"沿线国家 EC 收敛俱乐部成员

EC 收敛俱乐部	成员
收敛俱乐部	阿尔巴尼亚　埃及　阿联酋　阿曼　阿塞拜疆　爱沙尼亚　巴基斯坦　巴林　白俄罗斯　保加利亚　波黑　波兰　俄罗斯　菲律宾　格鲁吉亚　哈萨克斯坦　吉尔吉斯斯坦　柬埔寨　捷克　克罗地亚　拉脱维亚　黎巴嫩　立陶宛　罗马尼亚　马来西亚　马其顿　蒙古国　孟加拉国　缅甸　沙特阿拉伯　斯里兰卡　斯洛伐克　斯洛文尼亚　塔吉克斯坦　泰国　土耳其　土库曼斯坦　文莱　乌克兰　乌兹别克斯坦　希腊　新加坡　匈牙利　亚美尼亚　也门　伊拉克　伊朗　以色列　印度　印度尼西亚　约旦　越南　中国
非收敛小组	科威特　摩尔多瓦　尼泊尔　塞浦路斯

表 4 - 6 展示了"一带一路"沿线国家技术进步的俱乐部收敛检验结果。从中可以看出，整体收敛检验的 T 统计值 $t_b < -1.65$，表明在 5% 显著性水平上拒绝"一带一路"沿线国家间技术进步存在整体收敛趋势的原假设。但这并不能排除"一带一路"沿线国家间技术进步存在俱乐部收敛趋势。为此，本书采用俱乐部筛选算法进一步识别出潜在的收敛俱乐部及其成员国。表 4 - 6 列出了俱乐部收敛检验结果，"一带一路"沿线国家的技术进步存在三个潜在收敛俱乐部及一个非收敛小组。收敛俱乐部 Ⅰ 的 T 统计值 $t_b = 1.3473$，收敛俱乐部 Ⅱ 的 T 统计值 $t_b = -1.2145$，收敛俱乐部 Ⅲ 的 T 统计值 $t_b = 1.5875$，上述三个俱乐部检验结果均满足 $t_b > -1.65$ 的条件，表明在 5% 显著性水平上接受存在俱乐部收敛趋势的原假设。非收敛小组的 T 统计值 $t_b = -14.3056$，在 5% 显著性水平上拒绝了存在俱乐部收敛趋势的原假设。收敛俱乐部具体成员国如表 4 - 7 所示。超过 87% 的国家收敛到俱乐部 Ⅱ 中，收敛俱乐部 Ⅰ 中仅含有柬埔寨和印度两个国家，收敛俱乐部 Ⅲ 中仅含有阿尔巴

尼亚、吉尔吉斯斯坦和马其顿 3 个国家，拉脱维亚和塔吉克斯坦未收敛到任一俱乐部中。

表 4 - 6　　　　"一带一路"沿线国家 TC 收敛俱乐部检验结果

TC	常数项（a）	系数（b）	t 统计值（t_b）
整体收敛	3.1663（0.3468）	- 1.5989（0.1366）	- 11.7047
收敛俱乐部 I	- 1.8711（0.3198）	0.1698（0.1260）	1.3473
收敛俱乐部 II	0.3188（0.2118）	- 0.1013（0.0834）	- 1.2145
收敛俱乐部 III	- 6.9623（3.5061）	2.1925（1.3811）	1.5875
非收敛小组	4.5500（0.5386）	- 3.0350（0.2122）	- 14.3056

注：括号内为系数标准误。
资料来源：笔者整理。

表 4 - 7　　　　"一带一路"沿线国家 TC 收敛俱乐部成员

TC 收敛俱乐部	成员
收敛俱乐部 I	柬埔寨　印度（2 国）
收敛俱乐部 II	埃及　阿联酋　阿曼　阿塞拜疆　爱沙尼亚　巴基斯坦　巴林　白俄罗斯　保加利亚　波黑　波兰　俄罗斯　菲律宾　格鲁吉亚　哈萨克斯坦　捷克　科威特　克罗地亚　黎巴嫩　立陶宛　罗马尼亚　马来西亚　蒙古国　孟加拉国　缅甸　摩尔多瓦　尼泊尔　塞浦路斯　沙特阿拉伯　斯里兰卡　斯洛伐克　斯洛文尼亚　泰国　土耳其　土库曼斯坦　文莱　乌克兰　乌兹别克斯坦　希腊　新加坡　匈牙利　亚美尼亚　也门　伊拉克　伊朗　以色列　印度尼西亚　约旦　越南　中国（50 国）
收敛俱乐部 III	阿尔巴尼亚　吉尔吉斯斯坦　马其顿（3 国）
非收敛小组	拉脱维亚　塔吉克斯坦（2 国）

4.1.3　"一带一路"沿线国家绿色 TFP 增长的时空演变

为检验"一带一路"沿线国家绿色 TFP 增长的时空演变，本书需首先对其空间相关性检验。借于前文研究结果表明，沿线国家存在俱乐部收敛、空间溢出网络以及地理邻接关系三种空间分布特征。本书将采用上述三种空间权重计算"一带一路"沿线国家绿色 TFP 增长的莫兰指数，结果表明邻接矩阵及网络矩阵下，"一带一路"沿线国家绿色 TFP 增长均不具有显著的空间相关性（见表5-2）。基于此，本书采用俱乐部矩阵，运用空间Markov链分析方法对绿色TFP增长水平分别处于高、中、低的"一带一路"沿线国家的动态演变过程进行分析，为确保检验结果的稳健性，本书运用比肯巴赫和博德（Bickenbach and Bode，2003）提出的最大似然比检验（likelihood ratio test）和皮尔逊卡方检测（Pearson χ^2 test）两种统计方法，分别计算空间权重对沿线国家绿色TFP增长空间转移概率的影响，结果分别记为LR值和Q值，如表4-8所示。

表4-8 　　"一带一路"沿线国家空间Markov链显著性检验结果

LR	Q	自由度
21.4175（0.0446）	21.2526（0.0468）	12

注：括号内为P值。
资料来源：笔者整理。

检测结果表明，无论似然比检测还是皮尔逊卡方检测，俱乐部矩阵对"一带一路"沿线国家绿色TFP增长的空间转移概率的影响均通过了5%显著性水平检验。换言之，俱乐部矩阵对"一带一路"沿线国家绿色TFP增长的空间转移概率具有十分显著且稳健的影响。

进一步计算"一带一路"沿线国家绿色TFP增长的空间Markov转移概率矩阵，表4-9结果表明，在俱乐部矩阵下：①邻国绿色TFP增长水平低，易导致沿线国家向低水平转移，换言之，当邻国绿色TFP增长普遍处于低水平时，本国向低水平转移的可能性更大。②邻国为低水平及中等水平时，随着本国水平的提高，转为高水平的概率增大。例如邻国为低水平时，本国由低水平、中等水平及高水平转移为高水平的概率分别为0.27、0.37和0.46。邻国为高水平国家时，初始为低和高的国家易转向低水平国家，而中等国家转为中等国家概率大，极易维持中等水平。③邻国绿色TFP增长水平越低，越利于高水平国家保持高水平状态。当邻国绿色TFP增长由低水平转移至高水平时，高水平国家向高水平转移的概率由0.4574逐渐降为0.2353。④无论邻国绿色TFP增长水平低或者高，低水平国家转移为低水平国家的概率均高于其转移为中水平或高水平的概率。表明绿色TFP增长处于低水平的国家转移概率相对比较稳定。当邻国为低水平国家时，这种现象更加严重，邻国为低水平国家时，低水平国家转移为中等水平和高水平国家概率之和为

0.473，小于其转移为低水平国家的概率 0.5270，表明邻国绿色 TFP 增长越低，低水平国家越难以向高水平国家转移。

表 4 - 9　　"一带一路"沿线国家绿色 TFP 增长的空间转移矩阵

	低	中	高
低	0.5270	0.2027	0.2703
	0.4082	0.2245	0.3673
	0.3023	0.2403	0.4574
中	0.3824	0.3824	0.2353
	0.2128	0.4362	0.3511
	0.3113	0.3302	0.3585
高	0.4028	0.2917	0.3056
	0.2418	0.4505	0.3077
	0.4706	0.2941	0.2353

资料来源：笔者整理。

从长期稳态分布看，"一带一路"沿线国家呈现出明显空间依赖特征，邻国绿色 TFP 增长处于低（中）水平的国家中将有 42.01%（38.65%）的国家绿色 TFP 增长仍处于低（中）水平，呈现出同水平国家集聚的现象。邻国处于高水平的国家中将有 36.62% 的国家处于低水平，34.76% 的国家处于中等水平，仅 28.62% 的国家处于高水平国家，表明处于高水平的国家长期保持高水平较为困难（见表 4 - 10）。

表 4 - 10　　"一带一路"沿线国家绿色 TFP 增长的长期稳态分布

	低	中	高
低	0.4201	0.2210	0.3589
中	0.2941	0.3865	0.3194
高	0.3662	0.3476	0.2862

资料来源：笔者整理。

在预测"一带一路"沿线国家绿色 TFP 增长的长期稳态分布的基

础上，各国绿色 TFP 增长水平达到上述分布的平均用时，也是关乎"一带一路"合作成功的关键因素。为此，本书基于"一带一路"沿线国家绿色 TFP 增长的转移概率，预测沿线国家绿色 TFP 增长离开初始水平进入稳态水平的平均转移时间，如表 4 – 11 所示。邻国绿色 TFP 增长处于低水平时，低水平国家从初始低水平开始转移，再次进入低水平的平均用时为 2.3803 年，低于邻国为中、高水平的国家转移时间。邻国绿色 TFP 增长处于中等水平时，中等水平国家从初始中等水平开始转移，再次进入中等水平的平均用时为 2.5874 年，低于邻国为低、高水平的国家转移时间。邻国绿色 TFP 增长处于高水平时，高水平国家从初始高水平开始转移，进入低水平的平均用时为 2.5588 年，低于邻居为低、中水平的国家转移时间。结果表明，邻居为高水平国家时，更容易转移进入低水平国家，同一俱乐部中高水平国家并未起到榜样作用，相反，以高水平为邻的国家更容易在较短时间内转移进入中低水平。

表 4 – 11   "一带一路"沿线国家绿色 TFP 增长的平均转移时间

	低	中	高
	2.3803	4.6467	3.4437
低	2.7364	4.5246	3.1019
	3.0547	4.4317	2.7865
	3.3999	2.7148	3.5451
中	4.0384	2.5874	3.1114
	3.6374	2.8763	3.1310
	2.7306	3.4204	3.2648
高	3.2529	2.8769	3.2565
	2.5588	3.4125	3.4942

资料来源：笔者整理。

4.2   中国省际真实绿色 TFP 增长的空间特征分析

4.2.1   中国省际真实绿色 TFP 增长的空间差异

本书运用基尼系数及其分解的方法考察剔除空间异质性、环境因素及随机扰动后的中国省际真实绿色 TFP 增长的空间差距及来源。为方便与现有研究比较，本书将中国省份划分为东、中、西三个区域。表 4 - 12 报告了测算结果。总体来讲，中国省际真实绿色 TFP 增长差距较小，基尼系数最大值仅为 0.1003，这表明，剔除空间异质性、环境因素及随机扰动后中国真实绿色 TFP 增长之间差距较小。从差距来源分析，区域间差距仍是中国省际真实绿色 TFP 增长差距的主要来源。图 4 - 2 直观展示了中国省际真实绿色 TFP 增长差距的演变趋势。考察期内中国省际真实绿色 TFP 增长差距呈现明显上升趋势，2010 年以前中国省际绿色 TFP 的波动较小，2015 年真实绿色 TFP 增长的基尼系数最高，达到 0.1003。与现有研究结论比较后发现，省际真实绿色 TFP 增长相较于常规 TFP 增长区域间差距较小，同时借于前面研究结果表明，真实绿色 TFP 增长的波动程度较小（见图 3 - 4），表明省际真实绿色 TFP 增长呈现出俱乐部收敛趋势。为此，本书将后续使用非线性时变因子模型，打破事先分组和线性假设的局限，检查整体收敛趋势，并进一步识别真实绿色 TFP 增长、技术效率变化和技术进步的潜在收敛俱乐部。

表 4 - 12   中国省际真实绿色 TFP 增长差距及其来源分解

年份	总体基尼系数	区域内差距（%）	区域间差距（%）	超变密度（%）
2001	0.0106	28.97	38.59	32.43
2002	0.0150	30.00	31.79	38.21
2003	0.0124	28.94	44.35	26.71
2004	0.0161	27.54	57.13	15.33
2005	0.0162	31.60	33.30	35.09
2006	0.0084	27.05	61.19	11.76
2007	0.0130	29.58	43.03	27.40
2008	0.0128	30.72	23.54	45.75
2009	0.0176	25.94	56.40	17.80
2010	0.0276	24.89	65.41	9.70
2011	0.0701	32.70	21.25	46.05
2012	0.0125	32.54	14.76	52.70
2013	0.0609	32.94	34.83	32.22
2014	0.0108	30.40	30.29	39.31
2015	0.1003	32.61	62.13	5.26

资料来源：笔者整理。

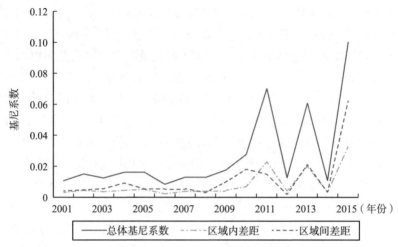

图 4 - 2　中国省际真实绿色 TFP 增长的基尼系数分解趋势

4.2.2　中国省际真实绿色 TFP 增长的收敛趋势

　　中国省际真实绿色 TFP 增长的俱乐部收敛结果如表 4 - 13 所示。表中真实绿色 TFP 增长整体收敛检验的 T 统计值 $t_b = -54.314 < -1.65$，表明在 5% 显著性水平上拒绝中国 30 个省份真实绿色 TFP 增长存在整体收敛的原假设，但这并不能排除各个省份间存在俱乐部收敛趋势。进一步筛选发现，30 个省份中存在 3 个潜在的收敛俱乐部和 1 个非收敛小组。其中，收敛俱乐部 I 的 T 统计值 $t_b = 2.296 > -1.65$，收敛俱乐部 II 的 T 统计值 $t_b = 2.179 > -1.65$，收敛俱乐部 III 的 T 统计值 $t_b = 1.248 > -1.65$，表明在 5% 显著性水平上接受收敛俱乐部存在的原假设，非收敛小组的 T 统计值 $t_b = -8.216 < -1.65$，拒绝收敛俱乐部存在的原假设。收敛俱乐部具体成员构成如表 4 - 14 所示。表 4 - 14 中超过 23 个省份收敛于前两个俱乐部，其中收敛俱乐部 I 中省份多分布于长江经济带，收敛俱乐部 II 中省份多分布于泛珠江经济带，收敛俱乐部 III 中省份多分布于西北地区，黄河经济协作区各省份则分散于上述三个收敛俱乐部，"链接"起上述三个收敛俱乐部，吉林省和海南省未能纳入上述三个收敛俱乐部。以上结果表明，省际真实绿色 TFP 增长呈现出"区块链"发展趋势，多个地理位置相邻或相近的省份跨区域组成收敛俱乐部。

表 4 – 13 中国省际真实 MI 俱乐部收敛检验结果

	常数项（a）	系数（b）	t 统计值（t_b）
整体收敛	11.3356 (0.2506)	– 5.8426 (0.1076)	– 54.3141
收敛俱乐部 I	– 1.6581 (0.3410)	0.3362 (0.1464)	2.2960
收敛俱乐部 II	– 0.6085 (0.2036)	0.1904 (0.0874)	2.1785
收敛俱乐部 III	– 2.4192 (0.5636)	0.3021 (0.2420)	1.2483
非收敛小组	19.2065 (2.5141)	– 8.8685 (1.0794)	– 8.2162

注：括号内为系数标准误。
资料来源：笔者整理。

表 4 – 14 中国省际真实 MI 收敛俱乐部成员

MI 收敛俱乐部	成员
收敛俱乐部 I	天津市 内蒙古自治区 上海市 江苏省 浙江省 山东省 河南省 湖北省 湖南省 四川省
收敛俱乐部 II	北京市 山西省 黑龙江省 安徽省 福建省 江西省 广东省 广西壮族自治区 重庆市 贵州省 云南省 陕西省 甘肃省
收敛俱乐部 III	河北省 辽宁省 青海省 宁夏回族自治区 新疆维吾尔自治区
非收敛小组	吉林省 海南省

　　表 4 – 15、表 4 – 16 分别给出了技术效率变化的收敛结果及其收敛俱乐部的构成省份。整体收敛检验的 T 统计值 t_b = – 69.737 < – 1.65，表明在 5% 显著性水平上拒绝中国 30 个省份技术效率变化存在整体收敛的假设。通过进一步筛选，本书发现 30 个省份中存在 7 个潜在的收敛俱乐部和 1 个非收敛小组，其中 7 个收敛俱乐部的 T 统计值 t_b 分别为 0.029、0.021、– 0.486、1.980、5.593、0.778、2.130，以上统计值均满足 t_b > – 1.65，表明在 5% 显著性水平上均接受收敛俱乐部存在的原假设，非收敛小组的 T 统计值 t_b = – 16.680 < – 1.65，表明在 5% 显著性水平上拒绝收敛俱乐部存在的原假设。与真实绿色 TFP 增长的收敛结果比较而言，技术效率变化的收敛俱乐部数量较多，表明考察期内技术效率变化的分散程度较高，同时并未呈现出明显的地理分布特征。需要指出的是，真实绿色 TFP 增长排名前列的北京、上海、江苏、浙江、山东、广东 6 省份的技术效率变化收敛到俱乐部 I 中，表明上述省份技

术效率变化长期差距呈现出逐渐缩小趋势，上述省份真实绿色 TFP 增长的差距扩大主要源自技术进步差距。除此之外，各个收敛俱乐部成员数量普遍较少（均小于等于 6 个），考察期内"块状"分散的发展趋势较为明显。

表 4-15　　　　　　中国省际真实 EC 收敛俱乐部检验结果

	常数项（a）	数（b）	t 统计值（t_b）
整体收敛	12.0670（0.2111）	-6.3205（0.0906）	-69.7368
收敛俱乐部 I	-1.7865（0.6831）	0.0084（0.2933）	0.0286
收敛俱乐部 II	-1.2144（0.2807）	0.0025（0.1205）	0.0209
收敛俱乐部 III	3.4833（7.5264）	-1.5699（3.2313）	-0.4858
收敛俱乐部 IV	-2.3795（1.4363）	1.2208（0.6167）	1.9798
收敛俱乐部 V	-6.1506（1.6713）	4.0130（0.7175）	5.5928
收敛俱乐部 VI	-4.0422（2.9946）	0.9999（1.2857）	0.7777
收敛俱乐部 VII	-4.9824（2.2566）	2.0636（0.9688）	2.1300
非收敛小组	14.0702（0.9873）	-7.0700（0.4239）	-16.6796

注：括号内为系数标准误。
资料来源：笔者整理。

表 4-16　　　　　　中国省际真实 EC 收敛俱乐部成员

EC 收敛俱乐部	成员
收敛俱乐部 I	北京市　上海市　江苏省　浙江省　山东省　广东省
收敛俱乐部 II	内蒙古自治区　河南省　湖南省　四川省
收敛俱乐部 III	天津市　吉林省
收敛俱乐部 IV	辽宁省　黑龙江省　福建省
收敛俱乐部 V	河北省　重庆市
收敛俱乐部 VI	江西省　广西壮族自治区　陕西省
收敛俱乐部 VII	贵州省　云南省　甘肃省　青海省　宁夏回族自治区
非收敛小组	山西省　安徽省　湖北省　海南省　新疆维吾尔自治区

表 4-17、表 4-18 分别给出了技术进步的收敛结果及其收敛俱乐

部的构成省份。整体收敛检验的 T 统计值 $t_b = -26.697 < -1.65$，表明在 5% 显著性水平上拒绝中国 30 个省份技术进步存在整体收敛的原假设，但这并不能排除各个省份间存在俱乐部收敛趋势。通过进一步筛选，本书发现 30 个省份中存在 7 个潜在的收敛俱乐部和 1 个非收敛小组，7 个收敛俱乐部的 T 统计值 t_b 分别为 0.069、-1.638、1.259、1.889、0.999、2.585 和 8.253，上述统计值均满足 $t_b > -1.65$ 的条件，表明在 5% 显著性水平上接受存在收敛俱乐部的原假设，非收敛小组的 T 统计值 $t_b = -9.222 < -1.65$，表明在 5% 显著性水平上拒绝上述原假设。与真实绿色 TFP 增长的收敛结果比较而言，技术进步的收敛俱乐部数量较多，表明考察期内技术进步的分散程度较高，并且未呈现出明显的地理分布特征。与技术效率变化收敛绝俱乐部比较，各个收敛俱乐部成员数量均未超过 5 个，真实绿色 TFP 增长排名前列的广东、上海等省份，与排名靠后的新疆、宁夏等省份均未纳入收敛俱乐部，这凸显出考察期内省际技术进步的发散和极化趋势更加严重。

表 4 - 17　　　　　　中国省际真实 TC 收敛俱乐部检验结果

	整体收敛	收敛俱乐部 I	收敛俱乐部 II	收敛俱乐部 III	收敛俱乐部 IV	收敛俱乐部 V	收敛俱乐部 VI	收敛俱乐部 VII	非收敛小组
常数项 (a)	11.0267 (0.4666)	-1.0570 (1.9513)	7.3314 (5.0028)	-12.1299 (3.4144)	-2.8865 (1.4598)	-3.2138 (3.5403)	-4.0664 (1.7105)	-3.1263 (0.4034)	17.9705 (2.0322)
系数 (b)	-5.3483 (0.2003)	0.0579 (0.8377)	-3.5179 (2.1478)	1.8461 (1.4659)	1.1840 (0.6267)	1.5185 (1.5199)	1.8986 (0.7344)	1.4293 (0.1732)	-8.0457 (0.8725)
t 统计值 (t_b)	-26.6974	0.0691	-1.6379	1.2594	1.8892	0.9990	2.5853	8.2525	-9.2216

注：括号内为系数标准误。
资料来源：笔者整理。

表 4 - 18　　　　　　中国省际真实 TC 收敛俱乐部成员

TC 收敛俱乐部	成员
收敛俱乐部 I	贵州省　甘肃省　青海省
收敛俱乐部 II	山西省　云南省

TC 收敛俱乐部	成员
收敛俱乐部Ⅲ	黑龙江省　江西省
收敛俱乐部Ⅳ	天津市　安徽省　广西壮族自治区　重庆市　四川省
收敛俱乐部Ⅴ	内蒙古自治区　福建省　山东省　湖北省　湖南省
收敛俱乐部Ⅵ	辽宁省　江苏省　浙江省　河南省
收敛俱乐部Ⅶ	北京市　海南省
非收敛小组	河北省　吉林省　上海市　广东省　陕西省　宁夏回族自治区　新疆维吾尔自治区

4.2.3　中国省际真实绿色 TFP 增长的时空演变

本书首先采用 Moran's I 指数检验邻接矩阵、俱乐部矩阵及网络矩阵三种权重下中国省际真实绿色 TFP 增长的空间相关性，结果表明三种权重下，中国省际真实绿色 TFP 增长均具有显著的空间相关性。基于此，本书采用邻接矩阵、俱乐部矩阵及网络矩阵，运用空间 Markov 链分析方法对分别处于高、中、低的中国省际真实绿色 TFP 增长的动态演变过程进行分析，为确保检验结果的稳健性，本书运用比肯巴赫和博德（Bickenbach and Bode，2003）提出的最大似然比检验（likelihood ratio test）和皮尔逊卡皮尔逊卡方检测（Pearson χ^2 test）两种统计方法，分别计算三种空间权重对中国省际真实绿色 TFP 增长空间转移概率的影响，结果分别记为 LR 值和 Q 值，表 4 – 19 给出了三种权重下的空间 Markov 转移概率的显著性检验结果。

表 4 – 19　　　　　　中国省际空间 Markov 链显著性检验结果

空间权重	LR 值	Q 值	自由度
邻接权重	29.6823（0.0031）	28.4441（0.0048）	12
俱乐部权重	34.2388（0.0006）	35.9446（0.0003）	12
网络权重	24.8454（0.0156）	23.5562（0.0234）	12

注：括号内为 P 值。
资料来源：笔者整理。

检测结果表明，无论似然比检测还是皮尔逊卡方检测，邻接矩阵及俱乐部矩阵对中国省际真实绿色 TFP 增长的空间转移概率矩阵的影响均通过了 1% 显著性水平检验，网络矩阵对中国省际真实绿色 TFP 增长的空间转移概率矩阵的影响通过了 5% 显著性水平检验。换言之，三种权重对中国省际真实绿色 TFP 增长的转移概率具有十分显著且稳健的影响。

进一步计算中国省际真实绿色 TFP 增长的空间 Markov 转移概率，表 4 - 20 结果表明：①邻省真实绿色 TFP 增长水平越高，越利于低水平及中等水平省份向高水平转移。以邻接权重为例，以低水平为邻居时，低水平省份转移为高水平省份的概率为 9.26%，中等水平省份转移为高水平省份的概率为 12.82%，以高水平为邻时，低水平转移为高水平省份的概率为 20%，提高了 10.74%，中等水平转移为高水平省份的概率为 36.73%，提高了 23.91%。②邻接权重及网络权重下，呈现出"中低水平省份沦陷"的现象。一方面，低水平、中等水平省份较难向高水平省份转移，以网络权重为例，当邻居为低（中、高）水平省份时，低水平省份转移为高水平省份的概率为 17.02%（12.12%、33.33%），中等水平省份转移为高水平省份的概率为 37.21%（29.23%、19.05），均小于高水平省份转移为高水平省份的概率 51.28%（53.85%、38.60%）；另一方面，同等水平省份呈现聚集状态。以邻接权重为例，当邻居为低水平省份时，低水平省份转移为低水平省份的概率大于其转移为中等水平、高水平的概率，也大于以中等水平、高水平省份为邻的低水平省份转移为中等水平、高水平的概率。③三种权重对比发现，当邻省真实绿色 TFP 增长属于低水平时，网络权重降低了本省真实绿色 TFP 增长也处于低水平的概率，同时也加重了"中等水平省份沦陷"，当邻居为中等水平省份时，网络权重下中等水平省份转移为中等水平省份的概率为 43.08%，大于邻接权重及俱乐部权重下此概率，邻接权重及俱乐部权重下此概率分别为 42.32% 和 23.81%。另外，相比网络权重，邻接权重和俱乐部权重下，当邻省 TFP 为低水平时更容易保持原状，难以向高水平跃迁。而当邻省为高水平时，俱乐部权重易于向高水平跃迁，而邻接权重和网络权重依旧保持稳态。

表 4 - 20　　　　中国省际真实绿色 TFP 增长的空间转移矩阵

	邻接权重			俱乐部权重			网络权重		
	低	中	高	低	中	高	低	中	高
低	0.5741	0.3333	0.0926	0.5474	0.2842	0.1684	0.4468	0.3830	0.1702
	0.3846	0.4872	0.1282	0.3118	0.5269	0.1613	0.2791	0.3488	0.3721
	0.2128	0.2979	0.4894	0.2000	0.2364	0.5636	0.3333	0.1538	0.5128
中	0.4510	0.2549	0.2941	0.5200	0.4400	0.0400	0.5455	0.3333	0.1212
	0.3077	0.4231	0.2692	0.3333	0.2381	0.4286	0.2769	0.4308	0.2923
	0.3784	0.1622	0.4595	0.2692	0.2692	0.4615	0.1538	0.3077	0.5385
高	0.4857	0.3143	0.2000	0.3000	0.2000	0.5000	0.5476	0.1190	0.3333
	0.2041	0.4286	0.3673	0.1923	0.3077	0.5000	0.4048	0.4048	0.1905
	0.0714	0.2857	0.6429	0.1695	0.2712	0.5593	0.2632	0.3509	0.3860

资料来源：笔者整理。

　　基于中国省际真实绿色 TFP 增长的空间转移概率，计算与中国省际初始真实绿色 TFP 增长空间差异无关的稳态概率，预测空间因素对中国省际真实绿色 TFP 增长长期演变结果的影响。从表 4 - 21 中可以得出：①以低水平省份为邻的省份较难转移为更高水平，以邻接权重为例，邻省的真实绿色 TFP 增长为低水平的省份中有 43.71% 的省份真实绿色 TFP 增长水平仍处于低水平，仅有 17.63% 的省份转移为高水平省份。②邻接权重及俱乐部权重下，以高水平省份为邻的省份更易转移为高水平省份，以俱乐部权重为例，邻省的真实绿色 TFP 增长为高水平的省份中有 53.13% 的省份真实绿色 TFP 增长水平仍处于高水平。③三种权重对比下，网络权重比其他两种权重下低水平真实绿色 TFP 增长省份数量占比分别多 8.1%、14.78%，高水平真实绿色 TFP·增长省份数量占比分别少 0.76%、11.92%。网络权重有利于促进邻省为低水平省份的省份向高水平转移，邻接权重有利于促进邻省为中等水平省份的省份向高水平转移，俱乐部权重有利于邻省为高水平省份的省份向高水平转移。

表 4 – 21　　　　中国省际真实绿色 TFP 增长的长期稳态分布

	邻接权重			俱乐部权重			网络权重		
	低	中	高	低	中	高	低	中	高
低	0.4371	0.3866	0.1763	0.3678	0.3580	0.2743	0.3581	0.293	0.3489
中	0.3876	0.2680	0.3444	0.3872	0.3252	0.2876	0.3258	0.3604	0.3138
高	0.1989	0.3400	0.4611	0.2019	0.2665	0.5315	0.4208	0.2678	0.3115

资料来源：笔者整理。

本书基于中国省际真实绿色 TFP 增长的转移概率，预测中国省际真实绿色 TFP 增长离开初始水平进入稳态水平的平均转移时间，如表 4 – 22 所示。①邻省真实绿色 TFP 增长水平越高，转移为高水平省份的时间越短。以邻接权重为例，当邻省水平由低水平逐渐变为高水平时，低水平省份转移为高水平省份的时间由 9.3789 年变为 3.8553 年，中等水平省份转移为高水平省份的时间由 8.9842 年变为 3.1269 年，高水平省份转移为高水平省份的时间由 5.6717 年变为 2.1688 年。②三种权重对比下发现，网络权重易于缩短与低水平省份为邻的省份转移为高水平省份的时间，俱乐部矩阵能显著缩短与中等水平省份为邻的省份转移为高水平省份的时间，俱乐部矩阵则更利于缩短与高水平省份为邻的省份转移为高水平省份的时间。

表 4 – 22　　　　中国省际真实绿色 TFP 增长的平均转移时间

	邻接权重			俱乐部权重			网络权重		
	低	中	高	低	中	高	低	中	高
低	2.2876	3.0498	9.3789	2.7190	3.6916	6.0334	2.7928	3.0897	4.0820
	2.8561	2.5870	8.9842	3.5505	2.7937	6.0902	3.3050	3.4126	3.2852
	3.6244	3.2291	5.6717	4.2149	3.9836	3.6462	3.0963	4.1667	2.8661
中	2.5802	4.5000	3.4905	2.5829	2.3354	5.4870	3.0695	3.0488	5.4230
	3.0194	3.7308	3.5949	3.2795	3.0748	3.7130	4.3630	2.7747	4.3950
	2.7558	5.0000	2.9037	3.4969	3.0248	3.4769	5.0753	3.1829	3.1866
高	5.0265	3.2892	3.8553	4.9523	4.2045	2.0000	2.3766	4.9846	3.2308
	7.3088	2.9415	3.1269	5.5500	3.7517	2.0000	2.6937	3.7347	3.8769
	8.6471	3.4578	2.1688	5.6846	3.8864	1.8814	3.1678	3.7648	3.2105

资料来源：笔者整理。

4.3 中国城市真实绿色 TFP 增长的空间特征分析

4.3.1 中国城市真实绿色 TFP 增长的空间差异

本书运用基尼系数及其分解的方法考察剔除空间异质性、环境因素及随机扰动后的中国城市真实绿色 TFP 增长的空间差距及来源。总体来讲，中国城市真实绿色 TFP 增长差距较小，基尼系数最大值仅为 0.1271，考察期间有 10 年基尼系数均低于 0.10，这表明，剔除空间异质性、环境因素及随机扰动后中国城市真实绿色 TFP 增长之间差距较小。从差距来源分析，除 2005 年、2007 年、2009 年和 2014 年区域间差距低于区域内差距外，区域间差距是中国城市真实绿色 TFP 增长差距的主要来源，在 2006 年、2012 年和 2016 年，区域间差距贡献率均超过 50%，最高达 57.52%（见表 4 - 23）。

92

表 4 - 23　　中国城市真实绿色 TFP 增长的差距及其来源分解

年份	总体基尼系数	区域内差距（%）	区域间差距（%）	超变密度（%）
2004	0.0714	29.73	42.47	27.80
2005	0.0575	32.41	30.81	36.78
2006	0.1271	29.79	53.95	16.26
2007	0.0894	34.22	6.41	59.37
2008	0.1005	31.52	33.89	34.59
2009	0.0635	34.03	12.23	53.74
2010	0.093	31.21	33.07	35.71
2011	0.0787	30.25	35.28	34.47
2012	0.092	25.17	57.52	17.32
2013	0.064	32.07	35.49	32.44
2014	0.0632	33.75	7.34	58.91
2015	0.0803	31.28	41.23	27.49
2016	0.1133	31.31	55.21	13.48

资料来源：笔者整理。

图 4-3 直观展示了中国城市真实绿色 TFP 增长差距的演变趋势。结果表明，区域间差异与总体差异变化趋势具有一致性，而区域内差异在考察期间波动平稳。近年来，中国城市真实绿色 TFP 增长的区域差距呈现不断加大之势。为深入探究其差距发展态势，本书运用非线性时变因子模型，基于数据识别中国城市真实绿色 TFP 增长是否具有俱乐部收敛趋势。

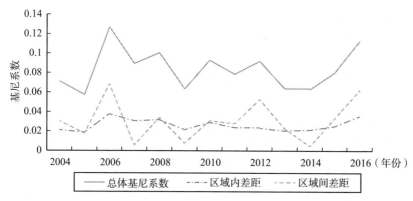

图 4-3 中国城市真实绿色 TFP 增长的基尼系数分解趋势

4.3.2 中国城市真实绿色 TFP 增长的收敛趋势

中国城市真实绿色 TFP 增长的收敛俱乐部结果如表 4-24 所示。表中城市真实绿色 TFP 增长整体收敛检验的 T 统计值 t_b 为 -10.4829 < -1.65，表明在 5% 的显著性水平上拒绝中国 270 个城市真实绿色 TFP 增长存在整体收敛的原假设，但这并不能否认中国城市间可能存在俱乐部收敛的趋势。进一步筛选发现，270 个城市中，存在 6 个收敛俱乐部和 1 个非收敛小组。6 个收敛俱乐部的 T 统计值 t_b 分别为 -0.1550、-1.3395、-0.6448、-1.4564、-0.4871、2.1378，均大于 -1.65，在 5% 的显著性水平上接受收敛俱乐部存在的原假设，而非收敛小组 T 统计值 t_b 为 -8.4881 < -1.65，拒绝收敛俱乐部存在的假设。收敛俱乐部成员构成如附表 4 所示，可以看出，多数城市真实绿色 TFP 增长收敛于收敛俱乐部Ⅳ和收敛俱乐部Ⅴ，分别包含 56 个和 172 个城市。除重庆市外，收敛俱乐部Ⅰ、收敛俱乐部Ⅱ和收敛俱乐部Ⅲ的成员均位于中

部地区，收敛俱乐部Ⅳ中，沧州市、大连市等 6 个城市位于东部地区，南宁市、安顺市等 6 个城市位于西部地区，其余 44 个城市均位于中部地区。收敛俱乐部Ⅰ、Ⅱ、Ⅲ、Ⅳ为中部地区，表明中部地区呈现分散趋势。而收敛俱乐部Ⅴ成员地理分布较为均匀，其中，北京市、唐山市等 68 个城市位于东部地区，太原市、大同市等 43 个城市位于中部地区，通辽市、乌兰察布市等 61 个城市位于西部地区。收敛俱乐部Ⅵ包括 28 个城市，其中 26 个位于东部地区，2 个位于西部地区。非收敛小组的成员均位于中部地区。从收敛俱乐部成员地理分布上可以看出，收敛俱乐部成员跨越了东中西的地理分布，表明城市真实绿色 TFP 实现了跨区域收敛。高达 172 个城市真实绿色 TFP 增长位于收敛俱乐部Ⅴ，表明城市间绿色 TFP 增长差距从长期看呈现缩小态势。

表 4 – 24　　　　　　　中国城市真实 MI 俱乐部收敛检验结果

MI	常数项（a）	系数（b）	t 统计值（t_b）
整体收敛	7. 3596（0. 8084）	– 3. 8975（0. 3718）	– 10. 4829
收敛俱乐部Ⅰ	0. 4477（1. 7471）	0. 1245（0. 8036）	– 0. 1550
收敛俱乐部Ⅱ	0. 7477（0. 752）	– 0. 4633（0. 3459）	– 1. 3395
收敛俱乐部Ⅲ	2. 4503（1. 7723）	– 0. 5256（0. 8151）	– 0. 6448
收敛俱乐部Ⅳ	2. 0548（1. 1279）	– 0. 7555（0. 5187）	– 1. 4564
收敛俱乐部Ⅴ	0. 5872（0. 7106）	– 0. 1592（0. 3268）	– 0. 4871
收敛俱乐部Ⅵ	– 1. 7039（1. 1238）	1. 1049（0. 5169）	2. 1378
非收敛小组	15. 8709（1. 8324）	– 7. 1534（0. 8428）	– 8. 4881

注：括号内为系数标准误。
资料来源：笔者整理。

表 4 – 25 为城市技术效率变化收敛俱乐部检验结果。表中整体收敛的 T 统计值 t_b 为 – 6. 1133 < – 1. 65，表明在 5% 的显著性水平上拒绝 270 个城市技术效率变化存在整体收敛的原假设。进一步筛选发现，270 个城市的技术效率变化存在 6 个收敛俱乐部和 1 个非收敛小组，T 统计值 t_b 分别为 – 0. 4953、1. 1974、 – 1. 5756、 – 0. 9816、 – 0. 6635、3. 8815，均大于 – 1. 65，表明在 5% 的显著性水平上接受存在收敛俱乐部的原假设。附表 5 展示了各收敛俱乐部成员构成情况。收敛俱乐部Ⅰ

由 8 个城市构成，其中 2 个位于东部地区，另外 6 个城市位于中部地区；收敛俱乐部 Ⅱ 由东部地区的大连市和广州市以及中部地区的宿州市和阜阳市构成；收敛俱乐部 Ⅲ 包含 24 个城市，其中 6 个城市位于东部地区，12 个城市位于中部地区，6 个城市位于西部地区；收敛俱乐部 Ⅳ 由 172 个城市构成，北京市、张家口市等 50 个城市位于东部地区，太原市、大同市等 69 个城市位于中部地区，呼伦贝尔市、乌兰察布市等 54 个城市位于西部地区；收敛俱乐部 Ⅴ 由 55 个城市构成，37 个城市位于东部地区，8 个城市位于西部地区，11 个城市位于中部地区。技术效率变化的收敛俱乐部与城市真实绿色 TFP 增长收敛俱乐部数量相等，且不同俱乐部成员数量较为接近，表明考察期内技术效率变化与真实绿色 TFP 增长收敛趋势具有相似性。

表 4 – 25　　　　　　　中国城市真实 EC 收敛俱乐部检验结果

EC	常数项（a）	系数（b）	t 统计值（tb）
整体收敛	7. 0102（1. 2009）	− 3. 3767（0. 5524）	− 6. 1133
收敛俱乐部 Ⅰ	1. 5463（1. 0879）	− 0. 2478（0. 5004）	− 0. 4953
收敛俱乐部 Ⅱ	− 1. 2632（3. 0703）	1. 6909（1. 4121）	1. 1974
收敛俱乐部 Ⅲ	2. 2698（1. 0233）	− 0. 7416（0. 4706）	− 1. 5756
收敛俱乐部 Ⅳ	1. 7282（1. 0622）	− 0. 4795（0. 4885）	− 0. 9816
收敛俱乐部 Ⅴ	0. 8421（0. 6704）	− 0. 2046（0. 3083）	− 0. 6635
收敛俱乐部 Ⅵ	− 4. 8369（1. 4399）	2. 5706（0. 6623）	3. 8815
非收敛小组	13. 7404（0. 6114）	− 6. 789（0. 2812）	− 24. 1419

注：括号内为系数标准误。
资料来源：笔者整理。

表 4 – 26 为技术进步收敛俱乐部检验结果。整体收敛的 T 统计值为 $t_b = − 8. 9264 < − 1. 65$，表明在 5% 的显著性水平上拒绝考察的 270 个城市技术进步存在整体收敛的原假设。通过进一步筛选发现，考察的 270 个城市中存在 6 个收敛俱乐部和 1 个非收敛小组。5 个收敛俱乐部的 T 统计值 t_b 分别为 2. 1537、3. 1309、− 1. 6151、− 1. 3214、− 1. 2735、0. 7929，均大于 − 1. 65，表明在 5% 的显著性水平上接受存在收敛俱乐部的原假设。非收敛小组的 T 统计值 t_b 为 − 6. 2602 <

-1.65，表明在 5% 的显著性水平上拒绝存在收敛的原假设，附表 6 展示了各收敛俱乐部成员构成情况。技术进步的收敛俱乐部数量与技术效率变化收敛俱乐部和真实绿色 TFP 的收敛俱乐部数量相等。收敛俱乐部 Ⅰ、收敛俱乐部 Ⅱ、收敛俱乐部 Ⅲ、收敛俱乐部 Ⅳ 所含的 30 个城市均位于中部地区；收敛俱乐部 Ⅴ 包含的 164 个城市中，唐山市、邯郸市等 56 个城市位于东部地区，通辽市、巴彦淖尔市等 48 个城市位于西部地区，太原市、大同市等 61 个城市位于中部地区；收敛俱乐部 Ⅵ 包含 72 个城市，北京市、天津市等 43 个城市位于东部地区，呼伦贝尔市、乌兰察布市等 23 个城市位于西部地区，白山市、哈尔滨市等 6 个城市位于中部地区。与城市真实绿色 TFP 增长收敛俱乐部和技术效率变化收敛俱乐部成员均存在跨区域现象不同的是，仅有 2 个技术进步收敛俱乐部存在成员技术进步跨区域收敛现象。此外，收敛俱乐部 Ⅰ、Ⅱ、Ⅲ、Ⅵ 所含城市数量较少，表明考察期内技术进步"块状"分散的发展趋势较为明显。

表 4-26　　　　　　中国城市真实 TC 收敛俱乐部检验结果

TC	常数项（a）	系数（b）	t 统计（t_b）
整体收敛	5.8577（0.7833）	-3.2157（0.3602）	-8.9264
收敛俱乐部 Ⅰ	-12.6338（6.9582）	6.8924（3.2003）	2.1537
收敛俱乐部 Ⅱ	-1.2286（0.2538）	0.3655（0.1167）	3.1309
收敛俱乐部 Ⅲ	0.1928（0.2852）	-0.2119（0.1312）	-1.6151
收敛俱乐部 Ⅳ	0.8441（0.6262）	-0.3806（0.288）	-1.3214
收敛俱乐部 Ⅴ	1.3447（0.9275）	-0.5433（0.4266）	-1.2735
收敛俱乐部 Ⅵ	-0.3506（0.545）	0.1988（0.2507）	0.7929
非收敛小组	19.9928（3.2829）	-9.4524（1.5099）	-6.2602

注：括号内为系数标准误。
资料来源：笔者整理。

4.3.3　中国城市真实绿色 TFP 增长的时空演变

本书采用 Moran's I 指数对邻接矩阵、俱乐部矩阵及网络矩阵三种权重矩阵下中国城市真实绿色 TFP 增长的空间相关性进行检验。结果表明，三种空间权重矩阵下，城市真实绿色 TFP 增长均具有显著的空间相关性。基于此，本书采用邻接权重、俱乐部权重及网络权重，运用空间 Markov 链分析方法对分别处于极低、低、较低、较高、高、极高的城市真实绿色 TFP 增长的动态演变过程进行分析。为确保检验结果的稳健性，本书运用比肯巴赫和博德（Bickenbach and Bode，2003）提出的最大似然比检验（likelihood ratio test）和皮尔逊卡方检测（Pearson χ^2 test）两种统计方法，分别计算空间权重对各城市真实绿色 TFP 增长空间转移概率的影响，结果分别记为 LR 值和 Q 值，如表 4 - 27 所示。表 4 - 27 给出了三种权重下的空间 Markov 转移概率的显著性检验结果。

表 4 - 27　　　　中国城市空间 Markov 链显著性检验结果

空间权重	LR 值	Q 值	自由度
邻接权重	174.9999（0.0795）	167.0538（0.1616）	150
俱乐部权重	435.1900（0.000）	434.1958（0.000）	150
网络权重	216.5776（0.0003）	215.3347（0.0004）	150

注：括号内为 P 值。
资料来源：笔者整理。

97

检测结果表明，无论似然比检测还是皮尔逊卡方检测，俱乐部权重及网络权重对城市真实绿色 TFP 增长的空间转移概率的影响均通过了 1% 显著性水平检验，邻接权重对城市真实绿色 TFP 增长的空间转移矩阵的影响在最大似然比检验下通过了 10% 显著性水平检验。

进一步计算城市真实绿色 TFP 增长的空间 Markov 转移概率矩阵，表 4 - 28 表明：①不管与何种水平的城市相邻，由极低水平、低水平、较低水平向极高水平转移的概率均较高。除邻接权重下与极低水平相邻，由低水平向极高水平转移的概率为 8..8% 外，其余各种情况下，由中等水平以下向极高水平转移的概率均超过了 10%，尤其在邻接权重下，当与低水平城市为邻居时，由低水平向极高水平转移的概率高达 42.3%。②三种权重下，存在较高水平和高水平城市"转型升级"难度较大的现象，较高水平和高水平城市向极高水平转移概率普遍低于极低、低、较低水平向极高水平转移的概率。以俱乐部权重为例，当邻居为高水平时，较高水平向极高水平转移的概率为 9.8%，高水平向极高水平转移的概率为 7.6%，远低于同种环境下，极低水平向极高水平转移的概率 24.2%。③当邻居处于极低、低、较低水平时，水平高于相邻城市向上发展的概率大于该城市随波逐流向邻居水平转移的概率。表明邻接权重下，相邻城市真实绿色 TFP 增长处于中等偏下水平时，城市倾向于脱离相邻城市的束缚向更高水平跃进。以邻居为极低水平为例，处于较低水平的城市向极低水平转移的概率为 4.8%，而其向极高水平转移的概率为 22.6%。④高水平城市倾向于采用保守方式提升真实绿色 TFP。三种权重下，当邻居为高水平时，由高水平向极高水平转移的概率较低，当自己与周边城市均处于高水平时，大概率情况下城市选择保持现状，停滞不前的保守方式也造成其真实绿色 TFP 增长由高水平向较高水平转移的概率大于向极高水平转移的概率。⑤对比三种权重，当相邻城市真实绿色 TFP 属于极低水平时，网络权重降低了城市真实绿色 TFP 也处于极低水平的概率。当相邻城市真实绿色 TFP 属于极高水平时，网络权重同样降低了城市真实绿色 TFP 也处于极高水平的概率。上述两种情形下，转移概率在邻接权重下最大，俱乐部权重下次之，网络权重下最小。

98

表 4-28（a）　　中国城市真实绿色 TFP 增长的空间转移矩阵（邻接权重）

	极低	低	较低	较高	高	极高		极低	低	较低	较高	高	极高
极低	0.048	0.097	0.145	0.145	0.306	0.258	较高	0.030	0.239	0.224	0.149	0.149	0.209
	0.022	0.044	0.275	0.363	0.209	0.088		0.097	0.311	0.204	0.126	0.146	0.117
	0.048	0.048	0.177	0.306	0.194	0.226		0.290	0.170	0.160	0.090	0.110	0.180
	0.078	0.216	0.118	0.216	0.216	0.157		0.111	0.384	0.131	0.111	0.101	0.162
	0.149	0.191	0.064	0.191	0.213	0.191		0.294	0.218	0.101	0.109	0.151	0.126
	0.509	0.151	0.075	0.113	0.038	0.113		0.433	0.165	0.144	0.062	0.124	0.072
低	0.010	0.062	0.124	0.113	0.268	0.423	高	0.023	0.046	0.184	0.230	0.207	0.310
	0.010	0.092	0.102	0.265	0.265	0.265		0.000	0.103	0.230	0.207	0.195	0.264
	0.046	0.199	0.232	0.166	0.172	0.185		0.035	0.105	0.281	0.158	0.193	0.228
	0.096	0.246	0.246	0.158	0.123	0.132		0.111	0.282	0.111	0.179	0.197	0.120
	0.197	0.328	0.197	0.115	0.098	0.066		0.349	0.246	0.079	0.143	0.143	0.040
	0.438	0.156	0.156	0.141	0.047	0.063		0.703	0.126	0.054	0.027	0.090	0.000

续表

	极低	低	较低	较高	高	极高		极低	低	较低	较高	高	极高
	0.078	0.058	0.194	0.282	0.146	0.243		0.031	0.051	0.173	0.173	0.255	0.316
	0.114	0.068	0.159	0.205	0.295	0.159		0.119	0.095	0.179	0.250	0.155	0.202
较低	0.044	0.059	0.176	0.309	0.191	0.221	极高	0.135	0.144	0.154	0.135	0.192	0.240
	0.079	0.119	0.257	0.228	0.188	0.129		0.182	0.273	0.242	0.076	0.045	0.182
	0.123	0.185	0.240	0.199	0.164	0.089		0.232	0.116	0.116	0.188	0.145	0.203
	0.268	0.220	0.171	0.138	0.122	0.081		0.416	0.124	0.106	0.124	0.097	0.133

资料来源：笔者整理。

表4-28（b）　中国城市真实绿色TFP增长的空间转移矩阵（俱乐部权重）

	极低	低	较低	较高	高	极高		极低	低	较低	较高	高	极高
	0.036	0.086	0.173	0.195	0.227	0.282		0.081	0.048	0.177	0.242	0.177	0.274
	0.14	0.163	0.302	0.128	0.151	0.116		0.143	0.184	0.163	0.184	0.133	0.194
极低	0.069	0.168	0.145	0.252	0.206	0.160	较高	0.068	0.068	0.136	0.322	0.220	0.186
	0.111	0.156	0.289	0.200	0.133	0.111		0.109	0.159	0.246	0.167	0.116	0.203
	0.310	0.172	0.207	0.034	0.172	0.103		0.162	0.276	0.143	0.143	0.162	0.114
	0.379	0.276	0.103	0.069	0.172	0.000		0.436	0.167	0.167	0.103	0.077	0.051
	0.064	0.114	0.129	0.207	0.193	0.293		0.061	0.061	0.182	0.242	0.212	0.242
	0.043	0.172	0.323	0.226	0.129	0.108		0.115	0.188	0.240	0.125	0.198	0.135
低	0.034	0.137	0.116	0.260	0.233	0.219	高	0.135	0.096	0.038	0.231	0.308	0.192
	0.162	0.149	0.162	0.122	0.216	0.189		0.134	0.232	0.179	0.179	0.179	0.098
	0.228	0.175	0.105	0.228	0.211	0.053		0.229	0.237	0.229	0.115	0.115	0.076
	0.367	0.267	0.033	0.100	0.100	0.133		0.353	0.224	0.147	0.078	0.086	0.112
	0.091	0.121	0.091	0.197	0.182	0.318		0.000	0.053	0.158	0.053	0.421	0.316
	0.066	0.116	0.190	0.215	0.215	0.198		0.130	0.109	0.239	0.130	0.174	0.217
较低	0.060	0.155	0.155	0.233	0.181	0.216	极高	0.000	0.222	0.167	0.111	0.139	0.361
	0.058	0.212	0.221	0.192	0.192	0.125		0.119	0.164	0.149	0.179	0.164	0.224
	0.211	0.224	0.118	0.158	0.145	0.145		0.268	0.211	0.162	0.099	0.141	0.120
	0.439	0.211	0.088	0.070	0.070	0.123		0.509	0.178	0.083	0.065	0.091	0.074

资料来源：笔者整理。

表4-28（c）　中国城市真实绿色TFP增长的空间转移矩阵（网络权重）

	极低	低	较低	较高	高	极高		极低	低	较低	较高	高	极高
极低	0.018	0.109	0.200	0.182	0.182	0.309	较高	0.013	0.067	0.240	0.160	0.173	0.347
	0.051	0.090	0.244	0.218	0.179	0.218		0.152	0.141	0.130	0.228	0.185	0.163
	0.028	0.070	0.197	0.254	0.197	0.254		0.059	0.141	0.129	0.247	0.259	0.165
	0.070	0.254	0.225	0.085	0.197	0.169		0.148	0.213	0.157	0.231	0.120	0.130
	0.117	0.208	0.130	0.195	0.234	0.117		0.299	0.168	0.121	0.168	0.150	0.093
	0.351	0.085	0.223	0.096	0.128	0.117		0.505	0.103	0.131	0.084	0.093	0.084
低	0.013	0.103	0.192	0.128	0.179	0.385	高	0.013	0.107	0.067	0.227	0.280	0.307
	0.058	0.204	0.136	0.233	0.136	0.233		0.152	0.131	0.172	0.141	0.232	0.172
	0.029	0.115	0.192	0.221	0.240	0.202		0.092	0.184	0.158	0.184	0.171	0.211
	0.073	0.219	0.250	0.177	0.146	0.135		0.109	0.287	0.119	0.198	0.119	0.168
	0.237	0.280	0.140	0.108	0.129	0.108		0.234	0.145	0.177	0.153	0.161	0.129
	0.433	0.224	0.060	0.119	0.134	0.030		0.398	0.223	0.146	0.049	0.097	0.087
较低	0.015	0.061	0.227	0.197	0.258	0.242	极高	0.085	0.073	0.152	0.206	0.230	0.255
	0.095	0.126	0.211	0.116	0.189	0.263		0.133	0.120	0.320	0.133	0.093	0.200
	0.061	0.121	0.172	0.283	0.202	0.162		0.069	0.139	0.333	0.222	0.125	0.111
	0.075	0.283	0.198	0.123	0.189	0.132		0.182	0.288	0.182	0.121	0.106	0.121
	0.222	0.283	0.152	0.111	0.141	0.091		0.265	0.221	0.103	0.235	0.088	0.088
	0.485	0.208	0.069	0.119	0.069	0.050		0.551	0.124	0.067	0.135	0.056	0.067

资料来源：笔者整理。

　　基于城市真实绿色TFP增长的空间转移概率，计算与城市初始真实绿色TFP增长空间差异无关的稳态概率，预测空间因素对城市真实绿色TFP长期演变结果的影响。由表4-29可以看出，①三种权重下，城市向更高水平转移与相邻城市真实绿色TFP增长所处水平关联度较小，城市向其他水平转移的概率相差较小。②三种权重下，当与较高水平城市为邻时，城市向高水平转移的概率最小，分别为14.47%、13.29%、15.99%。③对比三种权重矩阵，邻接权重下，处于极低水平的城市数量比其他两种权重下分别高1.87%和5.25%，邻接权重下处于极高水平的城市数量与俱乐部权重下近似一致，比网络权重下高6.01%。邻接权重和俱乐部权重下，有利于促进与极高水平为邻的城市保持其极高水平，网络权重下有利于促进与极低水平为邻的城市向极高水平转移。

表 4-29　　　中国城市真实绿色 TFP 增长的长期稳态分布

		极低	低	较低	较高	高	极高
邻接矩阵	极低	0.1684	0.1665	0.2090	0.1461	0.1771	0.1330
	低	0.1545	0.1690	0.1401	0.1888	0.1830	0.1646
	较低	0.1598	0.1753	0.1430	0.1752	0.1616	0.1850
	较高	0.1678	0.1495	0.1750	0.1910	0.1447	0.1719
	高	0.1674	0.1721	0.1701	0.1629	0.1847	0.1428
	极高	0.1900	0.1553	0.1560	0.0976	0.1908	0.2102
俱乐部矩阵	极低	0.1497	0.1364	0.1335	0.2151	0.1944	0.1711
	低	0.1383	0.1809	0.1762	0.1625	0.1596	0.1824
	较低	0.1123	0.1207	0.2056	0.2289	0.1827	0.1497
	较高	0.1933	0.2476	0.1699	0.1112	0.1329	0.1450
	高	0.2024	0.1487	0.1550	0.1592	0.1713	0.1633
	极高	0.1940	0.1310	0.1587	0.1540	0.1497	0.2126
网络矩阵	极低	0.1159	0.1380	0.2042	0.1689	0.1855	0.1875
	低	0.1436	0.1907	0.1609	0.1660	0.1623	0.1764
	较低	0.1567	0.1803	0.1717	0.1594	0.1750	0.1570
	较高	0.1944	0.1378	0.1552	0.1843	0.1599	0.1684
	高	0.1691	0.1801	0.1394	0.1580	0.1749	0.1785
	极高	0.2007	0.1551	0.2001	0.1723	0.1217	0.1501

资料来源：笔者整理。

本书基于城市真实绿色 TFP 增长的转移概率，预测城市真实绿色 TFP 增长离开初始水平进入稳态水平的平均转移时间，如表 4-30（a）、表 4-30（b）和表 4-30（c）所示：①三种权重下，与不同真实绿色

TFP 增长水平城市为邻，城市真实绿色 TFP 增长的平均转移时间近似。表明空间权重对城市真实绿色 TFP 增长的平均转移时间影响不明显。相比而言，邻接权重下，与极高水平城市为邻的城市向较高水平转移所需时间较长，平均为 11.078 年，高于总体平均时间。②对比三种权重的平均转移时间可以发现，网络权重能缩小与极低水平为邻的城市向极高水平转移的时间。

表 4-30（a）　中国城市真实绿色 TFP 增长的平均转移时间（邻接权重）

	极低	低	较低	较高	高	极高		极低	低	较低	较高	高	极高
极低	5.940	6.424	5.498	7.064	5.441	5.953	极高	5.959	6.860	5.604	4.953	6.998	4.820
	5.962	6.007	5.574	6.525	5.564	6.756		6.188	6.690	5.817	4.510	6.666	5.299
	5.644	6.082	4.784	7.376	5.853	6.988		5.766	6.080	5.714	5.126	7.203	5.210
	5.840	6.122	4.808	6.846	5.981	7.062		5.936	6.211	5.246	5.235	7.344	5.167
	4.659	6.085	5.367	8.014	5.646	6.889		5.809	5.485	5.863	5.253	6.909	5.639
	4.434	5.537	5.880	7.624	5.617	7.520		4.267	6.390	5.693	5.448	7.500	5.816
低	6.474	6.011	9.042	4.945	5.690	5.436	高	5.974	5.968	6.169	5.897	5.095	6.403
	6.736	5.918	9.077	4.635	5.413	5.918		5.551	5.810	7.049	5.893	4.572	6.723
	7.079	5.763	7.138	4.722	6.023	6.628		5.786	5.354	5.878	6.535	5.044	7.048
	6.056	5.880	8.690	5.297	5.530	6.036		5.719	5.118	6.292	6.140	5.105	7.291
	5.781	5.822	9.061	4.715	5.463	6.780		5.236	5.179	5.982	6.494	5.415	7.348
	4.864	5.269	9.821	5.398	6.096	6.074		4.490	5.335	6.492	6.670	5.587	7.002
较低	6.256	5.882	7.803	5.844	6.073	4.667	极高	5.263	7.533	6.996	11.655	4.034	4.038
	6.699	5.705	7.232	5.552	5.987	5.245		5.408	6.440	6.980	10.996	5.569	3.639
	6.666	5.936	6.991	5.655	5.768	5.335		4.922	7.311	6.409	10.763	5.193	4.308
	6.902	5.421	6.716	5.707	5.850	5.712		5.002	6.886	7.043	10.244	5.282	4.240
	5.869	5.377	7.562	5.932	6.188	5.483		4.463	6.656	6.905	11.152	5.241	4.615
	4.436	5.538	7.920	6.435	6.658	5.405		3.352	7.011	7.443	11.658	5.203	4.757

资料来源：笔者整理。

表 4 – 30（b）　中国城市真实绿色 TFP 增长的平均转移时间（俱乐部权重）

	极低	低	较低	较高	高	极高		极低	低	较低	较高	高	极高
极低	6.682	7.011	7.751	5.124	4.761	5.186	较高	5.173	4.372	5.596	8.718	7.596	6.148
	7.358	7.333	6.707	3.963	5.174	6.142		5.002	4.038	5.669	8.862	7.599	6.748
	6.812	7.306	7.491	4.353	5.323	5.370		4.016	4.681	5.886	9.169	7.855	6.240
	6.868	6.188	7.767	4.650	5.143	5.828		4.975	3.718	6.060	8.989	7.921	6.482
	6.281	6.357	8.219	4.851	5.145	5.598		4.099	4.424	6.238	8.958	7.525	6.621
	4.104	6.837	8.063	5.322	5.853	5.845		3.470	4.684	5.933	9.342	7.723	6.896
低	7.230	5.788	6.330	6.606	5.627	4.167	高	4.941	7.097	7.254	6.145	5.606	4.943
	7.604	5.527	6.378	5.611	5.578	5.024		5.201	6.726	6.857	6.268	5.653	5.165
	7.624	5.045	5.674	6.137	6.012	5.320		5.126	6.778	6.450	6.557	5.652	5.317
	7.419	4.846	5.618	6.154	6.238	5.515		5.035	5.546	7.552	6.280	5.578	5.853
	6.850	4.494	5.977	6.397	6.265	5.708		4.086	5.936	7.713	6.402	5.836	6.131
	5.060	5.560	6.225	6.427	6.560	5.483		2.437	7.038	7.861	7.039	6.109	6.123
较低	8.901	8.375	4.800	4.181	5.679	5.782	极高	5.154	8.031	6.214	6.006	6.060	4.041
	8.652	8.284	4.950	4.509	4.849	6.349		4.906	7.636	6.072	5.514	6.703	4.521
	9.222	8.344	4.864	4.071	5.416	5.968		4.786	7.407	6.300	6.181	6.388	4.339
	9.049	7.975	4.495	4.368	5.382	6.488		4.709	6.492	5.702	6.495	7.273	4.569
	8.695	7.497	4.597	4.484	5.474	6.709		4.376	7.608	6.487	5.864	6.681	4.473
	7.385	7.280	4.959	4.739	5.722	6.679		3.604	7.693	6.543	6.236	6.838	4.703

资料来源：笔者整理。

表 4 – 30（c）　中国城市真实绿色 TFP 增长的平均转移时间（网络权重）

	极低	低	较低	较高	高	极高		极低	低	较低	较高	高	极高
极低	8.631	7.068	5.115	5.508	5.752	4.561	较高	5.144	7.930	5.798	5.979	6.245	4.903
	8.662	7.245	5.135	5.104	5.644	4.862		5.201	7.257	6.506	5.382	5.629	5.973
	8.556	7.153	4.898	5.270	5.737	5.011		4.796	7.329	6.443	5.504	6.087	5.870
	8.521	6.097	5.020	5.920	5.622	5.206		4.933	6.789	6.283	5.426	6.429	6.062
	8.223	6.262	5.517	5.325	5.390	5.492		4.222	7.219	6.431	5.829	6.255	6.119
	6.245	7.319	5.003	5.918	6.025	5.334		3.245	7.869	6.250	6.371	6.625	5.938

续表

	极低	低	较低	较高	高	极高		极低	低	较低	较高	高	极高
低	6.964	5.335	6.040	6.468	5.979	4.221	高	5.913	5.922	7.897	6.269	5.253	4.722
	7.205	5.243	5.891	5.852	5.597	5.192		5.655	5.552	7.260	6.469	5.770	5.154
	7.046	4.858	6.215	5.758	6.182	4.991		5.330	5.918	7.171	6.717	5.359	5.345
	7.145	4.786	5.499	6.024	6.118	5.449		5.671	4.950	7.553	6.330	6.074	5.341
	6.072	4.577	6.175	6.513	6.160	5.435		4.975	5.847	7.182	6.586	5.719	5.508
	4.847	4.933	6.617	6.523	6.123	5.668		4.161	5.508	7.482	7.185	5.977	5.603
较低	6.383	5.892	5.728	6.019	5.225	5.421	极高	4.984	6.835	6.070	5.358	7.241	5.779
	6.347	5.547	5.995	5.408	5.471	5.906		5.390	6.445	4.816	5.333	8.139	6.610
	5.895	5.657	5.825	6.446	5.583	5.239		4.922	6.709	4.997	5.838	8.341	5.979
	6.323	4.791	5.843	6.275	5.520	6.032		4.899	5.588	5.599	5.805	8.160	6.549
	5.544	4.883	6.062	6.302	5.714	6.218		4.523	5.935	6.095	5.151	8.215	6.739
	4.065	5.427	6.460	6.237	6.013	6.369		3.123	6.758	6.471	5.674	8.209	6.663

资料来源：笔者整理。

4.4　本章小结

本章在测算"一带一路"沿线国家、中国省际及城市绿色 TFP 增长及其分解的基础上，借助 Dagum 基尼系数分解方法对绿色 TFP 增长的差距及其来源进行了研究。此外，借助非线性时变因子模型，对绿色 TFP 增长、技术效率变化和技术进步进行了收敛性分析，破除人为主观和预先分类局限，基于数据驱动，识别出跨区域的"一带一路"沿线国家、中国省份及城市的绿色 TFP 增长的收敛俱乐部。最后借助空间 Markov 链，在邻接矩阵、俱乐部矩阵和网络矩阵下对绿色 TFP 增长的时空演变过程进行研究，探究不同权重下，绿色 TFP 增长的转移概率长期稳态分布与技术效率变化和技术进步的收敛俱乐部进入稳态水平的平均转移时间。

第5章 绿色 TFP 增长的空间溢出效应分析

5.1 绿色 TFP 增长的空间计量模型构建

本书依据第3、第4章研究结论，绿色 TFP 增长呈现出典型的空间溢出网络结构及具有俱乐部收敛趋势，为进一步揭示上述两种空间分布下绿色 TFP 增长的空间溢出效应，引入并计算网络空间权重和俱乐部空间权重，同时，为与现有研究比较，本书也同时计算地理邻接空间权重。

5.1.1 空间权重的计算

1. 地理邻接空间权重（W$_1$）

所谓邻接空间权重（W$_1$），指如果两个空间单元之间地理相邻，则认为两者存在空间相关；反之，地理不相邻则不相关。换言之，若地理相邻，则将空间关系设置为1，否则为0。

$$W_{ij} = \begin{cases} 1, & \text{若 i, j 相邻} \\ 0, & \text{若 i, j 不相邻, i} \neq \text{j} \end{cases} \qquad (5-1)$$

2. 俱乐部空间权重（W$_2$）

本书运用非线性时变因子模型（孙亚男等，2018）测算了绿色 TFP 增长的收敛俱乐部[①]，并据此构建收敛俱乐部空间权重（W$_2$）：

---

① 因篇幅所限，并未列出具体测算结果，有需要的读者可随时向笔者索取。

$$W_{ij} = \begin{cases} 1, & \text{若 } i, j \in R_k \\ 0, & \text{若 } i, j \notin R_k \end{cases} \quad (5-2)$$

其中，W_{ij} 表示区域 i 和区域 j 之间的空间关系，R_k 表示第 k 个收敛俱乐部中包含的区域集合。当区域 i 和区域 j 属于同一个收敛俱乐部时，区域 i 和区域 j 之间的空间权重等于 1，当区域 i 和区域 j 分属于不同收敛俱乐部时，区域 i 和区域 j 之间的空间权重等于 0。

3. 网络空间权重（W_3）

构建区域间绿色 TFP 增长空间溢出网络的关键是识别区域之间的空间关联关系，本书借助 VAR Granger causality 方法考察绿色 TFP 增长的关联关系。具体由公式（5-3）、公式（5-4）计算得出。

$$X_t = \sum_{i=1}^{\theta_1} \alpha_i X_{t-i} + \sum_{j=1}^{\theta_2} \beta_j Y_{t-j} + \varepsilon_{1,t} \quad (5-3)$$

$$Y_t = \sum_{i=1}^{\theta_3} \delta_i Y_{t-i} + \sum_{j=1}^{\theta_4} \varphi_j X_{t-j} + \varepsilon_{2,t} \quad (5-4)$$

其中，X_t、Y_t 是两个时间序列变量；α、β、δ 以及 φ 是被估计参数；ε_1、ε_2 是残差序列，θ_1、θ_2、θ_3 及 θ_4 为滞后阶数。为了测度特定滞后阶数下的线性 Granger 因果关系，可以利用 T 统计值来检验公式（5-3）中的原假设"$H_0: \sum \beta_j = 0$"，即 Y_t 的过去值对预测 X_t 的未来值没有影响；或者是检验公式（5-4）中的原假设"$H_0: \sum \varphi_j = 0$"，即 X_t 的过去值对预测 Y_t 的未来值没有影响。如果拒绝公式（5-3）中的 H_0，称 Y 是 X 的 Granger 因，即 Y 对 X 存在溢出关系；同样地，如果拒绝公式（5-4）中的 H_0，则可以 X 是 Y 的 Granger 因，即 X 对 Y 存在溢出关系。通过上述分析过程对区域间绿色 TFP 增长关联关系进行检验，构建出以区域为节点，上述关联关系为连线的有向网络图，具体的溢出关系构建如公式（5-5）所示。

$$W_{ij} = \begin{cases} 1, & i \text{ 对 } j \text{ 存在溢出关系} \\ 0, & i \text{ 对 } j \text{ 不存在溢出关系} \end{cases} \quad (5-5)$$

若 i 对 j 存在溢出关系，则网络矩阵设置为 1，在网络中，画一条由 i 指向 j 的箭头，并将两点连接起来，表明两个区域之间具有溢出关系。若不存在溢出关系，则网络矩阵设置为 0，表明两个区域之间不具有溢出关系。可以依此方法检验两两区域之间的空间溢出关系，进而画出区域间空间溢出网络。

本书对空间权重进行了标准化处理，使绿色 TFP 增长的莫兰指数 I 近似服从标准正态分布。

5.1.2　空间计量模型的设定

本书将构建空间面板滞后模型（SAR）、空间面板误差模型（SEM）以及空间面板杜宾模型（SDM）对绿色 TFP 进行空间计量分析。以 SDM 为例，构建模型如下：

$$y = \alpha Z_n + \rho W_y + \beta X + \theta WX + \varepsilon \tag{5-6}$$

其中，被解释变量 y 为绿色 TFP，X 为绿色 TFP 的影响因素。α 为常数项，Z_n 为 N 阶单位向量，N 为区域个数，ε 为误差项，W 为空间权重矩阵。需要特别指出的是，勒萨热和帕斯（LeSage and Pace，2009）的研究认为，当 $\rho \neq 0$ 时，不能直接用被解释变量和解释变量的空间回归系数 ρ 和 θ，以及解释变量的回归系数 β 衡量空间溢出效应。为了能够对空间溢出效应做出合理解释，勒萨热和帕斯（LeSage and Pace）给出了空间回归模型偏微分解法，首先将公式（5-6）改写，具体过程如下：

$$(I_n - \rho W)\, y = \alpha Z_n + \beta X + \theta WX + \varepsilon \tag{5-7}$$

$$y = \sum_{r=1}^{k} U_r(W) x_r + V(W) Z_n \alpha + V(W)\varepsilon \tag{5-8}$$

其中，

$$U_r(W) = V(W)(I_n \beta_r + W\theta_r) \tag{5-9}$$

$$V(W) = (I_n - \rho W)^{-1} = I + \rho W + \rho^2 W^2 + \rho^3 W^3 + \cdots + \rho^n W^n \tag{5-10}$$

模型中，I_n 为 n 阶单位矩阵；X_r 为第 r 个解释变量，r = 1，2，3，…，k，k 为解释变量个数；β_r 为解释变量 X 中第 r 个解释变量的回归系数；θ_r 为 WX 的第 r 个变量的估计系数。为进一步解释 $U_r(W)$ 的作用，可以将某个区域 i 的 Y_i 表达为：

$$y_i = \sum_{r=1}^{k} \left[U_r(W)_{1i} x_{1r} + U_r(W)_{2i} x_{2r} + \cdots + U_r(W)_{ni} x_{nr} \right] + V(W)_i Z_n \alpha + V(W)_i \varepsilon \tag{5-11}$$

对公式（5-11）求本区域 i 内的第 r 个解释变量 x_{ir} 的偏导数得到：

$$\frac{\partial y_i}{\partial x_{ir}} = U_r(W)_{ii} \qquad (5-12)$$

对公式（5-12）求其他区域 j 内的第 r 个解释变量 x_{jr} 的偏导数得到：

$$\frac{\partial y_i}{\partial x_{jr}} = U_r(W)_{ij} \qquad (5-13)$$

公式（5-12）中 $U_r(W)_{ii}$ 用以衡量区域 i 的第 r 个解释变量对本区域被解释变量的影响；公式（5-13）中 $U_r(W)_{ij}$ 用以衡量区域 j 的第 r 个解释变量对区域 i 被解释变量的影响。如果 $j \neq i$，则 y_i 对 x_{ji} 的偏导数也并不等于 0，而是取决于 $U_r(W)$ 中的第 i、j 个元素。同时，y_i 对 x_{ir} 的偏导数也并不等于 β_r，因为解释变量的变化即影响本地区的被解释变量，也影响其他地区的被解释变量，前者称之为直接效应，后者称之为间接效应，两者相加称之为总效应。

本书在邻接空间权重（W_1）、俱乐部空间权重（W_2）和网络空间权重（W_3）下对空间面板滞后模型（SAR）、空间面板误差模型（SEM）和空间面板杜宾模型（SDM）进行随机效应（RE）和固定效应（FE）检验，根据 AIC 准则进行随机效应和固定效应的筛选，根据 Log Likelihood 值进行模型选择，此外，对空间面板杜宾模型（SDM）能否转化为空间面板误差模型（SEM）和空间面板滞后模型（SAR）进行了检验，以此来确保计量结果的稳健性。

5.2 "一带一路"沿线国家绿色 TFP 增长的空间溢出效应

5.2.1 数据来源及描述性统计

被解释变量：借鉴王兵等（2010）、刘华军等（2019）的做法，本书采用累积 TFP 指数即 ln（累积 TFP 指数 +1），用于衡量绿色 TFP 的增长。

影响因素：借鉴谢等（Xie et al.，2014）、汪峰和解晋（2015）、黄秀路等（2017）的研究，本书从劳动就业、工业化程度、研发创新、投资水平、贸易往来、城镇化水平、信息化水平、教育投入和经济发展水平 9 个方面进行实证分析。具体构成如下：①劳动就业方面，采用服务业人员占就业总数比重（ServEmp）和工业人员占就业总数比重（IndEmp）来度量。②工业化程度，使用工业增加值占 GDP 比重（IndVadd）来衡量。③研发创新能力，采用研发支出占 GDP 比重（R&D）来量化。④投资水平，使用外国直接投资净流入占 GDP 比重（FDI）和对外直接投资净流出占 GDP 比重（OFDI）来衡量。⑤贸易往来，采用贸易额占 GDP 比重（Trade）来度量。⑥城镇化水平，使用城镇人口占总人口比重（Urban）来量化。⑦信息化水平，采用互联网用户数占总人口比重（NetServ）来量化。⑧教育投入，使用教育开支占 GDP 比重（EduExpe）来衡量。⑨经济发展水平，采用人均 GDP 的对数［ln（PerGDP）］来度量，上述数据均来自世界银行数据库。表 5 - 1 展示了具体样本数据的描述性统计。

表 5 - 1　　　　"一带一路"沿线国家样本数据的描述性统计

变量	符号	平均值	标准差	最小值	最大值
累积 TFP	TFP	0.8098	0.2490	0.1924	2.6712
服务业人员占就业总数比重	ServEmp	52.9151	13.2052	22.5690	82.3060
工业人员占就业总数比重	IndEmp	24.8718	7.4370	8.2210	42.0100
工业增加值占 GDP 比重	IndVadd	33.6488	14.4987	9.3682	115.6627
研发支出占 GDP 比重	R&D	0.6512	0.6997	0.0228	4.4286
外国直接投资净流入占 GDP 比重	FDI	4.9555	9.6920	- 43.4628	198.0743
对外直接投资净流出占 GDP 比重	OFDI	1.7937	9.1754	- 58.8091	208.0190
贸易额占 GDP 比重	Trade	99.2116	57.5869	0.0269	441.6038
城镇人口占总人口比重	Urban	61.5986	18.1384	18.1960	100.0000
互联网用户数占总人口比重	NetServ	23.7787	24.1727	0.0030	90.5031
教育开支占 GDP 比重	EduExpe	4.2264	1.3866	1.0721	9.8966
人均 GDP 的对数	ln(PerGDP)	9.4523	0.8462	7.4899	11.4811

资料来源：笔者整理。

5.2.2 "一带一路"沿线国家绿色 TFP 增长的空间相关性检验

本书在前文测算"一带一路"沿线国家绿色全要素生产率增长的基础上，测算了"一带一路"沿线国家绿色全要素生产率增长的 Moran's I 指数以检验其空间自相关性。表 5 - 2 分别报告了邻接空间权重（W_1）、俱乐部空间权重（W_2）及网络空间权重（W_3）三种空间权重下的 Moran's I 的结果。如表 5 - 2 所示，邻接空间权重及网络空间权重下，"一带一路"沿线国家绿色全要素生产率增长的 Moran's I 指数均未通过 10% 的显著性水平检验，这说明，邻接空间权重及网络空间权重下，"一带一路"沿线国家绿色全要素生产率增长不具有空间自相关性。俱乐部空间权重下，除 1997 年外，其他年份"一带一路"沿线国家的绿色全要素生产率增长的 Moran's I 指数均通过了 10% 的显著性水平检验，且均为正值，这说明，俱乐部权重下"一带一路"沿线国家绿色全要素生产率增长具有空间正相关性。图 5 - 1 直观展示了俱乐部空间权重下"一带一路"沿线国家绿色 TFP 增长的 Moran's I 指数在 1996 ~ 2014 年的变化趋势。如图所示，Moran's I 指数整体呈现增长趋势，考察期末的 Moran's I 指数是考察期初的 9.8 倍。综上所述，俱乐部空间权重下，"一带一路"沿线国家绿色全要素生产率增长呈现明显的正向空间相关性，且相关性呈现增大趋势。因此经典的计量估计结果可能存在偏误，需要构建空间计量模型进行经验估计，从而确保研究结论的稳健性和可靠性。

表 5 - 2　"一带一路"沿线国家绿色 TFP 增长的 Moran's I 指数

年份	邻接空间权重			俱乐部空间权重			网络空间权重		
	I	z	p-value*	I	z	p-value*	I	z	p-value*
1996	-0.037	-0.150	0.440	0.005	1.363	0.086	-0.036	-0.321	0.374
1997	-0.100	-0.847	0.199	0.002	1.197	0.116	-0.018	0.200	0.421
1998	-0.131	-0.967	0.167	0.011	1.504	0.066	0.027	1.133	0.129
1999	-0.135	-1.039	0.149	0.022	1.984	0.024	0.025	1.122	0.131

续表

年份	邻接空间权重			俱乐部空间权重			网络空间权重		
	I	z	p-value*	I	z	p-value*	I	z	p-value*
2000	-0.105	-0.744	0.228	0.009	1.417	0.078	0.018	0.941	0.173
2001	-0.104	-0.728	0.233	0.015	1.652	0.049	0.022	1.028	0.152
2002	-0.087	-0.566	0.286	0.012	1.553	0.060	-0.021	0.091	0.464
2003	0.020	0.414	0.340	0.009	1.429	0.077	-0.052	-0.587	0.279
2004	0.032	0.519	0.302	0.009	1.393	0.082	-0.077	-1.110	0.133
2005	-0.009	0.141	0.444	0.013	1.593	0.056	-0.041	-0.340	0.367
2006	-0.123	-0.884	0.188	0.021	1.916	0.028	-0.004	0.446	0.328
2007	-0.113	-0.786	0.216	0.023	1.995	0.023	-0.006	0.401	0.344
2008	-0.095	-0.622	0.267	0.023	1.966	0.025	0.005	0.628	0.265
2009	-0.096	-0.632	0.264	0.027	2.134	0.016	0.012	0.773	0.220
2010	-0.079	-0.521	0.301	0.022	2.002	0.023	0.023	1.114	0.133
2011	-0.060	-0.350	0.363	0.029	2.306	0.011	0.004	0.696	0.243
2012	-0.040	-0.143	0.443	0.042	2.828	0.002	-0.019	0.124	0.451
2013	-0.046	-0.211	0.417	0.043	2.873	0.002	-0.002	0.541	0.294
2014	-0.038	-0.127	0.449	0.049	3.160	0.001	-0.002	0.533	0.297

注：处理对象为 ln（累积 TFP 指数 +1）。
资料来源：笔者整理。

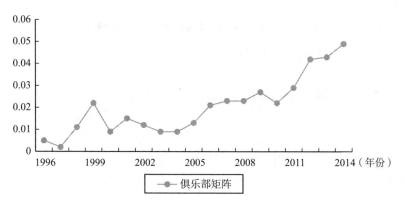

图 5 -1 "一带一路"沿线国家绿色 TFP 增长的 Moran's I 指数趋势

为了进一步考察"一带一路"沿线国家绿色 TFP 增长的空间集聚特征，本书绘制了俱乐部空间权重（W_2）下"一带一路"沿线国家绿色 TFP 增长的 Moran 散点图（限于篇幅的原因，此处仅报告 2014 年的结果）。如图 5－2 所示，在俱乐部空间权重（W_2）下，多数省份位于第一、第三象限，同时有较多国家分布于第二象限。表明"一带一路"沿线国家绿色 TFP 增长仅在俱乐部空间权重下具有显著的局域空间集聚特征。

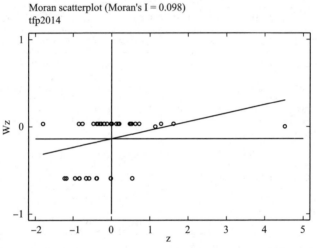

图 5－2 "一带一路"沿线国家绿色 TFP 增长的 Moran 散点图（W_2）

5.2.3 "一带一路"沿线国家绿色 TFP 增长的 实证分析结果

根据"一带一路"沿线国家绿色 TFP 增长空间相关性检验结果，本书按照前述方法，在俱乐部空间权重（W_2）下对空间滞后模型（SAR）、空间误差模型（SER）和空间杜宾模型（SDM）三种空间模型进行固定效应和随机效应回归检验，表 5－3 报告了俱乐部空间权重（W_2）下"一带一路"沿线国家绿色 TFP 增长的空间面板数据估计结果。

表 5 – 3   "一带一路"沿线国家绿色 TFP 增长的空间
溢出效应检验结果（W_2）

变量及模型	SAR		SEM		SDM	
	RE	FE	RE	FE	RE	FE
Cons.	− 1.7990 ***	—	− 2.5680 ***	—	− 2.2939 ***	—
ServEmp	0.0013	0.0016	0.0008	0.0010	0.0010	0.0011
IndEmp	− 0.0029	− 0.0023	0.0002	0.0015	0.0021	0.0028
IndVadd	0.0005	− 0.0004	− 0.0020	− 0.0034 ***	− 0.0032 ***	− 0.0044 ***
R&D	− 0.0023	− 0.0134	− 0.0101	− 0.0175	− 0.0119	− 0.0184
FDI	− 0.0058 ***	− 0.0063 ***	− 0.0048 ***	− 0.0049 ***	− 0.0042 ***	− 0.0043 ***
OFDI	0.0051 ***	0.0055 ***	0.0042 ***	0.0044 ***	0.0037 ***	0.0039 ***
Trade	0.0006 **	0.0008 ***	0.0006 **	0.0009 ***	0.0006 **	0.0008 ***
Urban	− 0.0055 ***	− 0.0010	− 0.0035 *	0.0017	− 0.0018	0.0043 *
NetServ	− 0.0005	− 0.0012 ***	− 0.0007	− 0.0008 *	− 0.0001	0.0001
EduExpe	− 0.0075	− 0.0088	− 0.0149 **	− 0.0169 ***	− 0.0188 ***	− 0.0189 ***
PerGDP	0.3055 ***	0.3334 ***	0.3866 ***	0.4406 ***	0.4326 ***	0.4947 ***
WServEmp	—	—	—	—	− 0.0278	− 0.0038
WIndEmp	—	—	—	—	− 0.0672 ***	− 0.0398 *
WIndVadd	—	—	—	—	0.0368 ***	0.0211 *
WR&D	—	—	—	—	0.3310	0.4882 *
WFDI	—	—	—	—	− 0.0038	0.0114
WOFDI	—	—	—	—	0.0046	− 0.0088
WTrade	—	—	—	—	− 0.0035 *	− 0.0052 ***
WUrban	—	—	—	—	− 0.0549 **	− 0.3058 ***
WNetServ	—	—	—	—	0.0028	0.0133 ***
WEduExpe	—	—	—	—	0.1118 **	0.0778 *
WPerGDP	—	—	—	—	0.4901 *	0.7211 **
ρ∕λ	0.0761	0.1443 *	0.4987 ***	0.5965 ***	− 0.748	− 1.0459 ***
Log – likelihood	426.2289	548.7649	439.6582	572.3267	491.5672	640.1967
AIC	− 822.458	− 1071.53	− 849.316	− 1118.65	− 931.135	− 1232.39

变量及模型	SAR		SEM		SDM	
	RE	FE	RE	FE	RE	FE
R^2	0.0013	0.0264	0.0001	0.0039	0.026	0.1724
SDM→SAR	—	—	—	—	120.68 ***	176.78 ***
SDM→SEM	—	—	—	—	67.08 ***	60.78 ***

注：①***、**、*分别表示1%、5%和10%的显著性水平；②RE和FE分别表示随机效应回归和固定效应回归。

资料来源：笔者整理。

根据表5-3，三种空间计量模型下，固定效应下 AIC 值小于随机效应下 AIC 值，故三种模型下均选择固定效应回归。此外，根据 Log Likelihood 值，SDM 模型拟合效果最好，同时，检验 SDM 模型能否转化为 SAR 模型和 SEM 模型时均显著拒绝能够转化的原假设，故俱乐部空间权重矩阵下，对"一带一路"沿线国家绿色 TFP 增长进行空间溢出效应分析时选择 SDM 模型的固定效应。

5.2.4 "一带一路"沿线国家绿色 TFP 增长空间溢出效应分解

正如前文所述，当 ρ 显著不为零时，不能直接使用解释变量的回归系数解释空间溢出效应。为此，表5-4报告了俱乐部空间权重（W_2），"一带一路"沿线国家绿色 TFP 增长空间溢出效应分解结果。

表5-4 "一带一路"沿线国家绿色 TFP 增长的空间溢出效应分解

变量	俱乐部矩阵下		
	直接效应	间接效应	总效应
ServEmp	0.0011	-0.0016	-0.0006
IndEmp	0.0018	-0.0186 *	-0.0168
IndVadd	-0.0037 ***	0.0115 **	0.0079
R&D	-0.0069	0.2196 **	0.2127 *
FDI	-0.0039 ***	0.0072 *	0.0033

变量	俱乐部矩阵下		
	直接效应	间接效应	总效应
OFDI	0.0036 ***	− 0.0057	− 0.0021
Trade	0.0007 **	− 0.0028 ***	− 0.0021 **
Urban	− 0.0032	− 0.1366 ***	− 0.1398 ***
NetServ	0.0004	0.0058 ***	0.0062 ***
EduExpe	− 0.0164 ***	0.0409 *	0.0245
PerGDP	0.4964 ***	0.0846	0.5810 ***

注：*** 、** 、* 分别表示 1%、5% 和 10% 的显著性水平。
资料来源：笔者整理。

1. 劳动就业方面

　　直接效应：俱乐部空间权重下，服务业人员占就业总数比重和工业人员占就业总数比重的直接效应均为正值，但没有通过显著性水平检验。这表明，服务业劳动就业未对本国绿色 TFP 增长产生显著影响作用。间接效应：俱乐部空间权重下，根据空间效应分解结果，服务业人员占就业总数比重的间接效应为负值，未通过显著性水平检验，工业人员占就业总数比重的间接效应显著为负值，这表明，某国家工业就业比重的上升对同一俱乐部中的其他国家绿色 TFP 的增长具有负向空间溢出效应。可能的原因是，相同俱乐部内国家绿色 TFP 增长具有趋同性，某国工业就业比重的增加意味着该国工业吸引更多的人才，也意味着对他国科技创新的挤压。某国的工业就业比重上升，经济发展提高，对生产前沿面产生正向影响，导致他国绿色 TFP 下降。总效应：俱乐部空间权重下，服务业人员占就业总数比重和工业人员占就业总数比重的总效应均为负值，但没有通过显著性水平检验。

2. 工业化程度

　　直接效应：工业增加值占 GDP 比重的直接效应显著为负，这表明，"一带一路"沿线国家的工业发展仍处于粗放式发展模式（彭冬冬，2019），工业增加值的提高，带来了本国的环境污染，降低了本国绿色 TFP。间接效应：工业增加值占 GDP 比重的间接效应显著为正，这表

115

明，本国工业化发展将带动同俱乐部其他国家绿色 TFP 的提升，究其原因，工业化发展是带动国家经济发展的重要途径。同俱乐部国家间工业化发展不可避免存在竞争，一国工业化的提升会带动俱乐部内国家生产的模仿和效率的提升，技术水平及生产效率的提升将推动绿色 TFP 得到提高。总效应：工业增加值占 GDP 比重的总效应为正，但没有通过显著性水平检验。

3. 研发创新能力

直接效应：研发支出占 GDP 比重的直接效应为负，但没有通过显著性检验，说明当前各国的研发支出有限（许合连，2012），且并未转化为技术提高，未对绿色 TFP 增长发挥显著作用。间接效应：研发支出占 GDP 比重的间接效应显著为正，表明本国同研发创新能力对一俱乐部其他国家绿色 TFP 提升具有积极作用，究其原因，"一带一路"倡议下，沿线国家之间互联互通得以不断加强，技术溢出使得技术流入国的绿色 TFP 得以提升。总效应：研发支出占 GDP 比重的总效应显著为正。说明研发创新能力在"一带一路"沿线国家的绿色 TFP 提升中发挥重要角色。

4. 投资水平

直接效应：外国直接投资净流入占 GDP 比重的直接效应显著为负，对外直接投资净流出占 GDP 比重的直接效应显著为正，部分解释了"污染天堂"假说（杨文举，2012），外国在本国的投资带动了当地经济发展，然而会使得当地的污染恶化，降低了当地的绿色 TFP，而对外直接投资增加有利于本国绿色 TFP 提升。究其原因，对外直接投资向其他国家转移了高污染产业，从而提高了绿色 TFP。间接效应：外国直接投资净流入占 GDP 比重的间接效应显著为正，对外直接投资净流出占 GDP 比重的间接效应为负，但没有通过显著性检验，表明本国外国直接投资增加有助于同一俱乐部中其他国家绿色 TFP 的提升。原因在于外商直接投资带来污染的同时，也在一定程度上带来一国技术的提升。随着 R&D 在"一带一路"倡议下的交流，从而带动他国绿色 TFP 增长。总效应：外国直接投资净流入占 GDP 比重的总效应为正，但没有通过显著性检验，对外直接投资净流出占 GDP 比重的总效应为负，但没有通过显著性检验，一定程度上表明"一带一路"沿线国家在吸引外商投资时应做出取舍，应重视招商引资政策与本国发展的内在一致性要求，同时加大对外投资，调整产业结构，从而提升本国绿色 TFP。

5. 贸易往来

直接效应：贸易额占 GDP 比重的直接效应显著为正，说明贸易往来有助于本国绿色 TFP 的提升。间接效应：贸易额占 GDP 比重的间接效应显著为负，说明本国贸易额的提升将阻碍其他国家绿色 TFP 提高，本国贸易额的提升对降低了他国绿色 TFP。究其原因，同俱乐部"一带一路"沿线国家在产业结构发展阶段较为相似时期，一国贸易额的增加，促使他国技术面临升级压力，优质要素趋向流出造成本国 TFP 增长受困。总效应：贸易额占 GDP 比重的总效应显著为负，再次说明同质化国家贸易往来不利于整体绿色 TFP 的提升。

6. 城镇化水平

直接效应：城镇人口占总人口比重的直接效应为负，但没有通过显著性水平检验，表明当前城镇化水平对本国绿色 TFP 的提升未产生显著影响。间接效应：城镇人口占总人口比重的间接效应显著为负，表明本国城镇化水平的提高对其他国家具有负向溢出效应，阻碍他国绿色 TFP 提升。究其原因，"一带一路"沿线国家城镇化水平低且发展仍具有粗放式发展趋势。总效应：城镇人口占总人口比重的总效应显著为负，这表明，当前"一带一路"沿线国家的整体城镇化水平对绿色 TFP 增长未起到正向作用，城镇化水平提高仍采用粗放式发展方式，高耗能、高污染、高排放加重环境污染，对绿色 TFP 增长产生负向影响。

7. 信息化水平

直接效应：互联网用户数占总人口比重的直接效应为正，但未通过显著性检验，说明当前信息化水平发展仍不足，未对本国绿色 TFP 发挥积极作用。间接效应：互联网用户数占总人口比重的间接效应显著为正，表明本国信息化水平提高对其他国家绿色 TFP 增长具有正向溢出效应，有助于提升他国绿色 TFP。究其原因，信息化水平的提高，加快了同俱乐部国家间的知识、信息、技术的流动，带动同俱乐部其他国家的绿色 TFP 的提升。总效应：互联网用户数占总人口比重的总效应显著为正，在一定程度上表明，信息化的发展有助于提升"一带一路"沿线国家绿色 TFP。

8. 教育投入

直接效应：教育开支占 GDP 比重的直接效应为负，通过 10% 的显著性水平检验，这反映出"一带一路"国家教育水平普遍较低，教育投入的成效较差，未能支持国内技术创新发展。间接效应：教育开支占 GDP 比重的间接效应显著为正，本国教育投入将有助于同一俱乐部中其他国家绿色 TFP 的提升。间接效应为正表明教育投入促使人才向外流出，带动他国绿色 TFP 增长。利用好本国教育资源，合理高效留住和使用本国人才对当前"一带一路"沿线国家是巨大的挑战。总效应：教育开支占 GDP 比重的总效应为正，但未通过显著性检验。

9. 经济发展水平

直接效应：人均 GDP 的直接效应显著为正，说明经济发展对绿色 TFP 具有正向作用。间接效应：人均 GDP 的间接效应为正，但没有通过显著性检验。表明本国经济发展对同一俱乐部其他国家绿色 TFP 增长不具有显著的空间溢出效应。总效应：人均 GDP 的总效应显著为正，这表明，绿色 TFP 增长与经济发展水平之间存在正相关关系。当前"一带一路"沿线国家整体经济发展水平较低，提高经济发展水平，合理配置要素，有利于绿色 TFP 的增长。但各国在经济发展过程中应该重视环境保护，在提升技术发展经济的同时减少对环境的污染，实现绿色 TFP 的持续提升。

5.3 中国省际真实绿色 TFP 增长的空间溢出效应

5.3.1 数据来源及描述性统计

被解释变量：借鉴王兵等（2010）、刘华军等（2019）的做法，本书选取累积 TFP 指数，即 ln（累积 TFP 指数 +1）用于衡量绿色 TFP 增长。

环境因素：①经济发展水平，采用以 2000 年为基期的人均实际
GDP 的对数［ln（PerGDP）］来衡量；②工业化水平，采用工业增加值
占 GDP 比重（Ind）来量化；③能源结构，采用折算为标准煤的煤炭消
费量占能源消费总量的比重（ES）来量化；④要素结构，采用资本劳
动比的对数（FS）来量化；⑤研发创新能力，采用 R&D 经费内部支出
占 GDP 比重（R&D）来衡量；⑥环境规制，采用能源消费总量占实际
GDP 的比重（REG）衡量；⑦信息化，使用人均邮电业务和电信业务
总量的对数［ln（Infor）］来衡量；⑧产业结构，使用第三产业增加值
占 GDP 比重（IS）来量化；⑨公共服务，使用财政支出的对数
［ln（GovExpe）］来衡量。上述数据均来自国家统计局官方网站及中国
统计年鉴。表 5-5 展示了具体样本数据的描述性统计。

表 5-5　　　　　　中国省际样本数据的描述性统计

变量	符号	平均值	标准差	最小值	最大值
累积 TFP	TFP	0.7037	0.0912	0.4913	1.7345
人均 GDP 的对数	ln(PerGDP)	9.7799	0.7215	8.0033	11.4253
工业化	Ind	0.3888	0.0817	0.0916	0.5275
能源结构	ES	0.6952	0.2429	0.0045	1.4493
要素结构	FS	2.2400	0.8818	0.2956	5.4162
科技创新	R&D	0.0126	0.0102	0.0015	0.0601
环境规制	REG	1.7752	3.4120	0.5025	71.2605
信息化	ln(Infor)	7.6036	0.7136	5.4926	9.3897
产业结构	IS	0.4115	0.0812	0.0970	0.7965
公共服务	ln(GovExpe)	7.2044	1.0136	4.3682	9.4594

资料来源：笔者整理。

5.3.2 中国省际真实绿色 TFP 增长的空间相关性检验

本书在前文测算中国省际真实绿色 TFP 增长的基础上，测算了中国
省际真实绿色 TFP 的 Moran's I 指数以检验其空间自相关性。表 5-6 分
别报告了邻接空间权重（W_1）、俱乐部空间权重（W_2）及网络空间权
重（W_3）三种空间权重下的 Moran's I 的结果。如表 5-6 所示，邻接空

间权重及俱乐部空间权重下，在 2009 年以前中国省际绿色 TFP 增长的空间相关性未通过显著性检验，2009 年以后存在显著的空间自相关性。网络空间权重下中国省际真实绿色 TFP 增长存在显著的正向空间自相关性。鉴于中国省际真实 TFP 增长在邻接、俱乐部空间权重下逐渐呈现出空间自相关性，本书选取上述三类权重进行后续分析。图 5 – 3 直观展示了三种权重下中国省际真实绿色 TFP 增长的 Moran's I 指数在 2001 ~ 2015 年的变化趋势。图中，三种权重下中国省际真实绿色 TFP 的 Moran's I 指数呈现波动上升趋势，2003 年后为正值，由此看出中国省际真实绿色 TFP 具有明显的正向空间自相关性。为此本书进一步构建空间计量模型对其空间溢出效应进行实证分析，以确保研究结论的稳健性和可靠性。

表 5 – 6　　　　　　中国省际真实绿色 TFP 增长的 Moran's I 指数

年份	邻接空间权重			俱乐部空间权重			网络空间权重		
	I	z	p – value*	I	z	p – value*	I	z	p – value*
2001	– 0. 0250	0. 0940	0. 4620	0. 0020	0. 6510	0. 2580	0. 1290	2. 6360	0. 0040
2002	– 0. 1590	– 1. 1660	0. 1220	0. 0410	1. 2580	0. 1040	0. 1110	2. 2050	0. 0140
2003	– 0. 0350	– 0. 0090	0. 4960	0. 0050	0. 6670	0. 2520	0. 1050	2. 1400	0. 0160
2004	0. 0800	1. 0800	0. 1400	0. 0170	0. 8580	0. 1960	0. 1150	2. 2820	0. 0110
2005	0. 0610	0. 8930	0. 1860	0. 0340	1. 1360	0. 1280	0. 1170	2. 2860	0. 0110
2006	0. 0950	1. 1940	0. 1160	0. 0280	1. 0220	0. 1530	0. 1190	2. 2990	0. 0110
2007	0. 0440	0. 7220	0. 2350	0. 0380	1. 1920	0. 1170	0. 0850	1. 7620	0. 0390
2008	0. 0610	0. 8650	0. 1930	0. 0400	1. 2130	0. 1120	0. 0940	1. 8890	0. 0290
2009	0. 0890	1. 1100	0. 1340	0. 0690	1. 6670	0. 0480	0. 0880	1. 7820	0. 0370
2010	0. 2230	2. 3280	0. 0100	0. 1150	2. 4170	0. 0080	0. 1310	2. 4240	0. 0080
2011	0. 1910	2. 1010	0. 0180	0. 0890	2. 0600	0. 0200	0. 2700	4. 5910	0. 0000
2012	0. 1870	2. 0570	0. 0200	0. 0980	2. 2020	0. 0140	0. 2770	4. 6830	0. 0000
2013	0. 0860	1. 0810	0. 1400	0. 2120	3. 9540	0. 0000	0. 0860	1. 7410	0. 0410
2014	0. 1170	1. 3520	0. 0880	0. 2200	4. 0680	0. 0000	0. 0850	1. 7320	0. 0420
2015	0. 1070	1. 7280	0. 0420	0. 0850	2. 4960	0. 0060	0. 1120	2. 8540	0. 0020

注：处理对象为 ln（累积 TFP 指数 + 1）。
资料来源：笔者整理。

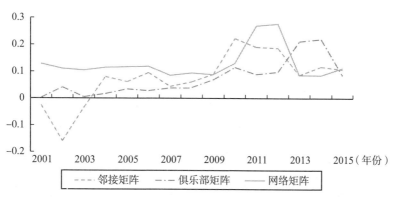

图 5 – 3 中国省际真实绿色 TFP 增长的 Moran's I 指数趋势

　　为考察中国省际真实绿色 TFP 增长的空间集聚特征，本书绘制了邻接空间权重（W_1）、俱乐部空间权重（W_2）、网络空间权重（W_3）下中国省际真实绿色 TFP 的 Moran 散点图（限于篇幅的原因，此处仅报告2015 年的结果）。如图 5 – 4、图 5 – 5、图 5 – 6 所示，在邻接空间权重（W_1）和俱乐部空间权重（W_2）下，多数省份位于第一、第三象限；在网络空间权重（W_3）下，多数省份位于第二、第四象限，同时有较多省份分布于第三象限，表明在邻接、俱乐部空间权重下，真实绿色TFP 增长高的省份与其他高值省份相邻；低值省份与其他低值省份相

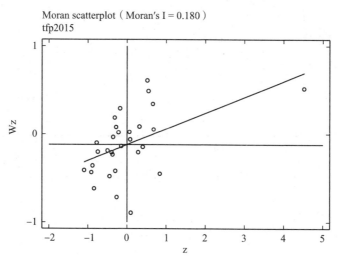

图 5 – 4 中国省际真实绿色 TFP 增长的 Moran 散点图（W_1）

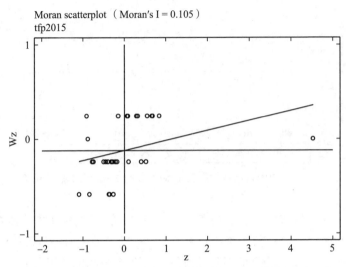

图 5 – 5 中国省际真实绿色 **TFP** 增长的 **Moran** 散点图（**W₂**）

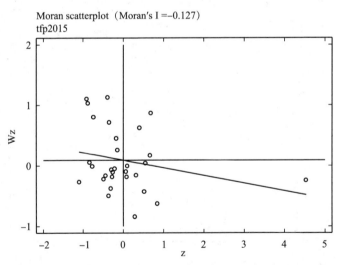

图 5 – 6 中国省际真实绿色 **TFP** 增长的 **Moran** 散点图（**W₃**）

邻。而网络空间权重下，则呈现出真实绿色 TFP 增长高的省份与其他低值省份相邻，低值省份与其他高值省份相邻。

5.3.3　中国省际真实绿色 TFP 增长的实证分析结果

根据中国省际绿色 TFP 增长空间相关性检验结果，本书按照前述方法，在邻接空间权重（W_1）、俱乐部空间权重（W_2）和网络空间权重（W_3）下对空间滞后模型（SAR）、空间误差模型（SER）和空间杜宾模型（SDM）三种空间模型进行固定效应和随机效应检验，表 5 - 7、表 5 - 8 分别报告了邻接空间权重（W_1）和俱乐部空间权重（W_2）下中国省际真实绿色 TFP 增长空间面板数据估计结果。

表 5 - 7　　中国省际真实绿色 TFP 增长的空间溢出效应检验结果（W_1）

变量及模型	SAR		SEM		SDM	
	RE	FE	RE	FE	RE	FE
Cons.	0.9929 ***	—	1.0538 ***	—	1.0675 ***	—
PerGDP	- 0.0571 ***	- 0.0648	- 0.0464 *	- 0.0549	- 0.0287	0.0133
Ind	0.0198	0.0122	0.0081	0.0008	- 0.0573	- 0.0691
ES	- 0.1068 ***	- 0.1081 ***	- 0.1116 ***	- 0.1133 ***	- 0.1164 ***	- 0.1264 ***
FS	0.0495 ***	0.0699 ***	0.0512 ***	0.0715 ***	0.0594 ***	0.0725 ***
R&D	2.2729 **	4.6179 ***	1.8242	4.4563 ***	0.7652	0.4409
REG	0.0001	0.0000	0.0001	0.0000	- 0.0002	- 0.0004
Infor	- 0.0143 *	- 0.0070	- 0.0196 **	- 0.0097	- 0.0305	- 0.0011
IS	0.3262 ***	0.4046 ***	0.3483 ***	0.4312 ***	0.3123 ***	0.3136 ***
GovExpe	0.0065	- 0.0168	0.0064	- 0.0196	0.0102	- 0.0819 **
WPerGDP	—	—	—	—	- 0.0411	- 0.1426 *
WInd	—	—	—	—	0.0833	0.1413
WES	—	—	—	—	0.0798	0.0817
WFS	—	—	—	—	- 0.0487 ***	- 0.0252
WR&D	—	—	—	—	9.4196 ***	13.7292 ***
WREG	—	—	—	—	- 0.0005	- 0.0004
WInfor	—	—	—	—	0.0160	- 0.0073
WIS	—	—	—	—	- 0.2419	- 0.2135

续表

变量及模型	SAR		SEM		SDM	
	RE	FE	RE	FE	RE	FE
WGovExpe	—	—	—	—	0.0142	0.0962 **
rho/lambda	0.1769 ***	0.1398 **	0.1715 **	0.1194	0.1194	0.0610
Log – likelihood	583.1254	641.5692	581.9092	640.6282	601.4248	665.6199
AIC	– 1140.2500	– 1261.1400	– 1137.8200	– 1259.2600	– 1158.8500	– 1291.2400
R^2	0.2028	0.1703	0.2198	0.1779	0.2375	0.0998
SDM→SAR	—	—	—	—	36.6800 ***	50.5400 ***
SDM→SEM	—	—	—	—	34.6700 ***	49.3000 ***

注：①***、**、*分别表示1%、5%和10%的显著性水平；②RE和FE分别表示随机效应回归和固定效应回归。

资料来源：笔者整理。

表5－8　　中国省际真实绿色 TFP 增长的空间溢出效应检验结果（W_2）

变量及模型	SAR		SEM		SDM	
	RE	FE	RE	FE	RE	FE
Cons.	1.1693 ***	—	1.1274 ***	—	0.9629 ***	—
PerGDP	– 0.0577 **	– 0.0523	– 0.0572 **	– 0.0578	– 0.0452	– 0.0544
Ind	0.0399	0.0287	0.0144	0.0429	– 0.1038	– 0.1149
ES	– 0.1143 ***	– 0.1170 ***	– 0.1157 ***	– 0.1122 ***	– 0.1012 ***	– 0.0855 **
FS	0.0476 ***	0.0702 ***	0.0507 ***	0.0703 ***	0.0585 ***	0.0685 ***
R&D	3.0261 ***	6.0975 ***	2.8089 **	6.7764 ***	1.2666	4.9070 ***
REG	0.0000	– 0.0001	0.0000	– 0.0001	0.0001	0.0001
Infor	– 0.0208 **	– 0.0131	– 0.0174 **	– 0.0095	– 0.0429 **	– 0.0152
IS	0.3456 ***	0.4313 ***	0.3348 ***	0.3860 ***	0.3229 ***	0.4324 ***
GovExpe	0.0129	– 0.0212	0.0078	– 0.0261	0.0583 ***	0.0460
W – PerGDP	—	—	—	—	0.1362 ***	– 0.0921
W – Ind	—	—	—	—	0.3523 **	0.2996 *
W – ES	—	—	—	—	0.0978	0.0660

变量及模型	SAR		SEM		SDM	
	RE	FE	RE	FE	RE	FE
W – FS	—	—	—	—	0.0072	0.0544
W – R&D	—	—	—	—	24.9663 ***	25.1881 ***
W – REG	—	—	—	—	0.0008	– 0.0001
W – Infor	—	—	—	—	0.0103	– 0.0014
W – IS	—	—	—	—	– 0.1644	– 0.1630
W – GovExpe	—	—	—	—	– 0.2050 ***	– 0.1263 **
rho/lambda	– 0.0907	– 0.1708	– 0.0221	– 0.284	– 0.7035	– 0.7532 ***
Log – likelihood	581.1729	640.7957	579.9072	641.0159	619.7475	675.3404
AIC	– 1136.3500	– 1259.5900	– 1133.8100	– 1260.0300	– 1195.5000	– 1310.6800
R^2	0.2487	0.1605	0.2152	0.1747	0.3750	0.1519
SDM→SAR	—	—	—	—	76.1900 ***	66.5500 ***
SDM→SEM	—	—	—	—	50.4800 ***	40.2000 ***

注：① *** 、 ** 、 * 分别表示 1%、5% 和 10% 的显著性水平；②RE 和 FE 分别表示随机效应回归和固定效应回归。

资料来源：笔者整理。

表 5 – 7 中，三种空间计量模型，固定效应 AIC 值小于随机效应 AIC 值，故选择固定效应，SDM 模型 Log Likelihood 值最大，同时，检验 SDM 模型能否转化为 SAR 模型和 SEM 模型时均显著拒绝原假设，故邻接空间权重矩阵下，中国省际真实绿色 TFP 增长进行空间溢出效应分析时应选择 SDM 模型的固定效应。

据表 5 – 9，三种空间计量模型，固定效应 AIC 值小于随机效应 AIC 值，故三种模型下均选择固定效应回归。此外，根据 Log Likelihood 值，SDM 模型拟合效果最好，同时，检验 SDM 模型能否转化为 SAR 模型和 SEM 模型时均显著拒绝能够转化的原假设，故网络空间权重矩阵下，中国省际真实绿色 TFP 增长进行空间溢出效应分析时应选择 SDM 模型的固定效应。

表 5 – 9　　中国省际真实绿色 TFP 增长的空间溢出效应检验结果（W_3）

变量及模型	SAR		SEM		SDM	
	RE	FE	RE	FE	RE	FE
Cons.	1. 3122 ***	—	1. 2206 ***	—	2. 4046 ***	—
PerGDP	– 0. 0570 **	– 0. 0559	– 0. 0668 ***	– 0. 0724 *	– 0. 0235	0. 0020
Ind	– 0. 0091	– 0. 0080	0. 0200	0. 0215	– 0. 1152	– 0. 1134
ES	– 0. 1124 ***	– 0. 1168 ***	– 0. 1261 ***	– 0. 1232 ***	– 0. 1103 ***	– 0. 1199 ***
FS	0. 0609 ***	0. 0808 ***	0. 0621 ***	0. 0780 ***	0. 0636 ***	0. 0793 ***
R&D	2. 5979 **	5. 2416 ***	2. 4946 **	4. 5620 ***	1. 3774	5. 0353 ***
REG	0. 0000	– 0. 0001	– 0. 0001	– 0. 0001	– 0. 0001	– 0. 0002
Infor	– 0. 0239 ***	– 0. 0166 **	– 0. 0171 **	– 0. 0116 *	– 0. 0694 ***	– 0. 0331
IS	0. 3471 ***	0. 4258 ***	0. 3276 ***	0. 3886 ***	0. 3295 ***	0. 4212 ***
GovExpe	0. 0090	– 0. 0196	0. 0057	– 0. 0133	0. 0349 **	0. 0196
W – PerGDP	—	—	—	—	– 0. 1675 ***	– 0. 1179
W – Ind	—	—	—	—	0. 2048	0. 2100
W – ES	—	—	—	—	– 0. 1182 ***	– 0. 1261 **
W – FS	—	—	—	—	0. 0505 ***	0. 0406 **
W – R&D	—	—	—	—	– 5. 3364 ***	– 5. 7641 ***
W – REG	—	—	—	—	– 0. 0351 **	– 0. 0671 **
W – Infor	—	—	—	—	0. 0537 **	0. 0193
W – IS	—	—	—	—	0. 0785	– 0. 1438
W – GovExpe	—	—	—	—	0. 0058	– 0. 0436
rho/lambda	– 0. 2348 ***	– 0. 2505 ***	– 0. 2928 ***	– 0. 2869 ***	– 0. 2992 ***	– 0. 2613 ***
Log – likelihood	584. 9421	645. 6394	585. 6960	645. 6170	605. 7649	661. 8958
AIC	– 1143. 8800	– 1269. 2800	– 1145. 3900	– 1269. 2300	– 1167. 5300	– 1283. 7900
R^2	0. 2186	0. 1898	0. 2039	0. 1785	0. 3392	0. 2768
SDM→SAR	—	—	—	—	45. 4800 ***	33. 7300 ***
SDM→SEM	—	—	—	—	43. 6800 ***	33. 8400 ***

注：① *** 、 ** 、 * 分别表示 1% 、5% 和 10% 的显著性水平；②RE 和 FE 分别表示随机效应回归和固定效应回归。

资料来源：笔者整理。

5.3.4　中国省际真实绿色 TFP 增长的空间溢出效应分解

本书选择 SDM – FE 模型，在三种空间权重下，对中国省际真实绿色 TFP 增长的空间溢出效应进行实证分析。结果表明，邻接空间权重下，回归系数 ρ 未通过显著性检验，为此本书将仅对俱乐部、网络空间权重下中国省际绿色 TFP 增长的空间溢出效应进行分解，结果如表 5 – 10 所示。

表 5 – 10　　　中国省际真实绿色 TFP 增长的空间溢出效应分解

变量	俱乐部权重矩阵			网络权重矩阵		
	直接效应	间接效应	总效用	直接效应	间接效应	总效用
PerGDP	– 0.0553	– 0.0232	– 0.0785	0.0057	– 0.0954	– 0.0897
Ind	– 0.0972	0.1848 *	0.0877	– 0.1217	0.1950	0.0733
ES	– 0.0745 **	0.0637	– 0.0109	– 0.1155 ***	– 0.0753 *	– 0.1908 ***
FS	0.0681 ***	– 0.0002	0.0679 ***	0.0787 ***	0.0153	0.0940 ***
R&D	6.1929 ***	10.1882 ***	16.3811 ***	5.1799 ***	– 5.6659 ***	– 0.4860
REG	0.0002	– 0.0002	– 0.0001	0.0010	– 0.0560 **	– 0.0550 **
Infor	– 0.0142	0.0043	– 0.0099	– 0.0336	0.0228	– 0.0108
IS	0.3992 ***	– 0.2242	0.1749	0.4202 ***	– 0.2018	0.2184
GovExpe	0.0371	– 0.0769 **	– 0.0398	0.0223	– 0.0424	– 0.0201

注：*** 、** 、* 分别表示 1% 、5% 和 10% 的显著性水平。
资料来源：笔者整理。

1. 经济发展水平

直接效应：俱乐部空间权重下，人均 GDP 的直接效应为负，但没有通过显著性检验；网络空间权重下，人均 GDP 的直接效应为正，但没有通过显著性检验。这表明当前各省经济发展未对中国省际真实绿色 TFP 产生显著影响。间接效应：俱乐部空间权重下，人均 GDP 的间接效应为负，但没有通过显著性检验；网络空间权重下，人均 GDP 的间接效应为负，但没有通过显著性检验。说明俱乐部内和网络内本省份经济水平的发展未对其他省份真实绿色 TFP 增长产生显著空间溢出效应。总效应：俱乐部空间权重下，人均 GDP 的总效应为负，但没有通过显著性检验；网络空间权重下，人均 GDP 的总效应为负，但也没有通过显著性检验。结果表明，当前经济发展水平对中国省际真实绿色 TFP 增长的空间溢出效应不具有显著影响。可能的原因是因为中国省际真实绿色 TFP 增长所倚重的技术创新能力以及生产效率未呈现显著提升，创新能力不足，生产效率下滑，经济主要依靠要素投入①，当前中国省际经济发展未能由规模增长转向高质量发展。

2. 工业化水平

直接效应：俱乐部空间权重下，工业增加值占 GDP 比重的直接效应为负，但没有通过显著性检验，网络空间权重下，工业增加值占 GDP 比重的直接效应为负，但也没有通过显著性检验，两类空间权重下结果相同，表明当前工业化水平对中国省际真实绿色 TFP 的提升不具有显著影响。间接效应：俱乐部空间权重下，工业增加值占 GDP 比重的间接效应显著为正，说明本省工业化发展对同一俱乐部中其他省份真实绿色 TFP 增长具有正向空间溢出效应；网络权重下，工业增加值占 GDP 比重的间接效应为正，但没有通过显著性检验。总效应：俱乐部权重及网络权重下，工业增加值占 GDP 比重的总效应均为正，但也没有通过显著性检验。结果表明剔除环境因素及随机误差的影响，测算所得真实绿色 TFP 增长受工业发展的影响较小。

3. 能源结构

直接效应：俱乐部空间权重下，煤炭消费总量占能源消费总量比重的直接效应显著为负；网络权重下，煤炭消费总量占能源消费总量比重的直接效应显著为负。结果表明，煤炭消费量的增加不利于真实绿色 TFP 的提升，这与煤炭消耗带来环境污染有关（汪锋，2015）。间接效应：俱乐部空间权重下，煤炭消费总量占能源消费总量比重的间接效应为正，但没有通过显著性水平检验；网络权重下，煤炭消费总量占能源消费总量比重的间接效应显著为负。说明本省能源结构对具有网络关联

---

① 雷钦礼：《偏向性技术进步的测算与分析》，载于《统计研究》2013 年第 4 期，第 83 ~ 91 页。

的其他省份真实绿色 TFP 增长具有负向空间溢出效应。究其原因，环境污染具有扩散性，从而造成"邻省"真实绿色 TFP 下降。总效应：俱乐部空间权重下，煤炭消费总量占能源消费总量比重的间接效应为负，但没有通过显著性水平检验；网络空间权重下，煤炭消费总量占能源消费总量比重的间接效应显著为负。这表明，煤炭消费总量占能源消费总量比重对中国省际真实绿色 TFP 增长的空间溢出效应具有负向影响作用，这与刘华军（2018）、齐亚伟（2018）、全良（2019）的研究结论一致。

4. 要素结构

直接效应：俱乐部空间权重下，要素结构的直接效应显著为正；网络权重下；要素结构的直接效应显著为正。表明要素禀赋结构上升对本省真实绿色 TFP 增长具有显著正向作用。间接效应：俱乐部空间权重下，要素结构的间接效应为负，但没有通过显著性水平检验；网络权重下，要素结构的间接效应为正，但没有通过显著性水平检验。说明本省要素结构对其他省份真实绿色 TFP 不具有明显的空间溢出效应。总效应：俱乐部空间权重下，要素结构的总效应显著为正；网络空间权重下，要素结构的总效应显著为正。表明要素禀赋结构对省际真实绿色 TFP 具有正向作用，要素禀赋结构越高，资本密集型企业增多，作为技术进步的主导力量，其数量的增多有助于提升技术进步真实绿色 TFP 的拉动（陈明华，2018）。

5. 研发创新能力

直接效应：俱乐部空间权重下，研发创新能力的直接效应显著为正；网络空间权重下，研发创新能力的直接效应显著为正，表明研发创新能力的提高，投入—产出效率得以改善，推动了真实绿色 TFP 增长。间接效应：俱乐部空间权重下，研发创新能力的间接效应显著为正，网络空间权重下，研发创新能力的间接效应显著为负。两种空间权重下结果不同，同一俱乐部本省研发创新投入对其他省份真实绿色 TFP 增长具有正向空间溢出效应，而具有网络联系的省份研发创新投入对本省真实绿色 TFP 增长具有负向空间溢出效应。总效应：俱乐部空间权重下，研发创新能力的总效应显著为正，网络空间权重下，研发创新能力的总效应为负，但没有通过显著性水平检验。

6. 环境规制

直接效应：俱乐部空间权重下，环境规制的直接效应为正，但没有通过显著性水平检验，网络空间权重下，环境规制的直接效应为正，但没有通过显著性水平检验。说明考察期内环境规制未对真实绿色 TFP 增长产生显著作用。间接效应：俱乐部空间权重下，环境规制的间接效应为负，但没有通过显著性水平检验；网络空间权重下，环境规制的间接效应显著为负。说明本省环境规制加强，导致本省的污染产业转移到其他省份，从而对其他省份真实绿色 TFP 增长产生负向溢出作用其原因可能在于俱乐部内省份具有趋同的真实绿色 TFP 增长趋势，省份间环境规制的作用效果并不能产生溢出效应。而网络权重下，真实绿色 TFP 差异较大，环境规制易造成溢出效应。总效应：俱乐部空间权重下，环境规制的总效应为负，但没有通过显著性水平检验；网络权重下，环境规制的总效应显著为负。以上结果表明，网络空间权重下，环境规制对真实绿色 TFP 增长的空间溢出效应具有更明显的影响。

7. 信息化

直接效应：俱乐部空间权重和网络空间权重下，信息化的直接效应均为负值，但没有通过显著性水平的检验。间接效应：两种空间权重下，信息化的间接效应均为正值，但没有通过显著性水平检验。总效应：俱乐部空间权重和网络空间权重下，信息化的总效应均为负值，但没有通过显著性水平的检验。说明当前信息化水平未对真实绿色 TFP 增长的空间溢出效应产生显著影响。

8. 产业结构

直接效应：俱乐部空间权重和网络空间权重下，第三产业增加值占 GDP 比重的直接效应均显著为正。表明低污染的第三产业的发展有利于提升省际真实绿色 TFP 的增长。间接效应：两种空间权重下，第三产业增加值占 GDP 比重的间接效应均为负值，但没有通过显著性水平检验。说明本省第三产业增加值占 GDP 的比重增加对其他省份真实绿色 TFP 不具有显著的溢出效应。总效应：两种空间权重下，第三产业增加值占 GDP 比重的总效应均为正值，但没有通过显著性水平检验。

说明两种空间权重下第三产业对真实绿色 TFP 增长的空间溢出效应不具有显著的影响。

9. 公共服务

直接效应：俱乐部空间权重和网络空间权重下，财政支出的直接效应为正，但没有通过显著性水平检验。说明本省的财政支出并未带来真实绿色 TFP 的提升。间接效应：俱乐部空间权重下，财政支出的间接效应显著为负，说明本省财政支出增加对同一俱乐部的其他省份绿色 TFP 增长具有负向空间溢出效应。这说明，同俱乐部内某省财政支出的增加可能造成教育、人才、资源的向内流动，特别是从同俱乐部具有相似真实绿色 TFP 增长趋势的省份的挤压了其他省份绿色 TFP 的增长。网络空间权重下，财政支出的间接效应为负，但没有通过显著性水平检验，说明该权重下，具有网络关系的省份其财政支出对其他省份的真实绿色 TFP 增长未产生显著影响。总效应：俱乐部空间权重下，财政支出的总效应为负，也没有通过显著性水平检验；网络空间权重下，财政支出的总效应为负，但没有通过显著性水平检验。说明财政支出对中国省际真实绿色 TFP 增长的空间溢出效应不存在显著的影响。

5.4　中国城市真实绿色 TFP 增长的空间溢出效应

5.4.1　数据来源及描述性统计

被解释变量：借鉴王兵等（2010）、刘华军等（2019）的做法，本书选取累积 TFP 指数，即 ln（累积 TFP 指数 +1）用于衡量 TFP 增长。

影响因素：①经济发展水平 [ln（PerGDP）]，采用以 2003 年为基期进行平减的人均实际 GDP 的对数来衡量；②市场化程度（MAR），采用城镇私营和个体从业人员数占总劳动力人数的比重来衡量；③外商直接投资（FDI），采用外商直接投资占 GDP 的比重来衡量；④要素禀赋结构 [ln（K/L）]，采用资本劳动比的对数形式衡量；⑤政府规模（GOV），采用财政支出占 GDP 的比重来衡量；⑥技术创新能力

（R&D），采用科技支出占 GDP 的比重来衡量；⑦教育发展水平（EDU），采用教育支出占 GDP 的比重来衡量；⑧产业结构合理化指数（HIS），参考孙学涛、王振华（2018）的研究，构建模型 $HIS_t = \sum_{j=1}^{3} \left(\frac{gdp_{jt}}{gdp_t}\right) \ln\left(\frac{gdp_{jt}}{L_{jt}} \Big/ \frac{gdp_t}{L_t}\right)$ 用于衡量产业结构合理化指数；⑨产业结构高级化指数（GIS），参照孙学涛、王振华（2018）的研究，构建模型 $GIS_t = \sum_{j=1}^{3} j \frac{gdp_{jt}}{gdp_t}$ 衡量产业结构高级化指数，其中，gdp_t 表示城市在 t 时期的地区生产总值；L_{jt} 表示第 j 产业的从业人员数；L_t 表示城市在 t 时期的从业人员数。参数说明如上，上述数据均来自《中国城市统计年鉴》。表 5–11 展示了具体样本数据的描述性统计。

表 5–11　　　　　　　中国城市样本数据的描述性统计

变量	符号	平均值	标准差	最小值	最大值
累积 TFP	TFP	0.7230	0.1177	0.1090	1.8284
经济发展水平	ln(PerGDP)	9.9421	0.7988	7.8736	12.7500
市场化程度	MAR	0.4219	0.1677	0.0230	2.9714
外商直接投资	FDI	0.0247	0.0248	0.0000	0.1960
要素禀赋结构	ln(K/L)	11.6855	0.4396	9.8058	13.0922
政府规模	GOV	0.2000	0.1217	0.0405	1.9290
技术创新能力	R&D	0.0023	0.0028	0.0000	0.0395
教育发展水平	EDU	0.0364	0.0226	0.0032	0.1724
产业结构合理化指数	HIS	0.9023	0.3584	0.0777	3.8186
产业结构高级化指数	GIS	2.2333	0.1739	1.8223	4.5606

资料来源：笔者整理。

5.4.2　中国城市真实绿色 TFP 增长的空间相关性检验

依据第 2 章方法，通过剔除环境因素、随机误差扰动以及空间异质性的影响，得到城市真实绿色 TFP 增长。在此基础上，本书测算了中国城市真实绿色 TFP 的 Moran's I 指数以对其全局空间自相关性进行检验，表 5–12 分别报告了邻接空间权重（W_1）、俱乐部空间权重（W_2）、网络空间权重（W_3）三种空间权重下的 Moran's I 的结果，并绘制了三种空间权重下的 Moran's I 在 2004～2016 年的变化趋势图，如图 5 - 7 所示。

表 5 - 12 中国城市真实绿色 TFP 增长的 Moran's I 指数

年份	邻接空间权重			俱乐部空间权重			网络空间权重		
	I	z	p	I	z	p	I	z	p
2004	0.285	6.999	0.000	0.057	4.057	0.000	0.045	5.166	0.000
2005	0.355	8.692	0.000	0.137	9.407	0.000	0.022	2.705	0.003
2006	0.343	8.527	0.000	0.070	5.040	0.000	-0.001	0.276	0.391
2007	0.318	7.852	0.000	0.098	6.853	0.000	0.022	2.744	0.003
2008	0.221	5.478	0.000	0.005	0.611	0.271	0.01	1.497	0.067
2009	0.273	6.748	0.000	0.007	0.754	0.225	0.031	3.751	0.000
2010	0.369	9.069	0.000	0.023	1.778	0.038	0.001	0.546	0.293
2011	0.374	9.197	0.000	-0.002	0.127	0.450	0.024	3.013	0.001
2012	0.250	6.178	0.000	0.025	1.959	0.025	0.028	3.437	0.000
2013	0.346	8.501	0.000	0.089	6.196	0.000	0.021	2.688	0.004
2014	0.336	8.272	0.000	0.061	4.377	0.000	0.032	3.859	0.000
2015	0.274	6.770	0.000	0.072	5.050	0.000	0.019	2.479	0.007
2016	0.383	9.451	0.000	0.513	34.886	0.000	0.037	4.354	0.000

注：检验对象是 ln(累积 TFP 指数 + 1)。
资料来源：笔者整理。

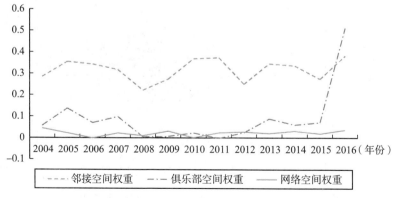

图 5 - 7 中国城市真实绿色 TFP 增长的 Moran's I 指数趋势

表 5 - 12 结果表明，邻接空间权重（W_1）下，中国城市真实绿色 TFP 增长的 Moran's I 指数均为正值并且通过了 1% 的显著性检验，在邻接空间权重下，中国城市真实绿色 TFP 增长呈显著的正向空间自相关性。在俱乐部空间权重（W_2）下，除 2008 年、2009 年和 2011 年外，城市真实绿色 TFP 的 Moran's I 指数均为正值且通过 5% 的显著性水平检验。在网络权重矩阵（W_3）下，2006 年、2010 年 Moran's I 指数未通过显著性水平检验外，其余年份均通过了 1% 的显著性水平检验，基于上述检验结果，本书选择三种空间权重对中国真实绿色 TFP 增长的空间溢出效应展开分析。

进一步从图 5 - 7 可以看出，邻接空间权重下，中国城市真实绿色 TFP 增长的 Moran's I 均为正值，呈明显的空间正自相关性，俱乐部空间权重下，除 2011 年 Moran's I 为负值且未通过显著性检验外，其余年份 Moran's I 也为正值，并且 2004 ~ 2015 年邻接空间权重下的空间自相关性显著高于俱乐部空间权重和网络空间权重下。

为了进一步考察剔除了环境因素、随机误差扰动以及空间异质性的城市真实绿色 TFP 的空间集聚特征，本书绘制了邻接空间权重（W_1）、俱乐部空间权重（W_2）、网络空间权重（W_3）三种权重矩阵下城市真实绿色 TFP 的 Moran 散点图（限于篇幅的原因，此处仅报告 2014 年的结果）。图 5 - 8、图 5 - 9、图 5 - 10 分别代表三种不同的空间权重下的 Moran 散点图。

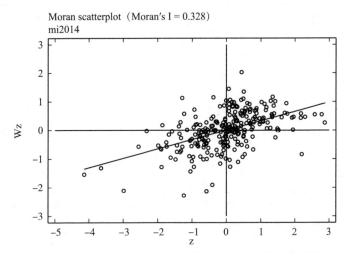

图 5 - 8　中国城市真实绿色 TFP 增长的 Moran 散点图（W_1）

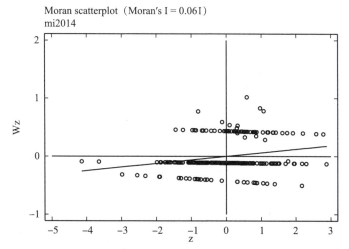

图 5 – 9　中国城市真实绿色 TFP 增长的 Moran 散点图（W_2）

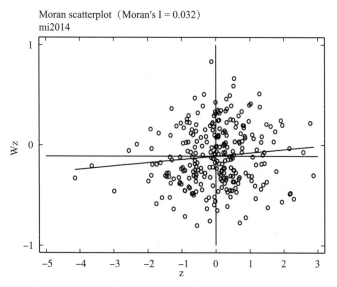

图 5 – 10　中国城市真实绿色 TFP 增长的 Moran 散点图（W_3）

　　从 Moran 散点图可以看出，在邻接空间权重（W_1）矩阵下，多数城市分布于第一、第三象限，且位于第三象限的城市数量多于第一象限，少数城市分布于第二、第四象限。在俱乐部空间权重（W_2）矩阵下，多数城市位于第一、第三象限，同时有较多城市分布于第四象限。

在网络空间权重（W_3）矩阵下，各象限城市数量差别较小，但第一、第三象限城市数量略多于第二、第四象限。Moran 散点图表明，剔除了环境因素、随机误差扰动和空间异质性后，真实 TFP 具有显著的局域空间集聚特征。

5.4.3　中国城市真实绿色 TFP 增长的实证分析结果

按照前述方法，在邻接空间权重（W_1）、俱乐部空间权重（W_2）和网络空间权重（W_3）下采用空间滞后模型（SAR）、空间误差模型（SER）和空间杜宾模型（SDM）三种空间模型进行固定效应和随机效应回归检验。在进行空间计量回归时笔者发现，中国城市真实绿色 TFP 增长进行空间误差模型（SEM）随机效应（RE）回归时无法得到结果，初步猜测可能是中国城市真实绿色 TFP 增长所受的随机误差项（即未被纳入研究模型的因素）与解释变量存在相关性，导致无法估计。故表 5 - 13、表 5 - 14、表 5 - 15 中 SEM - RE 检验结果为空。表 5 - 13、表 5 - 14、表 5 - 15 分别报告了邻接空间权重（W_1）、俱乐部空间权重（W_2）和网络空间权重（W_3）三种空间权重下中国城市真实绿色 TFP 增长空间面板数据估计结果。

表 5 - 13　　　中国城市真实绿色 TFP 增长的空间溢出效应检验结果（W_1）

变量及模型	SAR		SEM		SDM	
	RE	FE	RE	FE	RE	FE
Cons.	0. 3324 ***	—	—	—	0. 3352 ***	—
ln （PerGDP）	− 0. 0068	− 0. 0121 **	—	− 0. 0231 ***	0. 0167 **	0. 0124
MAR	0. 0002	0. 0000	—	− 0. 0009	0. 0000	− 0. 0002
FDI	0. 0033	0. 0021	—	0. 0022	0. 0029	0. 0030
K/L	0. 0037	0. 0064 **	—	0. 0116 ***	0. 0101 ***	0. 0128 ***
GOV	0. 0045	0. 0053	—	0. 0053	0. 0055	0. 0057
R&D	− 0. 0042 **	− 0. 0042 **	—	− 0. 0075 ***	− 0. 0083 ***	− 0. 0083 ***
EDU	− 0. 0036	0. 0000	—	0. 0050	0. 0073	0. 0090 *
HIS	− 0. 0012	0. 0002	—	0. 0026	0. 0023	0. 0035
GIS	− 0. 0064 **	− 0. 0096 ***	—	− 0. 0107 ***	− 0. 0056 *	− 0. 0089 **

续表

变量及模型	SAR		SEM		SDM	
	RE	FE	RE	FE	RE	FE
ln（PerGDP）	—	—	—	—	− 0.0173	− 0.0122
WMAR	—	—	—	—	0.0049	0.0044
WFDI	—	—	—	—	0.0033	0.0015
WK/L	—	—	—	—	− 0.0165 ***	− 0.0194 ***
WGOV	—	—	—	—	0.0010	0.0029
WR&D	—	—	—	—	0.01330 ***	0.0121 ***
WEDU	—	—	—	—	− 0.0191 ***	− 0.0200 ***
WHIS	—	—	—	—	− 0.0052	− 0.0085 *
WGIS	—	—	—	—	− 0.0090	− 0.0051
ρ/λ	0.5603 ***	0.6176 ***		0.6221 ***	0.5567 ***	0.6154 ***
Log L	3554.9690	4168.0170	—	4170.6520	3576.7000	4188.6152
R^2	0.0021	0.0015	—	0.0015	0.0002	0.0091
AIC	− 7083.9370	− 8314.0340		− 8319.3040	− 7109.4000	− 8337.2300
SDM→SAR	—	—	—	—	43.5700 ***	35.1300 ***
SDM→SEM	—	—	—	—	43.6700 ***	41.3900 ***

注：① *** 、** 、* 分别表示1%、5%和10%的显著性水平；②RE 和 FE 分别表示随机效应回归和固定效应回归。
资料来源：笔者整理。

表 5 - 14　中国城市真实绿色 TFP 增长的空间溢出效应检验结果（W_2）

变量及模型	SAR		SEM		SDM	
	RE	FE	RE	FE	RE	FE
Cons.	0.1896 ***	—	—	—	0.2306 ***	
ln（PerGDP）	− 0.0006	− 0.0040	—	− 0.0071	0.0123 *	0.0241 *
MAR	0.0008	0.0007		0.0007	0.0008	0.0005
FDI	− 0.0041 *	− 0.0054 **		− 0.0090 ***	− 0.0078 ***	− 0.0076 ***
K/L	0.0045	0.0034		0.0046	0.0077 **	0.0061 *
GOV	0.0002	0.0035		0.0017	− 0.0006	0.0015

137

续表

变量及模型	SAR		SEM		SDM	
	RE	FE	RE	FE	RE	FE
R&D	− 0. 0062 ***	− 0. 0066 ***	—	− 0. 0082 ***	− 0. 0071 ***	− 0. 0074 ***
EDU	− 0. 0010	0. 0022	—	0. 0046	0. 0057	0. 0067
HIS	0. 0009	− 0. 0014	—	− 0. 0008	0. 0037	0. 0005
GIS	− 0. 0067 **	− 0. 0078 ***	—	− 0. 0056 *	− 0. 0015	0. 0021
ln（PerGDP）	—	—	—	—	− 0. 0194	− 0. 0087
WMAR	—	—	—	—	− 0. 0042	− 0. 0063
WFDI	—	—	—	—	0. 0520 ***	0. 0692 ***
WK/L	—	—	—	—	0. 0059	0. 0169
WGOV	—	—	—	—	0. 0139	− 0. 0203
WR&D	—	—	—	—	0. 0032	0. 0015
WEDU	—	—	—	—	− 0. 0349 **	− 0. 0356 ***
WHIS	—	—	—	—	0. 0069	0. 0055
WGIS	—	—	—	—	0. 0002	0. 0061
ρ/λ	0. 7406 ***	0. 7502 ***	—	0. 7547 ***	0. 6845 ***	0. 6882 ***
Log L	3526. 1960	4068. 0540	—	4072. 7420	3556. 4170	4101. 4820
R^2	0. 0017	0. 0001	—	0. 0003	0. 0457	0. 0129
AIC	− 7026. 3930	− 8114. 1070	—	− 8123. 4830	− 7068. 8340	− 8162. 9630
SDM→SAR	—	—	—	—	48. 8100 ***	53. 7600 ***
SDM→SEM	—	—	—	—	59. 9400 ***	66. 2200 ***

注：① *** 、** 、* 分别表示1%、5%和10%的显著性水平；②RE 和 FE 分别表示随机效应回归和固定效应回归。

资料来源：笔者整理。

表 5 − 15　　中国城市真实绿色 TFP 增长的空间溢出效应检验结果（W_3）

变量及模型	SAR		SEM		SDM	
	RE	FE	RE	FE	RE	FE
Cons.	0. 5837 ***	—	—	–	0. 5911 ***	—
ln（PerGDP）	− 0. 0100 **	− 0. 0170 ***	—	− 0. 0211 ***	0. 0079	0. 0207

变量及模型	SAR		SEM		SDM	
	RE	FE	RE	FE	RE	FE
MAR	0.0006	0.0004	—	0.0005	0.0012	0.0011
FDI	0.0063 **	0.0051 *	—	0.0058 **	0.0040	0.0039
K/L	0.0065 *	0.0058	—	0.0070 *	0.0097 ***	0.0073 *
GOV	0.0028	0.0076 *	—	0.0073 *	0.0028	0.0060
R&D	- 0.0018	- 0.0019	—	- 0.0022	0.0002	0.0006
EDU	- 0.0087 *	- 0.0038	—	- 0.0022	- 0.0004	0.0030
HIS	0.0036	0.0015	—	0.0024	0.0068 **	0.0031
GIS	- 0.0121 *	- 0.0153 ***	—	- 0.0168 ***	- 0.0137 ***	- 0.0141 ***
ln（PerGDP）	—	—	—	—	- 0.0282	- 0.0231
WMAR	—	—	—	—	0.0011	0.0034
WFDI	—	—	—	—	- 0.0393 ***	- 0.0453 ***
WK/L	—	—	—	—	- 0.0198	- 0.0263 **
WGOV	—	—	—	—	- 0.0158	- 0.0122
WR&D	—	—	—	—	0.0587 ***	0.0542 ***
WEDU	—	—	—	—	- 0.0298 *	- 0.0395 **
WHIS	—	—	—	—	- 0.0295 **	- 0.0323 **
WGIS	—	—	—	—	0.0395 ***	0.0248
ρ/λ	0.2042 ***	0.2085 ***	—	0.2290 ***	0.1945 ***	0.1951 ***
Log L	3124.9880	3629.0950	—	3630.9260	3166.2660	3673.4470
R^2	0.0156	0.0023	—	0.0024	0.0265	0.0079
AIC	- 6223.9750	- 7236.1900	—	- 7239.8510	- 6288.5310	- 7306.8930
SDM→SAR	—	—	—	—	80.6600 ***	84.8800 ***
SDM→SEM	—	—	—	—	83.5500 ***	89.8300 ***

注：①***、**、*分别表示1%、5%和10%的显著性水平；②RE 和 FE 分别表示随机效应回归和固定效应回归。

资料来源：笔者整理。

据表 5 - 13，三种空间计量模型，固定效应 AIC 值小于随机效应 AIC 值，故三种模型下均选择固定效应回归。此外，根据 Log Likelihood

值，SDM 模型拟合效果最好。同时，检验 SDM 模型能否转化为 SAR 模型和 SEM 模型时均显著拒绝能够转化的原假设，故邻接空间权重矩阵下，对中国城市真实绿色 TFP 增长进行空间溢出效应分析时选择 SDM 模型的固定效应。

据表 5 – 14，三种空间计量模型，固定效应 AIC 值小于随机效应 AIC 值，故三种模型下均选择固定效应回归。此外，根据 Log Likelihood 值，SDM 模型拟合效果最好，同时，检验 SDM 模型能否转化为 SAR 模型和 SEM 模型时均显著拒绝能够转化的原假设，故俱乐部空间权重矩阵下，对中国城市真实绿色 TFP 增长进行空间溢出效应分析时选择 SDM 模型的固定效应。

据表 5 – 15，三种空间计量模型，固定效应 AIC 值小于随机效应 AIC 值，故三种模型下均选择固定效应回归。此外，根据 Log Likelihood 值，SDM 模型拟合效果最好，同时，检验 SDM 模型能否转化为 SAR 模型和 SEM 模型时均显著拒绝能够转化的原假设，故网络空间权重矩阵下，对中国城市真实绿色 TFP 增长进行空间溢出效应分析时选择 SDM 模型的固定效应。

5.4.4 中国城市真实绿色 TFP 增长的空间溢出效应分解

本书选择 SDM – FE 模型，在三种空间权重下，对中国城市真实绿色 TFP 增长的空间溢出效应进行实证分析。结果表明，三种空间权重下，回归系数 ρ 均通过了显著性检验。为此，本书将对地理邻接、俱乐部和网络空间权重下中国城市真实绿色 TFP 增长的空间溢出效应进行分解，估计结果如表 5 – 16 所示。

表 5 –16　　中国城市真实绿色 TFP 增长的空间溢出效应分解

变量	邻接权重矩阵			俱乐部权重矩阵			网络权重矩阵		
	直接效应	间接效应	总效应	直接效应	间接效应	总效应	直接效应	间接效应	总效应
EDL	0.0119	– 0.0107	0.0012	0.0251 *	0.0265	0.0517	0.0212	– 0.0233	– 0.0020
MAR	0.0005	0.0095	0.0101	0.0001	– 0.0196	– 0.0196	0.0010	0.0040	0.0050
FDI	0.0040	0.0085	0.0125	– 0.0033	0.2047 ***	0.2010 ***	0.0041	– 0.0540 ***	– 0.0500 ***
K/L	0.0105 ***	– 0.0280 **	– 0.0170	0.0073 **	0.0661 *	0.0733 **	0.0072 *	– 0.0319 **	– 0.0246

140

变量	邻接权重矩阵			俱乐部权重矩阵			网络权重矩阵		
	直接效应	间接效应	总效应	直接效应	间接效应	总效应	直接效应	间接效应	总效应
GOV	0.0070 *	0.0157	0.0228	0.0003	-0.0619	-0.0616	0.0060	-0.0132	-0.0073
R&D	-0.0070 ***	0.0158 *	0.0088	-0.0080 ***	-0.0132	-0.0207	0.0008	0.0660 ***	0.0670 ***
EDU	0.0061	-0.0340 **	-0.0279	0.0048	-0.0970 **	-0.0920 **	0.0029	-0.0480 **	-0.0450 **
HIS	0.0022	-0.0141	-0.0119	0.0008	0.0203	0.0212	0.0030	-0.0380 **	-0.0350 **
GIS	-0.0110 ***	-0.0253 *	-0.0400 **	0.0029	0.0229	0.0258	-0.0140 ***	0.0263	0.0126

注：*** 、** 、* 分别表示 1%、5% 和 10% 的显著性水平。
资料来源：笔者整理。

1. 经济发展水平

第一，直接效应。根据表 5 - 16 的空间效应分解结果可以发现，三种空间权重下经济发展水平对城市真实绿色 TFP 增长均为正向影响，仅俱乐部空间权重下经济发展水平的直接效应系数通过了显著性水平检验。表明剔除了环境因素、随机误差扰动和空间异质性的影响后测算的中国城市真实绿色 TFP 增长受各城市经济发展水平的影响较小，然而，在俱乐部权重下的结果也表明，当城市真实绿色 TFP 增长具有趋同时态时，经济发展的水平越发重要，越高则有助于提升城市真实绿色 TFP 的增长，与徐荣（2017）研究结论一致。经济发展水平对该城市真实绿色 TFP 仍具有正向推动作用。第二，间接效应。在俱乐部空间权重下，经济发展水平对真实绿色 TFP 具有正向影响，而邻接空间权重和网络空间权重下，经济发展水平对真实绿色 TFP 的影响为负，均未通过显著性水平检验。表明本城市城市经济发展水平的提高会对周边城市以及具有网络关联的真实绿色 TFP 增长产生负向空间溢出效应，阻碍周边及其他城市真实绿色 TFP 水平的提高，而对同处于一个收敛俱乐部的城市而言，本城市经济发展水平的提高会带动其他城市真实绿色 TFP 的提高。第三，总效应。在邻接空间权重和俱乐部空间权重下，经济发展水平对真实绿色 TFP 具有正向影响，在网络空间权重下，经济发展水平对真实绿色 TFP 具有负向影响，均未通过显著性水平检验。表明邻接空间权重和俱乐部空间权重下，经济发展水平的提高能够带动城市真实绿色 TFP 提高，而网络空间权重下，经济发展水平的提高会阻碍城市真实绿色

TFP 的发展。原因可能在于地理位置的相邻基于空间距离的缩小，促进了城市的学习和交流；处于同一收敛俱乐部的城市基于绿色 TFP 增长的趋同，在竞争压力下产生学习和模仿，经济发展使得本城市真实绿色 TFP 提高的模式容易被该类城市学习借鉴，因此从总体上看经济发展水平和真实绿色 TFP 存在正相关关系。而网络空间权重下，其空间距离远、竞争较弱取长补短的竞争成为主要方式，导致经济发展水平对真实绿色 TFP 的总体效应为负向。

2. 市场化程度

第一，直接效应。对三种空间权重下 SDM—FE 模型进行空间溢出效应分解发现，市场化程度对真实绿色 TFP 的直接影响均不显著，原因可能在于私营和个体经济对该城市真实绿色 TFP 提升作用微弱。第二，间接效应。在俱乐部空间权重下，市场化程度与真实绿色 TFP 呈负相关关系，在邻接空间权重和网络空间权重下，市场化程度与真实绿色 TFP 呈正相关关系，均未通过显著性水平检验。相邻城市和具有关联网络的城市市场联系更为密切，人才、资金流动频繁，因此其他城市市场化程度提高会带动本城市真实绿色 TFP 的提升。而俱乐部内城市存在竞争压力，导致市场化对本城市真实绿色 TFP 增长具有负面影响。第三，总效应。在俱乐部空间权重下市场化程度的提高抑制了真实绿色 TFP 的提升，而邻接空间权重和网络空间权重下，市场化程度与真实绿色 TFP 具有正相关关系。

3. 对外开放水平

第一，直接效应。俱乐部空间权重下对外开放水平对真实绿色 TFP 增长具有负向影响，邻接空间权重和网络空间权重下对外开放水平对真实绿色 TFP 增长具有正向影响，均未通过显著性检验。对外开放水平的提升具有双重效应，一方面"污染避难所"假说认为跨国企业倾向于向环境标准相对较低的国家进行投资和生产，使得这些国家成为污染天堂；另一方面"污染光环"假说认为对外开放水平提高可以通过技术外溢效应改善当地的环境状况（冷艳丽，2015）。在俱乐部空间权重下，竞争导致"污染避难所"效应大于"污染光环"效应，对外开放水平的提升抑制了该城市真实绿色 TFP 的提升；而在邻接空间权重和网络空间权重下，地理邻近易导致污染扩散以及合作产生的网络关系均有效的抑制污染输出和促进技术合作，使得"污染光环"效应大于"污染避难所"效应。对外开放水平的提升对该城市真实绿色 TFP 具有拉动作用。第二，间接效应。在邻接空间权重和俱乐部空间权重下，对外开放水平对真实绿色 TFP 增长具有正向影响，且俱乐部空间权重下该间接效应通过了 1% 的显著性水平检验；在网络空间权重下，对外开放水平对真实绿色 TFP 具有显著的负向影响。即本城市对外开放水平的提高对相邻及同一收敛俱乐部的其他城市真实绿色 TFP 具有拉动作用，而会抑制具有网络关联的其他城市真实绿色 TFP 的提高。第三，总效应。在邻接空间权重和俱乐部空间权重下，对外开放水平对真实绿色 TFP 增长的总效应为正值，且俱乐部空间权重下该效应通过了 1% 的显著性水平检验；在网络空间权重下，对外开放水平对真实绿色 TFP 增长的总效用为负值且通过了 1% 的显著性水平检验。究其原因，可能在于邻接城市及同一俱乐部城市之间"示范效应"和"追赶效应"较强（邵帅，2019），技术外溢效应显著，从而提高其他城市绿色 TFP；而具有网络关联的城市投资和生产等贸易合作更为频繁，在现有环境规制下，更多吸引创新高、污染低的产业，而导致其他城市产业落后，降低其他城市绿色 TFP。

4. 要素禀赋结构

第一，直接效应。三种空间权重下，要素禀赋结构对真实绿色 TFP 增长均存在显著的正的区域内溢出效应，表明要素禀赋结构的上升有利于该城市真实绿色 TFP 增长。要素禀赋结构的改变使得资本密集型企业增加，该类企业数目增多会拉动技术进步（陈明华，2018），从而使得该城市真实绿色 TFP 得到提升。第二，间接效应。在俱乐部空间权重下，要素禀赋结构对真实绿色 TFP 具有正向影响，且通过了 10% 的显著性水平检验。在邻接空间权重和网络空间权重下，要素禀赋结构对真实绿色 TFP 具有显著的负向影响。表明本城市要素禀赋结构的上升对同一俱乐部的其他城市真实绿色 TFP 增长具有推动作用，而邻接及具有网络关联的其他城市要素禀赋结构的上升会抑制本城市真实绿色 TFP 的提升。资本密集型企业相较于劳动密集型企业而言污染更为严重（王兵，2017），污染的扩散速度与程度对邻接城市及联系频繁的处于同一网络

143

中的城市更具显著性（张华，2017）。第三，总效应。在俱乐部空间权重下，要素禀赋结构与真实绿色 TFP 增长存在正相关关系，且通过了 5% 的显著性水平检验。在邻接空间权重和网络空间权重下，要素禀赋结构与真实绿色 TFP 增长存在负相关关系，但统计上不显著。表明俱乐部空间权重下，要素禀赋结构上升带来技术提升和生产效率改进对真实绿色 TFP 增长具有促进作用。

5. 政府规模

第一，直接效应。三种空间权重下，城市政府规模的扩大对该城市真实绿色 TFP 具有显著的正向区域内溢出效应，仅邻接空间权重下该直接效应通过了 10% 的显著性水平检验。表明地理邻近地区城市政府财政支出的增加有利于完善基础设施，激发市场活力，创造就业以及吸引人才，进而带动本城市真实绿色 TFP 的提高。第二，间接效应。邻接空间权重下，政府规模对真实绿色 TFP 增长存在正的区域间溢出效应，而俱乐部空间权重和网络空间权重下，政府规模对真实绿色 TFP 增长存在负的区域间溢出效应，但均未通过显著性水平检验。第三，总效应。三种空间权重下，政府规模对真实绿色 TFP 增长空间溢出总效应与间接效应的影响具有一致性。究其原因，可能在于财政支出具有属地特征，更加强调行政区划和地理边界的约束，无法产生跨地理影响。

6. 科技进步水平

第一，直接效应。邻接空间权重和俱乐部空间权重下城市科技进步水平的提高会抑制该城市真实绿色 TFP 水平的提高，且均通过了 1% 的显著性水平检验；网络空间权重下，科技进步水平对真实绿色 TFP 增长具有正向影响，但未通过显著性水平检验，且其效应仅为 0.0008。原因可能在于本书以用于科技的财政支出占 GDP 的比重衡量科技进步水平，科技进步水平提高意味着政府财政拨款增加，增加的财政拨款并未完全用于改善科技进步水平或企业在使用财政科技拨款时利用率低下，因此未能推动该城市真实绿色 TFP 水平的提升。第二，间接效应。邻接空间权重和网络空间权重下，科技进步水平的提高对城市真实绿色 TFP 增长的直接效应为正值，且通过了 10% 的显著性水平检验；俱乐部空间权重下的间接效应为负值但未通过显著性水平检验。究其原因，技术投入存在一定的空间集聚，因此邻接城市科技进步水平的提高会带动本城市真实绿色 TFP 提升，而具有网络关联的城市往来频繁，技术外溢性较强，因此本城市科技进步水平的提高同样会带动具有网络关联的其他城市真实绿色 TFP 提升。第三，总效应。科技进步水平对真实绿色 TFP 增长空间溢出总效应与间接效应一致。在邻接空间权重和网络空间权重下，科技进步水平对真实绿色 TFP 增长总效用为正值，在俱乐部空间权重下，科技进步水平对真实绿色 TFP 增长总效用为负值。

7. 教育发展水平

第一，直接效应。三种空间权重下教育发展水平对该城市真实绿色 TFP 增长均具有正向影响，但未通过显著性水平检验。教育发展水平的提高推动本城市人才增加、管理水平提高、科技水平提高等，均对本城市真实绿色 TFP 增长具有推动作用。第二，间接效应。三种空间权重下，教育发展水平的提高对真实绿色 TFP 增长间接效应为负值，且均通过了 5% 的显著性水平检验。究其原因，可能在于人才具有较强的流动性，本城市教育水平提高使得其他城市人才外流，抑制了其他城市真实绿色 TFP 的提升。第三，总效应。三种空间权重下教育发展水平对真实绿色 TFP 增长的总效应均为负值，但在邻接空间权重下总效应并不显著，在俱乐部空间权重和网络空间权重下总效用通过了 5% 的显著性水平检验。教育发展水平提高使得人才集聚，提高本城市真实绿色 TFP 的同时会抑制其他城市真实绿色 TFP 的提升，为此政府要注重教育发展的地区均衡性。

8. 产业结构合理化指数

第一，直接效应。三种空间权重下，产业结构合理化指数对真实绿色 TFP 增长直接效应均为正值，但未通过显著性水平检验。产业结构合理化指数提升代表着三大产业朝着均衡化方向发展，有利于提升生产效率提高该城市真实绿色 TFP 增长。第二，间接效应。俱乐部空间权重下产业结构合理化指数对真实绿色 TFP 增长存在正的区域间溢出，但统计上不显著，邻接空间权重下产业结构合理化指数对真实绿色 TFP 增长存在不显著的负向区域间溢出效应，而网络空间权重下，产业结构合理化指数对真实绿色 TFP 增长存在显著的负向区域间溢出效应。邻接城市以及具有网络关联的城市产业结构合理化指数提升时，对其他城市产业依赖性下降，因此会阻碍其他城市产业结构发展，导致其真实绿色 TFP 下降。第三，总效应。邻接空间权重和网络空间权重下，产业结构合理化指数和真实绿色 TFP 增长呈负相关关系，俱乐部空间权重下，产业结构合理化指数和真实绿色 TFP 增长呈正相关关系。

9. 产业结构高级化指数

第一，直接效应。邻接空间权重和网络空间权重下，产业结构高级化指数对真实绿色 TFP 增长存在负的区域内溢出效应，且均通过了 1% 的显著性水平检验，而俱乐部空间权重下，产业结构对真实绿色 TFP 增长存在正的区域内溢出效应，但未通过显著性水平检验。产业结构高级化代表产业由第一产业向第二、第三产业转移（孙学涛，2018），这通常伴随城镇化过程，而城镇化发展带来严重的环境污染（邵帅，2019），导致城市绿色 TFP 下降。第二，间接效应。邻接空间权重下，产业结构高级化指数对真实绿色 TFP 增长的间接效应为负值，且通过了 10% 的显著性水平检验，而在俱乐部空间权重和网络空间权重下，产业结构高级化指数对真实绿色 TFP 增长的间接效应为正值，但统计上不显著。即本城市产业结构高级化指数提高会阻碍地理相邻城市真实绿色 TFP 的发展，这再次印证第二产业增长带来的环境污染对地理邻近城市绿色 TFP 增长具有负面影响。而本城市产业结构高级化指数提升会带动同一俱乐部和具有网络关联的其他城市真实绿色 TFP 的发展。究其原因，可能在于产业结构由低级转向高级引发的技术改进在具有发展相似性的城市间和具有网络联系的城市间"扩散效应"更强，从而存在正的区域间溢出效应。第三，总效应。三种空间权重下，产业结构高级化指数对真实绿色 TFP 增长的总效用与间接效应一致。在邻接空间权重下，产业结构高级化指数对真实绿色 TFP 增长总效用为负值，通过了 5% 的显著性水平检验；在俱乐部空间权重和网络空间权重下，产业结构高级化指数对真实绿色 TFP 增长总效用为正值，但未通过显著性水平检验。

5.5 本章小结

为了揭示"一带一路"沿线国家、中国省际和城市层面绿色 TFP

增长的影响因素及其空间溢出效应，本章应用空间面板误差模型（SEM）、空间面板滞后模型（SAR）和空间面板杜宾模型（SDM），实证分析了邻接空间权重、俱乐部空间权重和网络空间权重下，影响绿色 TFP 增长的关键社会经济因素，并借助空间回归模型偏微分解法，对空间面板杜宾模型（SDM）下空间溢出固定效应进行了分解，从直接效应、间接效应和总效应三个方面对影响因素的空间溢出效应进行了深入研究。

第 6 章　绿色 TFP 增长的协同提升路径分析与选择

为进一步揭示各影响因素对绿色 TFP 增长的影响作用机理，本书通过构建 DEMATEL/ISM（decision making trial and evaluation laboratory/interpretive structural modeling）复杂系统层次模型（周德群和章玲，2008），对各影响因素在绿色 TFP 协同提升中的影响路径及影响程度进行分析。

6.1　绿色 TFP 增长的协同提升路径分析

6.1.1　DEMATEL–ISM 模型的构建及说明

美国巴特尔研究所学者方特拉和加比斯（Fontela and Gabus）于 1972 年提出决策实验室分析方法（decision making trial and evaluation laboratory，DEMATEL），该方法利用矩阵工具和图论进行系统因素分析，解析复杂系统内部各元素之间的逻辑关系，进而确定因素之间的主次关系及相互影响程度，是一种进行复杂系统分析和决策的重要方法（Lin and Wu，2008）。近年来，DEMATEL 方法被广泛应用于企业管理（冯锋和薛琴，2010）、工程项目（梁珏锟和马振东，2010）、产业研究（古屋温美等，2002；周永广等，2004）等领域，梁珏锟和马振东（2010）在基础工程施工风险因素存在相关性基础上应用 DEMATEL 方法识别影响工程施工的关键影响因素。冯锋和薛琴（2010）借助 DEMATEL 方法对企业危机管理的影响因素指标体系进行了定量分析，

识别出企业危机管理影响因素中的关键因素，为企业的危机管理提供
了相关依据。古屋温美等（2002）借助该方法考察了日本渔业系统的
影响因素之间的相互关系，周永广等使用此方法对黄山旅游业相关影
响因素进行了分析。以上研究中 DEMATEL 方法在复杂系统分析中表
现出较好的决策作用。DEMATEL 方法在复杂系统中各元素之间存在
逻辑关系基础上建立直接影响矩阵，再根据直接影响矩阵计算系统影
响因素的综合影响矩阵，之后在综合影响矩阵基础上计算各个因素的
影响度和被影响度，进而确定各个因素的中心度和原因度，最终确定
每个元素的系统重要性以及元素间的因果关系。该方法在分析中考虑
了因素之间的直接关系，能充分利用专家经验和知识处理社会复杂问
题，在复杂系统分析中具有高效识别关键因素及各个因素重要程度的
优势。

解释结构模型（interpretive structural modeling, ISM）也是一种重要
的常用于复杂系统结构分析的定性与定量相结合的分析方法，由美国华
费尔教特教授于 1973 年开发，利用图论中的关联矩阵解析复杂系统中
各个因素之间的关系，最终以多因素、多递阶的形成呈现系统的解释结
构模型（张瑞秋等，2013）。该方法基于有向图和矩阵理论，将复杂的
系统分解为若干子系统要素，利用实践经验和知识以及计算机的帮助，
通过分解可达矩阵将复杂系统分解成多层次的结构模型，被广泛应用于
经济管理、电力、系统工程等领域中各种复杂问题的分析中。李婷和郑
垂勇（2015）使用 ISM 方法对水利信息化影响因素进行解析，区分出
影响水利信息化因素的层次结构，包括表层基础因素、相关层动力因
素及导向层因素等。宋雪锋和刘耀彬（2006）基于城市化与生态环境
耦合的内涵，利用 ISM 模型针对江苏省城市化与生态环境耦合系统进
行分析，将相关因素划分出 4 个层次，使耦合系统层次分明。ISM 模
型根据复杂系统中各个因素的相关关系建立可达矩阵，根据可达矩阵
进行层次划分，由此构建解释结构模型（张复宏和胡继连，2013）。
该方法将系统中各个因素之间复杂、零乱的关系分解为清晰的多层次
结构，进而通过直观的具有良好层次结构关系的模型，实现复杂系统
可视化。

DEMATEL 与 ISM 具有一定的互补性（Zhou et al., 2006），DEMA-
TEL 方法中整体影响矩阵和 ISM 方法中的可达矩阵表现信息相似，其

中，非零元素代表了复杂系统中各个因素之间相互影响的关系，零元素表示复杂系统中各个因素间不存在相互影响关系。此外，DEMATEL 方法中的整体影响矩阵包含的信息多于 ISM 方法的可达矩阵中所包含的信息，因此，可以使用 DEMATEL 方法计算整体影响矩阵，进而得出可达矩阵，得出因素之间因果关系的顺序、方向和层级（袁鹏伟等，2014）。周德群和章玲（2008）提出集成 DEMATEL - ISM 方法，通过 DEMATEL 方法计算系统中各因素之间的综合影响矩阵并推导整体影响矩阵，再根据整体影响矩阵和可达矩阵之间的关系将整体影响矩阵转换为 ISM 方法中的可达矩阵，最后根据可达矩阵和 ISM 方法对系统中各个因素进行层次划分。DEMATEL - ISM 方法降低了可达矩阵的计算量和计算复杂度，同时使复杂系统的层次结构划分更加直观、合理。图 6 - 1 展示了 DEMATEL - ISM 的步骤。

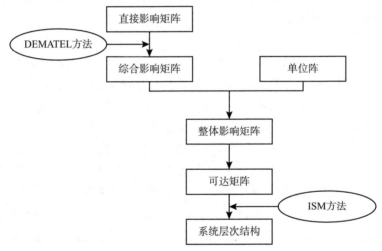

图 6 - 1　DEMATEL - ISM 方法流程

具体分析过程如下：

（1）确定因素间的直接影响矩阵 X。

考察系统中各个影响因素之间的相互关系，运用专家打分法确定因素之间的直接影响程度。

（2）计算因素间整体影响矩阵 D。

$$D = \frac{1}{\max\limits_{1 \le i \le n} \sum\limits_{j=1}^{n} x_{ij}} X \left(I - \frac{1}{\max\limits_{1 \le i \le n} \sum\limits_{j=1}^{n} x_{ij}} X \right)^{-1} + I \qquad (6-1)$$

其中，I 为单位矩阵。

（3）确定可达矩阵 K：

$$k_{ij} = \begin{cases} 1 \ d_{ij} \ge \lambda \\ 0 \ d_{ij} < \lambda \end{cases} \qquad (i = 1, \cdots, n; j = 1, \cdots, n) \qquad (6-2)$$

其中，λ 为阈值，借鉴利姆等（Lim et al.，2017）的设置，本书取 λ = 0。

（4）确定各个因素的可达集合 M_i 和前项集合 N_i：

$$M_i = \{x_j | x_j \in A, \ k_{ij} \ne 0\} \qquad (i = 1, 2, \cdots, n) \qquad (6-3)$$

$$N_i = \{x_j | x_j \in A, \ k_{ji} \ne 0\} \qquad (i = 1, 2, \cdots, n) \qquad (6-4)$$

（5）验证下列公式是否成立：

$$M_i = M_i \cap N_i \qquad (i = 1, 2, \cdots, n) \qquad (6-5)$$

若成立，说明相对应的因素 x_i 为底层因素，并在矩阵 K 中除去 i 行和 i 列。

（6）重复过程（3）和过程（4），直至所有因素被划去。

（7）按照因素被划去的顺序，建立因素的层次结构。

6.1.2　绿色 TFP 增长的协同提升路径设计

本书选取俱乐部空间权重下个体效应、俱乐部空间权重下溢出效应、网络空间权重下个体效应及网络空间权重下溢出效应四种协同提升路径探究绿色全要素生产率协同提升的影响因素关联与层次结构，图 6-2 展示了本书协同提升路径设计示意。如图 6-2 所示，俱乐部空间权重下个体效应选取"一带一路"沿线国家、中国省际及城市三级空间层次在空间杜宾模型（SDM）固定效应回归中直接影响显著的因素，具体包括国家—工业化、国家—外国直接投资、国家—对外直接投资、国家—贸易往来、国家—城镇化、国家—教育开支、国家—经济发展水平、省际—能源结构、省际—要素结构、省际—科技创新、省际—产业结构、城市—经济发展水平、城市—外商直接投资、城市—要素禀赋结构、城市—技术创新能力 15 个因素。俱乐部空间权重下溢出效应

151

选取了"一带一路"沿线国家、中国省际及城市三级空间层次在空间杜宾模型（SDM）固定效应回归中溢出效应显著的因素，具体包括国家—工业人员就业、国家—工业化、国家—科技创新、国家—贸易往来、国家—城镇化、国家—互联网发展水平、国家—教育开支、国家—经济发展水平、省际—工业化、省际—科技创新、省际—公共服务、城市—外商直接投资、城市—教育发展水平 13 个因素。网络空间权重下个体效应选取中国省际及城市两级空间层次在空间杜宾模型（SDM）固定效应回归中直接影响显著的因素，具体包括省际—能源结构、省际—要素结构、省际—科技创新、省际—产业结构、城市—要素禀赋结构、城市—产业结构高级化指数 6 个因素。网络空间权重下溢出效应选取了中国省际及城市两级空间层次在空间杜宾模型（SDM）固定效应回归中溢出效应显著的因素，具体包括省际—能源结构、省际—要素结构、省际—科技创新、省际—环境规制、城市—外商直接投资、城市—要素禀赋结构、城市—技术创新能力、城市—教育发展水平、城市—产业结构合理化指数 9 个因素。

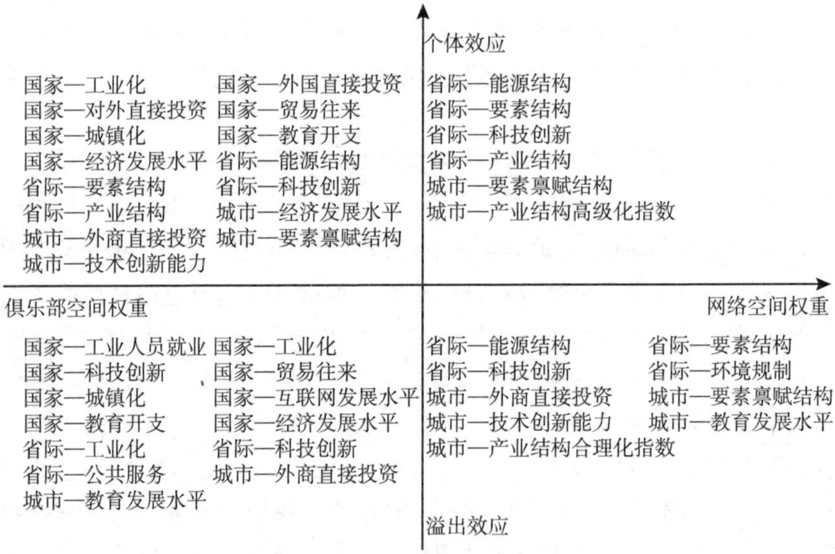

图 6-2　协同提升路径设计示意

6.1.3 DEMATEL – ISM 模型的数据收集与处理

本书针对绿色全要素生产率协同提升影响因素，运用专家打分法，构建各个因素之间的直接影响矩阵。专家评分法作为定性描述定量化方法，运用专家分散的知识、经验和判断能力汇集成群体的经验和知识，从而对事物作出主观评价的方法。该方法使用简便，直观性强，本书使用专家打分法获得直接影响矩阵的具体过程如下：

（1）选择专家，建立专家库。本书尽可能选取涵盖不同背景、不同专业的专家，所选专家特征描述如表 6 – 1 所示。

表 6 – 1　　　　　　　　　　被选专家特征描述

教授	副教授	45 岁以上	30 ~ 45 岁	来自重点高校	学科分布（个数）	拥有博士学历
80%	20%	70%	30%	100%	4	100%

资料来源：笔者整理。

（2）确定直接影响关系。将本书设计的协同提升路径中相关因素指标发放给各位专家，让他们自由选择因素之间的直接影响关系。最后，综合各位专家的选择结果，将半数以上专家认为具有直接影响关系的因素确定为直接影响矩阵中的关系因素。

（3）确定直接影响矩阵。将步骤（2）中结果反馈给各位专家，邀请各位专家针对各个因素之间的直接影响程度进行 1 ~ 5 分值的打分，分值越高表示直接影响程度越大。在第一次收到专家反馈后，对专家意见进行分析汇总，并将统计结果反馈给专家，专家根据反馈结果修正自己的意见。经过 3 轮征询和意见反馈，本书根据各位专家一致意见确定影响因素间的直接影响矩阵，如果专家意见不一致，根据各位专家打分的平均值确定直接影响矩阵。

通过上述过程，获得了四种协同提升路径下各个因素之间的直接影响矩阵，具体如表 6 – 2、表 6 – 3、表 6 – 4 及表 6 – 5 所示。在此基础上，使用 DEMATEL – ISM 方法识别绿色 TFP 增长的协同提升路径，具体结果详见下节。

表6-2　俱乐部空间权重下个体效应的直接影响矩阵

	国家—工业化	国家—外国直接投资	国家—对外直接投资	国家—贸易往来	国家—城镇化	国家—教育开支	国家—经济发展水平	省际—能源结构	省际—要素结构	省际—科技创新	省际—产业结构	城市—经济发展水平	城市—外商直接投资	城市—要素禀赋结构	城市—技术创新能力
国家—工业化	0	0	3	3	2	0	3	5	4	1	5	3	0	4	1
国家—外国直接投资	2	0	0	2	0	0	0	0	0	0	0	0	0	0	0
国家—对外直接投资	0	0	0	5	0	0	0	0	0	0	0	0	0	0	0
国家—贸易往来	0	4	4	0	0	0	0	0	0	0	4	0	3	4	0
国家—城镇化	0	0	0	0	0	3	0	3	0	0	2	0	0	0	0
国家—教育开支	0	0	0	0	3	0	2	0	4	3	3	0	0	4	3
国家—经济发展水平	0	0	0	0	0	0	0	3	0	0	0	2	2	0	0
省际—能源结构	0	0	0	0	0	0	0	0	0	0	0	0	0	0	0
省际—要素结构	4	0	0	0	0	0	0	0	0	0	3	0	0	5	0
省际—科技创新	5	4	3	0	0	3	5	0	4	0	0	4	2	4	4
省际—产业结构	5	0	0	5	5	0	5	5	4	0	0	2	0	4	0
城市—经济发展水平	0	2	3	0	3	3	5	3	0	0	0	0	2	0	0
城市—外商直接投资	3	4	0	3	2	0	3	2	0	0	2	2	0	0	0
城市—要素禀赋结构	4	0	0	0	0	0	0	0	5	0	3	3	0	4	0
城市—技术创新能力	5	4	3	0	0	3	5	0	4	5	0	4	3	4	0

资料来源：笔者整理。

154

表6-3　俱乐部空间权重下溢出效应的直接影响矩阵

	国家—工业人员就业	国家—工业化	国家—科技创新	国家—贸易往来	国家—城镇化	国家—互联网发展水平	国家—教育开支	国家—经济发展水平	省际—工业化	省际—科技创新	省际—公共服务	城市—外商直接投资	城市—教育发展水平
国家—工业人员就业	0	3	0	2	3	0	0	3	2	0	0	0	0
国家—工业化	2	0	0	3	2	0	0	3	3	1	0	0	0
国家—科技创新	0	4	0	0	0	3	0	3	2	3	0	0	2
国家—贸易往来	0	0	0	0	0	0	0	0	0	0	0	3	0
国家—城镇化	0	0	0	0	0	3	3	2	2	0	2	0	3
国家—互联网发展水平	0	2	3	2	0	0	0	0	0	0	0	0	0
国家—教育开支	0	0	0	0	3	0	0	2	0	3	0	0	4
国家—经济发展水平	0	0	0	0	0	0	0	0	0	0	0	0	0
省际—工业化	2	4	0	2	3	0	2	4	0	0	2	1	0
省际—科技创新	0	5	2	0	0	3	3	5	4	0	0	0	3
省际—公共服务	0	0	0	0	0	2	3	0	0	0	0	0	2
城市—外商直接投资	0	3	0	3	2	2	0	3	2	0	0	0	0
城市—教育发展水平	0	0	3	0	0	2	4	2	0	3	2	0	0

资料来源：笔者整理。

表 6-4　网络空间权重下个体效应的直接影响矩阵

	省际—能源结构	省际—要素结构	省际—科技创新	省际—产业结构	城市—要素禀赋结构	城市—教育发展水平	城市—产业结构高级化指数
省际—能源结构	0	0	0	0	0	0	0
省际—要素结构	0	0	0	3	5	0	0
省际—科技创新	0	4	0	0	4	3	3
省际—产业结构	5	4	0	0	4	0	4
城市—要素禀赋结构	0	5	0	3	0	0	3
城市—产业结构高级化指数	2	2	0	5	3	0	0

资料来源：笔者整理。

表 6-5　网络空间权重下溢出效应的直接影响矩阵

	省际—能源结构	省际—要素结构	省际—科技创新	省际—环境规制	城市—外商直接投资	城市—要素禀赋结构	城市—技术创新能力	城市—教育发展水平	城市—产业结构合理化指数
省际—能源结构	0	0	0	2	0	0	0	0	0
省际—要素结构	0	0	0	0	2	5	0	0	0
省际—科技创新	0	4	0	3	0	4	4	3	3
省际—环境规制	3	0	0	0	0	0	0	0	2
城市—外商直接投资	2	0	0	0	0	0	0	0	0
城市—要素禀赋结构	0	5	0	0	2	0	0	0	0
城市—技术创新能力	0	2	5	3	0	4	0	4	4
城市—教育发展水平	0	3	3	0	0	4	3	0	0
城市—产业结构合理化指数	4	2	0	0	0	2	0	0	0

资料来源：笔者整理。

6.2　绿色 TFP 增长的协同提升路径选择

本书从俱乐部空间权重下个体效应、俱乐部空间权重下溢出效应、网络空间权重下个体效应及网络空间权重下溢出效应四条路径探究绿色全要素生产率的协同提升，借助 DEMATEL - ISM 方法，识别各路径下影响因素的层次结构及关联关系，以探寻提升绿色全要素生产率增长的对策。

6.2.1　路径选择一：提升俱乐部关联中的个体效应

图 6 - 3 展示了俱乐部空间权重下个体效应提升因素间的关联和层次结构，为更加清晰展示各因素的层次结构及关联程度，本书绘制了因素间关联及层级结构矩阵，如表 6 - 6 所示。矩阵中 x_{ij} 为 1 时表示纵向因素 i 对横向因素 j 具有直接影响作用。可以看出，俱乐部空间权重下，对绿色 TFP 增长具有个体效应的 15 个因素之间具有较为复杂的关联关系，影响程度呈现出明显的层次结构。具体而言，上述因素分五个层次。国家—外国直接投资、国家—城镇化、国家—经济发展水平及省际的能源结构位于第一层次，属于最表层因素，优先级最低；国家—贸易往来、国家—对外直接投资及城市—经济发展水平位于第二层级；国家—工业化、省际—要素结构、省际—产业结构、城市—要素禀赋结构及城市—外商直接投资位于第三层次；国家—教育开支位于第四层次；城市—技术创新能力及省际—科技创新位于第五层次，为最深层因素，优先级最高。可以看出：①科技创新水平和教育发展水平对绿色 TFP 增长具有重要影响。不管是省际层面还是城市层面，两者均处于较深层次，通过直接作用和间接作用促进绿色 TFP 的提升。国家—教育开支作为较深层的因素，起到承上启下的作用，受深层次因素影响，继而对中间层及表层因素发挥作用。②国家—工业化、省际—要素结构、省际—产业结构、城市—要素禀赋结构及城市—外商直接投资位于中间层次，其中国家—工业化的发展与其他要素联系尤其密切，受到省际—科技创新及省际—要素结构 6 个因素的影响，对省级—能源结

构、省际—产业结构等 12 指标发挥作用进而对绿色 TFP 的提升发挥作用，具有重要的承上启下传递作用。工业化的发展拉动我国经济的发展，中国经济由粗放式发展模式向集约式发展转变，更加注重经济发展的质量和效益。③国家—贸易往来、国家—对外直接投资及城市—经济发展水平属于较表层因素，国家—外国直接投资、国家—经济发展水平、省际—能源结构及国家—城镇化属于最表层因素，上述因素多受到底层因素的影响，彼此之间联系较少。综上所述，在收敛俱乐部视角下研发创新、教育投入通过对要素结构、工业发展、产业结构等产生影响作用进而影响贸易、投资等开放程度及经济发展，从而实现绿色 TFP 的提升。在收敛俱乐部视角下为提升绿色 TFP，要重视研发创新、教育等较深次因素的作用，发挥国家工业化水平、要素禀赋及产业结构的"传递"作用，同时加强发挥外资优势，积极引进外资，借助国外资金及先进的技术水平、管理经验助推经济发展，实现绿色 TFP 增长。

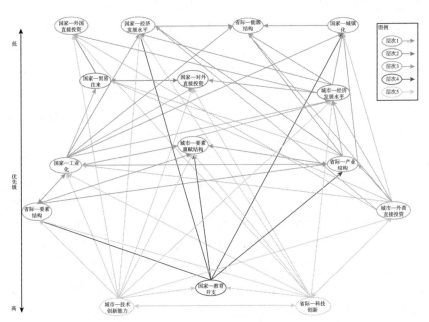

图 6 – 3 俱乐部空间权重下个体效应提升因素间的关联与层次结构

表 6－6　俱乐部空间权重下个体效应提升因素的关联与层次结构矩阵

层次	影响因素	层次一				层次二			层次三					层次四	层次五	
		国家—外国直接投资	国家—城镇化	国家—经济发展水平	省际—能源结构	国家—对外直接投资	国家—贸易往来	城市—经济发展水平	国家—工业化	省际—要素结构	省际—产业结构	城市—外商直接投资	城市—要素禀赋结构	国家—教育开支	省际—科技创新	城市—技术创新能力
层次一	国家—外国直接投资															
	国家—城镇化				1											
	国家—经济发展水平				1											
	省际—能源结构															
层次二	国家—对外直接投资	1														
	国家—贸易往来	1				1										
	城市—经济发展水平	1	1	1	1	1	1									
层次三	国家—工业化		1	1	1	1	1	1								
	省际—要素结构		1	1	1	1	1	1								
	省际—产业结构								1	1		1				
	城市—外商直接投资	1	1	1	1	1	1	1	1	1						
	城市—要素禀赋结构							1	1	1						
层次四	国家—教育开支	1	1	1	1	1	1	1	1	1	1	1	1			
层次五	省际—科技创新	1	1	1	1	1	1	1	1	1	1	1	1	1		
	城市—技术创新能力	1	1	1	1	1	1	1	1	1		1	1			1

资料来源：笔者整理。

159

6.2.2　路径选择二：提升俱乐部关联中的溢出效应

图 6-4 展示了俱乐部空间权重下溢出效应提升因素间的关联和层次结构，为更加清晰展示各因素的层次结构及关联程度，本书绘制了俱乐部空间权重下溢出效应提升因素间关联及层级结构矩阵，如表 6-7 所示。矩阵中 x_{ij} 为 1 时表示纵向因素 i 对横向因素 j 有直接影响作用。可以看出，俱乐部空间权重下，对绿色 TFP 增长具有溢出效应影响的 13 个因素之间具有较为复杂的关联关系，影响程度呈现出明显的层次结构。具体而言，上述因素分六个层次。国家—经济发展水平处于第一层次，属于最表层因素；其次，国家—工业化、国家—贸易往来、国家—城镇化及国家—互联网发展水平位于第二层次；国家—教育开支及城市—教育发展水平位于第三层次；省际—公共服务位于第四层次；国家—工业人员就业及省际—工业化位于第五层次；最后国家—科技创新、省际—科技创新及城市—外商直接投资位于第六层次，属于最深层因素，优先级最高。①研发创新作为绿色 TFP 提升的重要动力，其溢出效应对绿色 TFP 的提升具有重要影响。国家层面及省际层面的科技创新能力均属于促进绿色 TFP 提升的最深层因素，在直接作用和间接作用下对绿色 TFP 的提升起决定性的影响。城市—外商直接投资同属于绿色 TFP 增长最深层次原因，说明当前外商投资对绿色 TFP 的提升具有重要溢出作用，通过外资引入，带动工业发展及贸易往来，从而带动其他地区绿色 TFP 增长。但城市—外商直接投资和国家层面及省际层面科技创新之间却不存在空间溢出效应，说明外商直接投资的潜在价值有待挖掘，因地制宜的引入外资，将外商直接投资的使用从生产过程转为研究开发过程。②工业作为国民经济的主导产业，在绿色 TFP 增长中发挥重要作用。国家—工业人员就业及省际—工业化溢出影响处于各因素中较深层次，作为研发能力的体现及外商直接投资的受益者，展现了经济发展能力，又对贸易及教育水平等上层因素的影响作用较为明显，发挥着承上启下的传递作用。省际—工业化的发展能够带动国家—贸易额、国家—城镇化等 8 个因素的变动，省际—科技创新的带动效应仅次于省际—工业化，其能力的提升能够带动国家—互联网发展水平和国家—教育水平等 7 个因素的变动。"一荣俱荣，一损俱损"效应的存在使得工

160

业化的发展和科技创新能力的提升成为促进绿色 TFP 增长的核心要素。综合研发创新和工业化发展在绿色 TFP 增长影响因素的层次结构中的位置，可以看出实现绿色 TFP 增长必须坚持发挥工业化发展和科技创新提升的双重拉动作用。③国家—教育开支与城市—教育发展水平作为第三层次因素及省际—公共服务作为第四层因素，均位于绿色 TFP 提升层次结构中的中间层次。从附图 4 中可以看出，上述因素受工业发展等的影响，同时带动城镇化及信息化的发展，与其他因素联系相对较少，连接作用有待加强。④国家—贸易往来、城镇化、信息化等属于较表层因素，国家—经济发展水平属于最表层因素，上述因素受到深层次因素的直接或间接带动作用，尤其是国家—科技创新、省际—科技创新及城市—外商直接投资三个最深层次因素对其影响十分明显，此外国家—工业化、国家—贸易往来、国家—城镇化及国家—互联网发展水平之间联

161

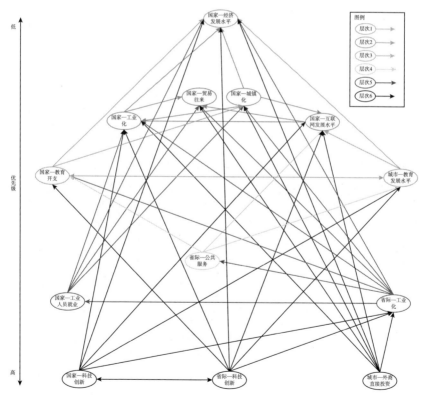

图 6 - 4　俱乐部空间权重下溢出效应提升因素间的关联与层次结构

162

表6-7　俱乐部空间权重下溢出效应提升因素的关联与层次结构矩阵

层次		层次一			层次二		层次三		层次四		层次五		层次六	
层次	影响因素	国家—经济发展水平	国家—工业化	国家—贸易往来	国家—城镇化	国家—互联网发展水平	城市—教育发展水平	国家—教育开支	省际—公共服务	省际—工业化	国家—工业人员就业	城市—外商直接投资	省际—科技创新	国家—科技创新
层次一	国家—经济发展水平													
	国家—工业化	1		1										
	国家—贸易往来													
层次二	国家—城镇化	1				1								
	国家—互联网发展水平		1	1										
层次三	城市—教育发展水平	1			1	1		1						
	国家—教育开支	1			1		1							
层次四	省际—公共服务						1							
层次五	省际—工业化	1	1	1	1	1	1	1			1			
	国家—工业人员就业	1	1	1	1	1			1	1				
层次六	城市—外商直接投资	1	1	1	1	1	1	1		2				
	省际—科技创新	1	1	1	1	1	1	1		1				1
	国家—科技创新	1	1	1	1	1	1	0		1			1	0

资料来源：笔者整理。

系密切，作为同一等级的因素，相互之间溢出效应明显。综上所述，在收敛俱乐部视角下，国家—研发创新、省际—研发创新及城市—外商直接投资通过对教育支出、工业发展、贸易往来、城镇化及信息化等的影响带动经济发展，上述因素在地区间的溢出效应推动了绿色 TFP 水平的提升。在收敛俱乐部视角下，重视地区间溢出效应的影响，发挥科技创新、外商投资的决定性影响角色作用，推动城镇化及信息化等进程，加强地区间贸易等开放交流，实现各地区绿色 TFP 共同提升。

6.2.3 路径选择三：提升网络关联中的个体效应

图 6-5 展示了网络空间权重下个体效应提升因素间的关联和层次结构，为更加清晰展示各因素的层次结构及关联程度，本书绘制了网络空间权重下个体效应提升因素间关联及层级结构矩阵，如表 6-8 所示。矩阵中 x_{ij} 为 1 时表示纵向因素 i 对横向因素 j 具有直接影响作用。可以看出，网络空间权重下，对绿色 TFP 增长具有个体效应提升的 6 个因素之间具有较为简单的关联关系，层次结构较少。具体而言，上述因素分三个层次。省际—能源结构位于第一层次，属于最表层因素，优先级最低；省级—要素结构、省际—产业结构、城市—要素禀赋结构及城市—产业结构高级化指数位于第二层次，属于中间层，优先级较强；省际—科技创新位于最底层，属于最深层因素，优先级最高。可以看出：①省际—科技创新作为最深层次影响因素，在绿色 TFP 提升中发挥决定性作用，直接影响省际—要素结构、城市—产业结构高级化及要素禀赋结构，间接影响省际—能源结构。②省际—要素结构、省际—产业结构、城市—要素禀赋结构及城市—产业结构高级化作为中间层次因素，发挥着连接作用的角色，同时该层次因素之间联系较为密切。③省际—能源结构作为最表层因素，直接影响各地区能源消耗，对绿色 TFP 增长产生直接影响。省际—能源结构受到省际—产业结构及城市—产业结构高级化指数的直接影响及省际—要素结构、省际—科技创新的间接影响。综上所述，在网络空间权重下，省际—科技创新推动省际—要素结构、城市—要素禀赋结构的提升进而影响省际—产业结构及城市—产业结构高级化，进而影响省际—能源结构，从而实现绿色 TFP 的提升。

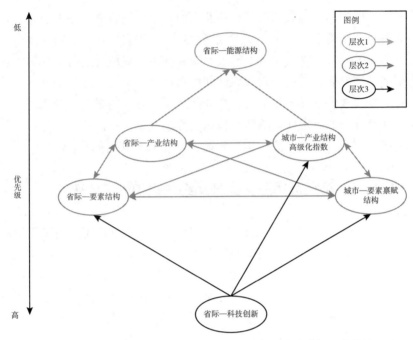

图6-5 网络空间权重下直接效应提升因素间的关联与层次结构

表6-8 网络空间权重下个体效应提升因素的关联与层次结构矩阵

层次		层次一	层次二				层次三
层次	影响因素	省级—能源结构	城市—要素禀赋结构	城市—产业结构高级化指数	省级—要素结构	省级—产业结构	省级—科技创新
层次一	省级—能源结构						
层次二	城市—要素禀赋结构			1	1	1	
层次二	城市—产业结构高级化指数	1	1		1	1	
层次二	省级—要素结构		1			1	
层次二	省级—产业结构	1	1	1	1		
层次三	省级—科技创新		1	1	1		

资料来源：笔者整理。

6.2.4　路径选择四：提升网络关联中的溢出效应

图 6-6 展示了网络空间权重下溢出效应提升因素间的关联和层次结构，为更加清晰展示各因素的层次结构及关联程度，本文绘制了网络空间权重下溢出效应提升因素间关联及层级结构矩阵，如表 6-9 所示。矩阵中 x_{ij} 为 1 时表示纵向因素 i 对横向因素 j 具有直接影响作用。可以看出，网络空间权重下，对绿色 TFP 增长具有溢出效应提升的 9 个因素之间具有较为复杂的关联关系，呈现出较为明显的层次结构。具体而言，上述因素分四个层次。省际—能源结构及城市—外商直接投资位于第一层次，属于最表层因素，优先级最低；省际—要素结构、城市—要素禀赋结构及省际—环境规制位于第二层次，属于中间层，优先级较强；城市—产业结构合理化位于第三层次；城市—技术创新能力、省际—科技创新及城市—教育发展水平位于最底层，属于最深层因素，优先级最高。可以看出：①省际—科技创新、城市—技术创新能力及城市—教育发展水平作为最深层次影响因素，在绿色 TFP 提升中发挥着决

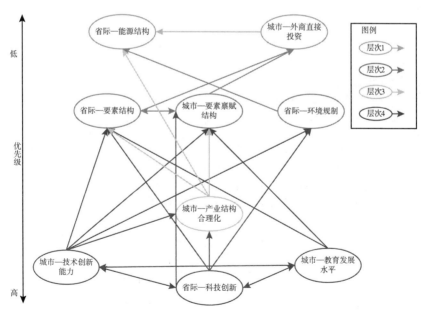

图 6-6　网络空间权重下间接效应提升因素间的关联与层次结构

表6-9　网络空间权重下溢出效应提升因素的关联与层次结构矩阵

层次	影响因素	层次一 城市—外商直接投资	层次一 省级—能源结构	层次二 城市—要素禀赋结构	层次二 省级—要素结构	层次二 省级—环境规制	层次三 城市—产业结构合理化指数	层次四 城市—技术创新能力	层次四 城市—教育发展水平	层次四 省级—科技创新
层次一	城市—外商直接投资		1							
层次一	省级—能源结构									
层次二	城市—要素禀赋结构	1			1					
层次二	省级—要素结构	1		1						
层次二	省级—环境规制		1	1	1					
层次三	城市—产业结构合理化指数			1	1	1				
层次四	城市—技术创新能力						1			1
层次四	城市—教育发展水平						1			1
层次四	省级—科技创新						1	1		

资料来源：笔者整理。

定性作用，其对中间层次因素具有直接影响，通过中间因素传递影响表层因素。可见科技创新能力的提升带动技术水平上升，教育水平的提高推动劳动力技术的提升，从而促进绿色 TFP 的提升。②省际—要素结构、城市—要素禀赋结构、省际—环境规制最为第二层因素，城市—产业结构合理化作为第三层因素，处于影响因素层次结构的中间位置，具有承上启下的连接作用，深层次因素未直接影响表层因素，均以中间因素为中介间接影响表层因素。③省际—能源结构及城市—外商直接投资作为最表层因素，受深层因素影响，尤其是中间层次因素，包括省际—要素结构、城市—要素禀赋结构等。综上所述，在网络联系视角下，省际—科技创新、城市—技术创新能力及城市—教育发展水平对要素结构、产业结构及环境规制的溢出效应带动地区的经济发展，通过网络关系推动各地区绿色 TFP 提升，实现整体绿色 TFP 增长。在网络联系视角下，重视地区间溢出效应的影响，发挥科技创新、教育发展的决定性作用，推动产业结构合理化发展，改善要素结构，吸引优质外商投资，优化能源结构，实现各地区绿色 TFP 共同提升。

167

6.3　绿色 TFP 增长的协同提升路径实施策略

分析不同影响因素在绿色 TFP 增长协同提升路径中所处层次结构发现，总体来看，研发创新及教育发展位于绿色 TFP 增长影响因素的最深层，在绿色 TFP 提升中具有决定性作用，是绿色 TFP 提升的根源。工业化发展及产业结构往往处于中间层次，受深层因素影响，同时对表层因素发挥作用，起到传递作用。市场化、城镇化、信息化及经济发展水平等往往处于较为表层的位置，此类指标与地区的投入及产出往往联系密切，从而对绿色 TFP 增长产生较为直接的影响。据此，本书提出绿色 TFP 增长的协同提升路径实施策略：

（1）聚焦深层次因素，加大研发创新投入，注重提高教育发展水平。深层次因素是促进绿色 TFP 增长的关键因素，尽管无法对绿色 TFP 增长产生直接影响，但会通过影响生产效率、技术水平等对绿色 TFP 增长产生决定性影响。各地区应增加研发投入，提升科技创新能力，从而推动技术水平提高；同时增加教育投入，推动教育发展，重视人才培养，从而提升劳动力的知识水平。作为绿色 TFP 提升的重要来源，地区技术水平及知识水平的提升将改善地区产业结构及工业产品的技术含量，同时将吸引其他地区优质人才流入，提高人力资本水平。较高的技术水平在环境改善方面也将发挥优势作用，技术进步有利于提高资源配置水平，降低污染等非期望产出，进而实现绿色 TFP 提升。

（2）发挥中间层因素桥梁作用，注重工业发展质量，优化产业结构。当前中国正处于经济转型关键时期，坚持转方式，调结构是提高绿色 TFP，实现高质量发展的有效路径。作为中间层次因素，工业化水平及产业结构在绿色 TFP 提升中发挥着重要的作用，同时在转方式、调结构中也扮演着重要角色。为此，中国更需从工业大国转变为工业强国，实施工业强国政策，提高制造业技术水平，转变劳动密集型工业发展方式，优化产业结构，注重工业发展质量，提高工业产品的技术含量，同时借助先进的生产技术及管理水平降低工业污染，从而促进绿色 TFP 提升。

（3）推动表层因素互联互通，加强对外开放，鼓励贸易往来及投资。贸易及投资作为较表层的因素，尽管在绿色 TFP 提升中未起到决定作用，但对地区投入、产出等具有直接影响。一方面，贸易往来频繁有助于加快现金流通，发挥了"钱生钱"的功效，有助于发挥消费、投资对经济的拉动作用，提高地区生产总值及政府财政收入。同时政府实施宽松的贸易政策有利于各地区吸引大量外商投资，引进国外先进的技术及管理经验，进而带动当地技术水平及知识水平的提升。另一方面，加大对外投资力度有利于转移本地传统工业产业，为本地区创新型企业的发展提供充足的空间。由此各个地区应鼓励贸易往来，对低能耗高创新的企业实施贸易优惠政策，同时鼓励外商投资，从而引入先进的生产技术、知识及经验，带动当地生产技术的提升。但同时也应注意，外商投资往往倾向于将高污染产业转移到环境标准较低的国家，因此应因地制宜，选取适合当地发展的投资，不可片面追求 GDP 增长忽视环境保护。发挥外商投资的"污染晕轮"效应，实现绿色 TFP 提升。

（4）实施城镇化与信息化建设，推进集约型发展，助力数字经济发展。作为"四化"① 的重要组成部分，城镇化和信息化对推动经济可

---

① 注：党的十九届五中全会提出 2035 年基本实现社会主义现代化的远景目标，并将"基本实现新型工业化、信息化、城镇化、农业现代化、建成现代化经济体系"作为目标之一。

持续发展意义非凡。虽然城镇化和信息化属于表层因素，并非提升绿色 TFP 的关键因素，但其作为各个地区经济发展阶段的重要表征，反映出当地的经济发展及技术水平。集约式的城镇化建设不但促进清洁技术研发和能源效率改善，为技术进步及技术效率改善提供基础条件，而且城镇化水平提高，也将带动城市基础设施建设，为地区的信息交流提供优质保障。此外，城镇化水平提高促使城市商业活动更为频繁，有利于激发市场活力，提高市场效率，有利于吸引人才，进而提高企业创新水平，促进绿色 TFP 提升。而信息化的发展加快了信息、技术等传播速度，有利于发挥创新的空间外溢效应，带动地区绿色 TFP 的提升。因此各个地区应该加快推进城镇化及信息化进程，尤其是在当前数字经济高速发展的背景下，提高技术水平，完善互联网发展，借助互联网的及时性、便捷性获取先进的技术，推动地区绿色 TFP 提升。

6.4 本章小结

本章采用 DEMATEL – ISM（decision making trial and evaluation laboratory-interpretive structural modeling）复杂系统层次模型，对影响绿色 TFP 增长的关键因素进行分析，揭示出绿色 TFP 增长的影响因素间关联关系与层次结构，从俱乐部空间权重下个体效应、俱乐部空间权重下溢出效应、网络权重下个体效应及网络权重下溢出效应四个方面对绿色 TFP 增长的协同提升路径加以选择，并进一步从深层影响因素、中间层影响因素以及表层影响因素三个维度提出绿色 TFP 增长的协同提升路径的实施策略。

第 7 章　结论与展望

7.1　主要研究结论

　　本书从空间协同发展视角出发，在生态优先、绿色发展要求下，揭示"一带一路"沿线国家、中国省际和城市三级空间层次下绿色 TFP 增长、俱乐部收敛、时空演变趋势及其空间溢出影响因素，进而探究多层次、跨区域协同提升路径。借鉴现有研究成果，提出三阶段 SP – DEA 动态分析模型，更加真实地测算出中国省际及城市绿色 TFP 增长。在此基础上综合运用社会网络分析、Dagum 基尼系数分解、非线性时变因子模型、空间马尔科夫链分析方法，从网络结构、差异来源、俱乐部收敛、分布动态等方面重新审视绿色 TFP 增长的空间分布特征，并应有空间计量模型及其微分方程分解方法，实证分析绿色 TFP 增长的影响因素及其空间溢出效应。最后借助决策与试验评价实验室分析法（DE-MATEL）和解释结构模型（ISM）对多层次、跨区域的绿色 TFP 增长的协同提升路径进行分析，在对"一带一路"沿线国家、中国省际和城市三个层次上识别出绿色 TFP 增长的跨区域影响因素的影响路径和影响层次，据此提出了中国绿色 TFP 增长的多层次、跨区域协同提升对策。本书研究的主要结论如下：

1. 真实绿色 TFP 增长的测算模型

　　传统三阶段 DEA 模型无法利用面板数据进行动态分析，同时无法有效考虑非期望产出的负外部性效应。为此，本书提出基于空间异质性的三阶段 SP – DEA 动态分析模型，将超效率 SBM – Malmquist 指数模型与传统三阶段 DEA 模型结合，利用数据包络分析（DEA）模型对非期望产出的合理处置，以及随机前沿分析（SFA）对测量误差的有效控制，弥补传统三阶段 DEA 模型无法考虑非期望产出，以及无法利用面板数据进行动态分析方面的局限性。同时，将空间异质性纳入分析模型，在第二阶段采用两步随机性共同边界法剔除空间异质性。科学全面地构建中国绿色 TFP 增长的测度方法。借助三阶段 SP – DEA 动态分析模型去除不同地区空间异质性、环境因素及随机因素影响，测算结果更加真实，丰富中国区域经济增长的评价研究。

2. 绿色 TFP 增长的测度结果

本书使用考虑非期望产出的超效率 SBM 模型及 Malmquist 指数测度"一带一路"沿线国家绿色 TFP 增长，采用三阶段 SP – DEA 动态模型测算中国省际、中国城市的真实绿色 TFP 增长，发现如下：

（1）从增长特征方面看。

①"一带一路"沿线国家层面上，阿塞拜疆、白俄罗斯、波兰等 32 个国家的绿色 TFP 处于增长趋势，其中印度、阿塞拜疆、印度尼西亚、拉脱维亚及立陶宛增势明显，阿尔巴尼亚、阿联酋、埃及等 25 个国家的绿色 TFP 处于下降趋势，其中尼泊尔、保加利亚、柬埔寨、缅甸和塔吉克斯坦下降趋势明显。整体来看，半数以上"一带一路"沿线国家的绿色 TFP 呈现正向增长，11 个国家的年均增长率超过 3%，增速明显，但与此同时，15 个国家的绿色 TFP 呈现年均超过 3% 的负增长。增长最快的国家增速是增长最慢国家增速的 1.25 倍，差距明显存在。

②中国省际层面上，北京、天津、黑龙江等 17 个省份的真实绿色 TFP 呈现增长趋势，其中海南、四川、山东、江苏及上海增势明显，河北、内蒙古、吉林等 13 个省份的真实绿色 TFP 呈现下降趋势，其中新疆、内蒙古、宁夏、吉林及云南下降趋势明显。整体来说，中国省际真实绿色 TFP 呈现出较好的发展态势，上海、江苏、山东等 7 个省份的年均增长率超过 2%，仅新疆 1 省份的年均下降超过 2%。

③中国城市层面上，真实绿色 TFP 呈增长趋势的城市有 150 个，其中增长最快的 5 个城市分别为淮南市、宣城市、合肥市、蚌埠市和铜陵市，真实绿色全要素生产率呈下降趋势的城市有 120 个，其中下降最快的 5 个城市分别为北京市、唐山市、天津市、石家庄市及邯郸市。城市

171

绿色 TFP 增长总体态势较好，真实绿色全要素生产率呈增长趋势的城市数量超过半数，且 10 个城市年均增长超高 5%，但不同城市间仍面临较大差异。

（2）从增长来源方面看。

① "一带一路" 沿线国家层面上，阿塞拜疆、爱沙尼亚、白俄罗斯等 31 个国家的技术效率变化呈现增长趋势，阿尔巴尼亚、埃及、阿联酋等 26 个国家的技术效率变化呈现下降趋势。埃及、阿联酋、阿塞拜疆等 38 个国家的技术进步呈现上升趋势，阿尔巴尼亚、爱沙尼亚、巴林等 19 个国家的技术进步呈现下降趋势。绿色 TFP 处于上升趋势的国家中，印度、阿塞拜疆、拉脱维亚、立陶宛、伊拉克、罗马尼亚、哈萨克斯坦、斯洛伐克、新加坡、波兰、匈牙利、乌克兰、捷克、中国、斯洛文尼亚、菲律宾、克罗地亚、乌兹别克斯坦、土耳其、巴基斯坦及以色列 21 个国家源自效率提高及技术进步的双重作用，印度尼西亚、马来西亚、泰国、俄罗斯、伊朗、希腊及沙特阿拉伯 7 国的绿色 TFP 的提高源自技术进步，其技术效率变化均呈现负增长。摩尔多瓦、白俄罗斯、塞浦路斯及爱沙尼亚 4 国的绿色 TFP 增长源自效率提高，其技术进步均呈现负增长。绿色 TFP 处于下降趋势的国家中，技术效率变化及技术进步的双重下降使约旦、巴林、马其顿、文莱、也门、波黑、阿尔巴尼亚、保加利亚和柬埔寨 9 个国家的绿色 TFP 下降，黎巴嫩、斯里兰卡、孟加拉国、埃及、阿联酋、越南、科威特、阿曼、缅甸及尼泊尔 10 个国家的绿色 TFP 下降源自效率下降，其技术进步均呈现正增长。蒙古国、土库曼斯坦、格鲁吉亚、吉尔吉斯斯坦、亚美尼亚、塔吉克斯坦 6 国的绿色 TFP 下降主要由技术退步导致，上述国家的技术效率变化均呈现正增长。总体来看，"一带一路" 沿线国家的整体绿色 TFP 呈现波动下降趋势，2002 年之前，绿色 TFP 增长趋势与技术进步变化趋势较为相似，2002 年之后，绿色 TFP 增长趋势与技术效率变化趋势更为相似。受效率提升的影响，2003～2006 年，"一带一路" 沿线国家的绿色 TFP 呈现大幅增长趋势，2006～2009 年，技术退步以及效率下降的双重作用使 "一带一路" 沿线国家的绿色 TFP 呈现明显下降趋势。

②中国省际层面上，北京、上海、江苏、广东和海南 5 个省份的技术效率变化呈现增长趋势，其中仅海南增长趋势明显，天津、河北、山西等 25 个省份的技术效率变化呈现下降趋势，其中新疆、宁夏、云南、

青海及甘肃下降趋势较为明显。北京、天津等 29 个省份的技术进步呈现上升趋势，仅海南一省技术进步呈现下降趋势。除海南绿色 TFP 增长来自效率提升外，其余 29 个省份的技术进步均呈现出不同程度的正增长。天津、河北、山西、内蒙古等 25 个省份陷入效率下降局面。同时，北京、上海、江苏、广东 4 省份真实绿色 TFP 增长源自效率提升与技术进步双重作用，综上所述，中国省际真实绿色 TFP 增长主要源自技术进步。总体来看，中国整体真实绿色 TFP 增长呈现出上升趋势，年均增长 1.083%，"十五"规划期间，真实绿色 TFP 增长年均下降 0.281%，"十一五"规划期间实现逆转，年均增长 0.571%，"十二五"规划期间年均增长率进一步提高至 2.989%，较"十一五"规划年均增长率提高了五倍多。从分解指标看，考察期内整体真实绿色 TFP 增长主要来源于技术进步，而技术效率变化则抑制了真实绿色 TFP 的增长。

③中国城市层面上，真实绿色 TFP 处于增长趋势的 150 个城市中，淮南市、宣城市、合肥市等 17 个城市的增长来源于效率提高及技术进步双重作用，张家界及福州市两个城市的真实绿色 TFP 增长来源于效率提升，上述两个城市的技术进步呈现下降趋势，马鞍山市、阜阳市、衡阳市等 131 个城市的真实绿色 TFP 增长来源于技术进步，其技术效率变化呈现下降趋势。真实绿色 TFP 处于下降趋势的 120 个城市中，技术效率变化及技术进步的双重下降使北京市、唐山市、天津市等 52 个城市的真实绿色 TFP 下降，青岛市、杭州市等 64 个城市的真实绿色 TFP 下降源自效率下降，其技术进步均呈现正增长。鄂尔多斯市、上海市、葫芦岛市及衢州市 4 个城市的真实绿色 TFP 下降主要由技术退步导致，上述城市的技术效率变化均呈现正增长。技术进步是中国城市绿色 TFP 提升的重要力量，效率退步成为城市绿色 TFP 提升的掣肘因素。

（3）从结构方面看。

①整体网络结构视角发现，"一带一路"沿线国家、中国省际及城市三级空间层次上，节点间的绿色 TFP 增长溢出程度较高，整体网络联动性较强，均不存在孤立的国家、省份或城市。溢出网络不存在等级结构，节点间对称可达程度较高，各个节点间的绿色 TFP 增长存在互利性，网络效率较高，溢出关系存在多重叠加现象，溢出关系网络稳定。

②个体网络结构视角发现，首先"一带一路"沿线国家层面上，作为"一带一路"倡议的发起国，中国的度数中心度和接近中心度分

别排名第六位和第五位，中间中心度在"一带一路"沿线国家中排名第一位，说明在"一带一路"倡议实施过程中，中国发挥着"纽带"作用，成为"一带一路"沿线国家的"沟通"中心。其次中国省际层面上，度数中心度排名前六位的省份在接近中心度中的排名也位于前六位，但中间中心度排名前几位的省份与之差别较大，说明度数中心度排名前列的云南、山东、青海、重庆、吉林等省份处于中国省际真实绿色TFP增长溢出网络的中心位置，但并未起到各省份之间的"桥梁"作用。上述省份应增加与其他省份之间关系互通，发挥自身"中心"位置优势作用，加强各省份之间溢出效应。最后城市层面上，度数中心度排名前十位的城市与接近中心度排名前十位的城市相同，上述城市中除廊坊、张家口、衢州及邯郸市外的其他城市中间中心度均排在前十位。这表明位于中国城市真实绿色TFP增长溢出网络"中心"的城市并非单纯处于绝对中心位置，同时担任着"经纪人"的角色。

（4）绿色TFP增长的空间差距、收敛性及时空演变。

①空间差距方面，采用迭戈姆（1997）的基尼系数分解方法，对不同空间分布下的绿色TFP增长的空间差异进行分解，探究绿色TFP增长的空间差异来源。

第一，"一带一路"沿线国家层面上，"一带一路"沿线国家绿色全要素生产率增长的区域差距显著存在，且呈现不断加大之势，2014年"一带一路"沿线国家绿色全要素生产率的总体基尼系数达到0.4263。从差距来源分析，超变密度是"一带一路"沿线国家绿色TFP增长差距的主要来源。

第二，中国省际层面上，中国省际真实绿色全要素生产率增长差距呈现出上升趋势，但基尼系数较小，最大值仅为0.1003，这表明，剔除空间异质性、环境因素及随机因素后中国真实绿色TFP增长之间差距较小。从差距来源分析，区域间差距是中国省际真实绿色全要素生产率增长差距的主要来源。

第三，中国城市层面上，中国城市真实绿色TFP增长差距较小，基尼系数最大值仅为0.1271，考察期间有10年基尼系数均低于0.10，这表明，剔除空间异质性、环境因素及随机因素后中国城市真实绿色TFP增长差距较小。从差距来源分析，区域间差距是中国城市真实绿色TFP增长差距的主要来源。

②收敛趋势方面，本书采用非线性时变因子模型，破除现有方法必须预先人为设定收敛区域和无法跨区域进行收敛检验的局限，对不同层面进行收敛分析，并进一步基于数据驱动识别出潜在收敛俱乐部成员。

第一，"一带一路"沿线国家层面上，就绿色 TFP 增长考察发现，"一带一路"沿线国家中存在 3 个潜在的收敛俱乐部，其中超过一半的"一带一路"沿线国家收敛到俱乐部 I 中，收敛俱乐部 I 中主要由分布在中东欧、东南亚地区，是新亚欧大陆桥经济走廊和中国—中南半岛经济走廊连接的主要国家。收敛俱乐部 II 主要由西亚、北非地区国家构成，是中国—中亚—西亚经济走廊连接的主要国家。柬埔寨、尼泊尔和塔吉克斯坦收敛到一个俱乐部中，拉脱维亚和印度两国未收敛到任何一个俱乐部。上述三个俱乐部收敛于高、中、低三个水平，同时上述收敛俱乐部具有典型的"经济走廊"地理分布特征。就技术效率变化考察发现，"一带一路"沿线国家中存在 1 个收敛俱乐部和 1 个非收敛小组，其中收敛俱乐部中国家数量达到 53 个，表明"一带一路"沿线国家的技术效率变化差距较小，收敛趋势更为明显。就技术变化考察发现，"一带一路"沿线国家中存在 3 个收敛俱乐部和 1 个非收敛小组，其中超过 87% 的国家收敛到俱乐部 II 中。

第二，中国省际层面上，就真实绿色 TFP 增长考察发现，30 个省份真实绿色 TFP 增长不存在整体收敛，进一步筛选发现，30 个省份中存在 3 个潜在的收敛俱乐部和 1 个非收敛小组。其中收敛俱乐部 I 中省份多分布于长江经济带，收敛俱乐部 II 中省份多分布于泛珠江经济带，收敛俱乐部 III 中省份多分布于西北地区，黄河经济协作区各省份则分散于上述三个收敛俱乐部，"链接"起上述三个收敛俱乐部，吉林和海南未能纳入上述三个收敛俱乐部。以上结果表明，省际真实绿色 TFP 增长呈现出"区块链"发展趋势，多个地理位置相邻或相近的省份跨区域组成收敛俱乐部。就技术效率变化考察发现，中国 30 个省份存在 7 个收敛俱乐部和 1 个非收敛小组，各个收敛俱乐部成员数量普遍较少（均小于等于 6 个），考察期内技术效率变化"块状"分散的发展趋势较为明显。真实绿色 TFP 增长排名前列的北京、上海、江苏、浙江、山东、广东 6 省份的技术效率变化收敛到俱乐部 I 中，表明上述省份技术效率变化长期差距呈现出逐渐缩小趋势。就技术变化考察发现，中国 30 个省份存在 7 个收敛俱乐部和 1 个非收敛小组，各个收敛俱乐部成员数量均未超过 5 个，真实绿色 TFP 增长排名前列的广东、上海等省份，与排名靠后的新疆、宁夏等省份均未纳入收敛俱乐部，这突显出考察期内省际技术进步的发散和极化趋势更加严重。

第三，中国城市层面上，就真实绿色 TFP 增长考察发现，270 个城市中存在 6 个收敛俱乐部和 1 个非收敛小组。从收敛俱乐部成员地理分布上可以看出，收敛俱乐部成员跨越了东中西的地理分布，城市真实绿色 TFP 实现了跨区域收敛。高达 172 个城市真实绿色 TFP 增长位于收敛俱乐部 V，表明城市真实绿色 TFP 增长差距从长期看呈现缩小态势。就技术效率变化考察发现，中国 270 个城市中存在 6 个收敛俱乐部和 1 个非收敛小组，技术效率变化的收敛俱乐部与城市真实绿色 TFP 增长收敛俱乐部数量相等，且不同俱乐部成员数量较为接近，表明考察期内技术效率变化与真实绿色 TFP 增长收敛趋势具有相似性。就技术变化考察发现，中国 270 个城市中存在 6 个收敛俱乐部和 1 个非收敛小组。与城市真实绿色 TFP 增长收敛俱乐部和技术效率变化收敛俱乐部成员均存在跨区域现象不同的是，仅有 2 个技术进步收敛俱乐部存在成员技术进步跨区域收敛现象。此外，收敛俱乐部 I、II、III、VI 所含城市数量较少，表明考察期内技术进步"块状"分散的发展趋势较为明显。

③时空演变方面，应用空间马尔科夫链分析，对空间俱乐部和空间溢出网络分布下，中国绿色 TFP 增长在转移概率、稳态分布以及演变时间三个方面呈现出的长期演变规律进行模拟，比较不同空间分布对中国绿色 TFP 增长变化的影响，以及预测中国绿色 TFP 增长的未来演变趋势。

第一，"一带一路"沿线国家层面上，就空间转移矩阵看，邻国绿色 TFP 增长水平低，易导致沿线国家向低水平转移，但随着本国自身水平的提升，转为高水平国家的概率更大。高水平国家受邻国影响较小，邻国绿色 TFP 增长水平越低，越利于高水平国家保持高水平状态。无论邻国绿色 TFP 增长水平低或者高，低水平国家转移为低水平国家的概率均高于其转移为中水平或高水平的概率，表明绿色 TFP 增长处于低水平的国家转移概率相对比较稳定。就长期稳态分布看，"一带一路"沿线国家呈现明显空间依赖特征，邻国绿色 TFP 增长处于低（中）水平的国家中将有 42.01%（38.65%）的国家绿色 TFP 增长仍处于低（中）水平，呈现同水平国家集聚的现象。邻国处于高水平的国家中将有

36.62%的国家处于低水平，34.76%的国家处于中等水平，仅 28.62%的国家处于高水平国家，表明处于高水平的国家长期保持高水平较为困难。就平均转移时间看，邻居为高水平国家时，更容易转移进入低水平国家，同一俱乐部中高水平国家并未起到榜样作用，相反，以高水平为邻的国家更容易在较短时间内转移进入中低水平。

第二，中国省际层面上，就空间转移矩阵看，邻省真实绿色 TFP 增长水平越高，越利于低水平及中等水平省份向高水平转移，以低水平省份为邻的省份较难转移为更高水平。邻接权重及网络权重下，呈现"中低水平省份沦陷"的现象。当邻省真实绿色 TFP 增长属于低水平时，网络权重降低了本省真实绿色 TFP 增长也处于低水平的概率，同时也加重了"中等水平省份沦陷"。就长期稳态分布看，以低水平省份为邻的省份较难转移为更高水平，以高水平省份为邻的省份更易转移为高水平省份，网络权重有利于促进邻省为低水平省份的省份向高水平转移。就平均转移时间看，邻省真实绿色 TFP 增长水平越高，转移为高水平省份的时间越短，网络权重易于缩短与低水平省份为邻的省份转移为高水平省份的时间。

第三，中国城市层面上，就空间转移矩阵看，存在较高水平和高水平城市"转型升级"难度较大的现象，较高水平和高水平城市向极高水平转移概率普遍低于极低、低、较低水平向极高水平转移的概率，由极低水平、低水平、较低水平向极高水平转移的概率均较高。当邻居处于极低、低、较低水平时，水平高于相邻城市向上发展的概率大于该城市随波逐流向邻居水平转移的概率。高水平城市倾向于采用保守方式提升真实绿色 TFP，网络权重降低了城市聚集为相同水平的概率。就长期稳态分布看，三种权重下，城市向更高水平转移与相邻城市真实绿色 TFP 增长所处水平关联度较小，城市向其他水平转移的概率相差较小。三种权重下，当与较高水平城市为邻时，城市向高水平转移的概率最小，邻接权重和俱乐部权重下，有利于促进与极高水平为邻的城市保持其极高水平，网络权重下有利于促进与极低水平为邻的城市向极高水平转移。就平均转移时间看，三种权重下，与不同真实绿色 TFP 增长水平城市为邻，城市真实绿色 TFP 增长的平均转移时间近似，表明空间权重对城市真实绿色 TFP 增长的平均转移时间影响不明显。相较之下，网络权重能缩小与极低水平为邻的城市向极高水平转移的时间。

（5）绿色 TFP 增长的空间溢出效应。

本书采用空间计量方法，构建空间杜宾模型（spatial durbin model，SDM），在地理邻接、俱乐部收敛以及空间溢出网络三类空间关联模式下，对影响绿色 TFP 增长的影响因素进行实证研究，同时为进一步揭示绿色 TFP 增长的影响因素的空间溢出效应，本书采用 LeSage and Pace（2009）提出的空间回归模型偏微分方法，将上述溢出效应分解为直接效应和间接效应，从而为探究中国绿色 TFP 的提升路径提供实证支持。主要包括绿色 TFP 增长的空间自相关性检验和三种空间权重下影响因素及其溢出效应计量分析。

①空间自相关检验方面，本书在前文测算"一带一路"沿线国家、中国省际和城市绿色 TFP 增长的基础上，测算了"一带一路"沿线国家、中国省际和城市绿色 TFP 增长的 Moran's I 指数以检验其空间自相关性。研究发现：

第一，"一带一路"沿线国家层面上，邻接空间权重及网络空间权重下，"一带一路"沿线国家绿色 TFP 的 Moran's I 指数均未通过 10% 的显著性水平检验。这说明，邻接空间权重及网络空间权重下，"一带一路"沿线国家绿色 TFP 增长不具有空间自相关性。俱乐部空间权重下，除 1997 年外，其他年份"一带一路"沿线国家的绿色 TFP 增长的 Moran's I 指数均通过了 10% 的显著性水平检验，且均为正值。说明俱乐部空间权重下"一带一路"沿线国家绿色全要素生产率增长具有空间正相关性。

第二，中国省际层面上，邻接空间权重及俱乐部空间权重下，2009 年以前中国省际真实绿色全要素生产率增长的空间相关性通过显著性检验，2009 年以后存在显著的空间自相关性。网络空间权重下，中国省际真实绿色全要素生产率增长存在显著的正向空间自相关性。

第三，中国城市层面上，邻接空间权重下，城市真实绿色 TFP 增长的 Moran's I 指数均为正值并且通过了 1% 的显著性水平检验，表明在邻接空间权重下，真实绿色 TFP 呈显著的正向空间自相关性。在俱乐部空间权重下，除 2008 年、2009 年和 2011 年外，城市真实绿色 TFP 增长的 Moran's I 指数均为正值且通过 5% 的显著性水平检验。在网络空间权重下，2006 年、2010 年 Moran's I 指数未通过显著性水平检验外，其余年份均通过了 10% 的显著性水平检验。

②绿色 TFP 增长的影响因素及空间溢出效应计量分析方面,为了揭示中国绿色 TFP 增长的影响因素,本书采用最新的空间计量建模和估计技术,构建了多样化的空间面板数据计量模型,以邻接空间权重、俱乐部空间权重和网络空间权重表征空间关联模式。同时考虑了绿色 TFP 增长的空间相关和影响因素的空间溢出效应,采用空间回归模型偏微分方法,对绿色 TFP 增长的影响因素及其空间溢出效应进行了实证研究。研究发现:

第一,"一带一路"沿线国家层面上,俱乐部空间权重下,劳动就业对绿色 TFP 增长具有负向溢出效应,但未通过显著性水平检验。研发创新能力对绿色 TFP 增长的总效应显著为正值,贸易往来及城镇化水平对绿色 TFP 增长存在显著的负向溢出效应,信息化水平对绿色 TFP 增长的总效应显著为正。工业化程度、投资水平、教育投入对绿色 TFP 增长的总效应为负值但不显著。绿色 TFP 增长与经济发展水平之间存在正相关关系。

第二,中国省际层面上,俱乐部空间权重下,经济发展水平、能源结构、环境规制、信息化及公共服务对真实绿色 TFP 增长的总效应为负值,但未通过显著性水平检验;工业化水平及产业结构对真实绿色 TFP 增长的总效应为正值,但未通过显著性水平检验;要素结构及研发创新能力对真实绿色 TFP 增长的总效应显著为正值。网络空间权重下,经济发展水平、研究创新能力、信息化及公共服务对真实绿色 TFP 增长的总效应为负值,但未通过显著性水平检验;工业化水平、产业结构对真实绿色 TFP 增长的总效应为正值,但未通过显著性水平检验;能源结构、环境规制对真实绿色 TFP 增长的总效应显著为负值;要素结构对真实绿色 TFP 增长的总效应显著为正值。

第三,中国城市层面上,邻接空间权重下,产业结构高级化指数对真实绿色 TFP 增长的总效应显著为负;经济发展水平、市场化程度、对外开放程度、政府规模、科技进步水平对真实绿色 TFP 增长的总效应为正值,但未通过显著性水平检验;要素禀赋结构、教育发展水平、产业结构合理化指数对真实绿色 TFP 的总效应为负值,但未通过显著性水平检验。俱乐部空间权重下,对外开放程度、要素禀赋结构对真实绿色 TFP 增长的总效应显著为正;教育发展水平对真实绿色 TFP 增长的总效应显著为负;经济发展水平、产业结构合理化及产业结构高级化对真实绿色 TFP 增长的总效应为正值，但未通过显著性水平检验；市场化水平、政府规模及科技进步水平对真实绿色 TFP 增长的总效应为负值，但未通过显著性水平检验。网络空间权重下，对外开放程度、教育发展水平、产业结构合理化指数对真实绿色 TFP 增长的总效应显著为负值；科技进步水平对真实绿色 TFP 增长的总效应显著为正值；经济发展水平、要素禀赋结构及政府规模对真实绿色 TFP 增长的总效应为负值，但未通过显著性水平检验；市场化程度及产业结构高级化指数对真实绿色 TFP 增长的总效应为正值，但未通过显著性水平检验。

（6）绿色 TFP 增长协同提升路径。

本书通过构建 DEMATEL–ISM（decision making trial and evaluation laboratory-interpretive structural modeling）复杂系统层次模型，对影响绿色 TFP 增长的关键因素进行关联关系与层级结构分析，理顺多层级间影响因素的作用关系，探寻多层次、跨区域绿色 TFP 增长的协同提升路径，明确影响因素在多空间层级上的协同提升机制，制定科学高效的 TFP 提升路径。本书选取俱乐部空间权重下个体效应、俱乐部空间权重下溢出效应、网络空间权重下个体效应及网络空间权重下溢出效应四个角度探究绿色 TFP 增长影响因素的关联关系及层级结构。

第一，俱乐部关联中的个体效应：国家的外国直接投资、国家的城镇化、国家的经济发展水平及省级的能源结构位于第一层次，属于最表层因素，优先级最低；国家的贸易往来、国家的对外直接投资及城市的经济发展水平位于第二层次；国家的工业化、省级的要素结构、省级的产业结构、城市的要素禀赋结构及城市的外商直接投资位于第三层次；国家的教育开支位于第四层次；城市的技术创新能力及省级的科技创新位于第五层次，为最深层因素，优先级最高。

第二，俱乐部关联中的溢出效应：国家经济发展水平处于第一层次，属于最表层因素；国家工业化、国家贸易往来、国家城镇化及国家互联网发展水平位于第二层次；国家教育开支及城市教育发展水平位于第三层次；省级公共服务位于第四层次；国家工业人员就业及省级工业化位于第五层次；最后国家科技创新、省级科技创新及城市外商直接投资位于第六层次，属于最深层因素，优先级最高。

第三，网络关联中的个体效应：省际能源结构位于第一层次，属于最表层因素，优先级最低；省级要素结构、省际产业结构、城市要素禀赋结构及城市产业结构高级化指数位于第二层次，属于中间层，优先级较强；省级科技创新位于最底层，属于最深层因素，优先级最高。

第四，网络关联中的溢出效应：省际能源结构及城市外商直接投资位于第一层次，属于最表层因素，优先级最低；省级要素结构、城市要素禀赋结构及省级环境规制位于第二层次，属于中间层，优先级较强；城市产业结构合理化位于第三层次；城市技术创新能力、省级科技创新及城市教育发展水平位于最底层，属于最深层因素，优先级最高。

7.2 研究启示与对策建议

促进区域经济协调发展是中国一项长期战略方针。区域间的相互联系和空间依赖性不断增强，空间溢出效应已经成为区域协调发展不可忽视的重要因素。同时，随着资源消耗、环境污染与经济发展之间的矛盾日益突出，传统以"高投入、高消耗、高排放"为特征的粗放型增长方式已难以为继。为此，在生态优先、绿色发展背景下，研究中国绿色TFP增长的空间溢出及协同提升问题，对于经济新常态下全面实现区域经济的协调健康发展和中国"两个一百年"奋斗目标具有重要的理论与现实意义。立足于中国区域经济发展的新格局，通过促进经济要素在更大范围、更高层次、更广空间顺畅流动与合理配置，构建协调联动的多层次、跨区域发展新机制，实现中国经济在高质量发展道路上行稳致远，需要从以下几个方面入手，促进区域协同提升绿色TFP增长。

1. 加快转变经济发展模式，实现绿色发展

我国高速增长的经济及迅速扩张的经济总量创造了世界奇迹。然而，粗放型的发展方式带来了资源短缺、环境污染等问题，资源、环境及经济增长之间矛盾日益凸显。为此，改变单纯以 GDP 作为经济增长考核指标，将经济发展的目标从规模数量的扩张转变为经济质量的提升，使经济转向绿色发展和低碳发展已成为我国经济实现全面可持续发展的当务之急。提高真实绿色 TFP 增长将有利于实现经济转型，推进绿色发展。真实绿色 TFP 增长主要来源于技术进步，发挥技术进步对绿色TFP 增长的推动作用。今后我国应继续充分发挥技术进步对绿色 TFP 增长的正向溢出，加强自主创新、加大技术引进，尤其是要注重节能减排技术的创新、引进及推广进行合理地经济结构调整，着重发展高新技术产业，并积极发挥产业的带动作用，通过产业价值链延伸、产业集聚、技术溢出等方式，提高中国绿色 TFP 增长，实现区域协调发展。另外，加强对技术进步的利用和消化吸收，促进区域技术效率的提升，也有利于绿色 TFP 增长。

2. 缩小区域发展差距，实现协调发展

"一带一路"沿线国家之间经济发展差距较大，依据世界银行 2017 年的人均 GDP 购买力平价数据测算，人均 GDP 最高的国家约是最低国家的 36 倍。如果沿线国家间经济发展差距仍将长期存在和过分拉大，势必对"一带一路"实施构成威胁。中国共产党第十九次全国代表大会也指出："中国社会主要矛盾已经转化为人民日益增长的美好生活需要和不平衡不充分的发展之间的矛盾"，这表明区域发展不平衡已经成为中国社会面临的重要问题。国家间、省际及城市间的发展差距主要源自区域间差距。因此，在关注经济发展的同时，仍要重视缩小区域间差距。"一带一路"沿线各国不仅需要实现本国经济的快速发展，也应积极探寻缩小沿线国家间经济发展差距的突破口，提升本国工业化水平和质量，加大基础设施建设投入，尤其是信息化设施的建设，同时巩固和加强与沿线国家之间的商贸往来，注重提升本国货物和服务出口，才能有效地缩小与沿线国家间的经济差距，实现经济长期高质量增长。就中国当前发展来看，东、中、西三大区域差距明显，要继续实施推进西部大开发、全面振兴东北地区、促进中部地区崛起、支持东部地区转型升级的全面区域协调战略，同时应该更加注重区域可持续发展，避免出现严重的资源枯竭和环境恶化。

3. 推进区域发展战略，实现协同发展

习近平总书记在党的十九大报告中指出，"实施区域协调发展战略"，"建立更加有效的区域协调发展新机制"，是破除不平衡发展的重要途径。"一带一路"倡议中，"六大经济走廊"框架的提出，扩大了沿线国家资源禀赋的空间溢出效应，为沿线国家经济互利共赢搭建了实施平台。"一带一路"沿线各国应借力"六大经济走廊"框架的建设，

积极加入"一带一路"倡议，秉持和平合作、开放包容、互学互鉴、互利共赢的理念，全方位推进务实合作，增强贸易来往及经济合作，打造政治互信、经济融合、文化包容的利益共同体、命运共同体和责任共同体，实现"一带一路"沿线各国共同发展。同时，中国省际真实绿色 TFP 的增长也呈现出以长江沿岸省份和珠江流域省份为核心的俱乐部式发展趋势，积极实施长江经济带、珠江—西江经济带等区域发展战略，充分发挥比较优势，加快推动各区域转变发展方式、优化经济结构和转换增长动力，同时促进生产要素自由流动，有助于加强俱乐部内各省份在人才、资金、技术、管理和理念等方面的流动和协作，将提高资源空间配置效率。进而实现更高质量、更有效率、更加公平、更可持续的发展，实现重点省份经济质量持续提升的同时，带动俱乐部内其他省份快速的转向高质量经济发展方式，"以点带面"实现中国绿色 TFP 的协同、持续增长。

4. 跨层次协调联动，实现协同提升

本书运用 ISM 对显著影响绿色 TFP 提升的因素进行分析发现，研发创新及教育发展位于绿色 TFP 提升的影响因素中的最深层，在绿色 TFP 提升中具有决定性作用，是绿色 TFP 提升的根源。工业化发展及产业结构往往处于中间层次，受深层因素影响，同时对表层因素发挥作用，起到传递作用。市场化、城镇化、信息化、能源结构及经济发展水平等往往处于较为表层的位置，此类指标与地区的投入及产出往往联系密切，从而对绿色 TFP 增长产生较为直接的影响。因此，首先要立足深层次因素，重视研发创新投入及教育发展水平，加大创新政策支持力度，增加研发投入及教育投入，提升自主研发创新能力及整体知识水平，进而提升绿色 TFP。其次，发挥中间因素传递作用，加快调整产业结构，特别是工业内部结构加快对产业结构进行优化调整与升级，发挥产业结构调整对我国绿色 TFP 增长的促进作用。具体而言，对于钢铁、建材等高耗能的污染密集型产业，政府应予以限制，通过提高污染排放标准等环境规制手段严格控制高耗能产业过快增长以及低水平重复建设，逐步淘汰落后产能。另外，鼓励并优先发展低耗能、低污染的技术密集型行业和清洁产业。通过加强对高新技术产业发展的引导，协调相关管理部门、科技部门和其他管理部门的资源，形成分工明确、运转顺

畅、高效有力的高新技术产业管理体制，积极引导高新技术产业的发展。最后，发挥表层因素的直接影响作用，加强对外开放，鼓励贸易往来及投资，推进城镇化及信息化发展进程，从而快速实现产出提高，带动中国绿色 TFP 增长的提升。

7.3　未来研究展望

受科研水平和能力的限制，本书仍存在诸多不足之处。针对本书从"一带一路"沿线国家、中国省际及城市三个层次，实证分析了绿色 TFP 增长的溢出效应及提升路径，对理论机制方面分析不足。后续研究可着重关注以下几个方面：

1. 研究方法方面

本书提出的三阶段 SP – DEA 动态分析模型，剔除环境因素、随机因素及空间异质性的影响，同时克服了传统三阶段 DEA 模型无法处理非期望产出及跨期比较的局限，测算结果更加准确，已属先进。未来可以采用 Global – DEA – Malmquist 生产率指数进行测度，以样本考察期内的所有时期构建最佳生产前沿面。样本数据选择上，受数据可得性的限制，国家层面、省际层面和城市层面选取的指标存在不一致，未来研究若从国家、省际、城市进行研究，可选取相同的时间跨度，选择同样的代理变量。另外，非期望产出可进一步考虑加入 PM2.5 等空气污染指标。研究内容上较少考虑多维异质性的影响，未来研究可对多维异质性特征下国家、省际、城市绿色 TFP 增长的影响因素及其协同提升路径展开研究。

2. 研究内容方面

后续研究可包括：第一，解释空间异质性对 TFP 的提升作用。经济、产业、政策等异质性对绿色 TFP 增长具有多重叠加影响，不同的异质性特征下，绿色 TFP 增长的关键因素将不可避免地受到影响。因此，在异质性视角下识别影响绿色 TFP 增长的影响因素，以期更加精准地揭示出区域绿色 TFP 增长的协同提升路径。第二，微观层面绿色全要素生产率提升的考察。本书从"一带一路"沿线国家、中国省际、城市三个层次对绿色全要素生产率的空间溢出及协同提升路径进行研究，未涉及企业微观层面的分析。作为经济活动的重要参与者，企业绿色全要素生产率的提升对经济转型升级，实现高质量发展具有重要的贡献。未来研究中应融合宏观和微观两个层面进行研究，以期更加全面地揭示绿色全要素生产率的协同提升路径。

参 考 文 献

[1] 白俊红、王林东：《政府科技资助与中国工业企业全要素生产率——基于空间计量模型的研究》，载于《中国经济问题》2016年第3期。

[2] 边文龙、王向楠：《面板数据随机前沿分析的研究综述》，载于《统计研究》2016年第6期。

[3] 蔡昉、都阳：《中国地区经济增长的趋同与差异——对西部开发战略的启示》，载于《经济研究》2000年第10期。

[4] 曹伟、言方荣、鲍曙明：《人民币汇率变动、邻国效应与双边贸易——基于中国与"一带一路"沿线国家空间面板模型的实证研究》，载于《金融研究》2016年第9期。

[5] 陈超凡：《中国工业绿色全要素生产率及其影响因素——基于ML生产率指数及动态面板模型的实证研究》，载于《统计研究》2016年第3期。

[6] 陈菁泉、刘伟、杜重华：《环境规制下全要素生产率逆转拐点的空间效应——基于省际工业面板数据的验证》，载于《经济理论与经济管理》2016年第5期。

[7] 陈明华、张晓萌、仲崇阳、刘玉鑫：《长江经济带全要素生产率增长的地区差异及影响因素》，载于《经济社会体制比较》2018年第2期。

[8] 陈明华、仲崇阳、张晓萌、刘玉鑫：《城市群绿色TFP增长的空间协同性测度及经济政策选择》，载于《宏观经济问题》2018年第2期。

[9] 陈诗一：《能源消耗、二氧化碳排放与中国工业的可持续发展》，载于《经济研究》2009年第4期。

[10] 陈诗一：《中国的绿色工业革命：基于环境全要素生产率视

角的解释（1980—2008）》，载于《经济研究》2010 年第 11 期。

[11] 成刚：《数据包络分析方法与 MaxDEA 软件》，知识产权出版社 2014 年版。

[12] 程中华、张立柱：《产业集聚与城市全要素生产率》，载于《中国科技论坛》2015 年第 3 期。

[13] 崔百胜、杨晓勤：《交通基础设施对区域经济增长的空间溢出效应》，载于《城市问题》2017 年第 7 期。

[14] 戴彬、金刚、韩明芳：《中国沿海地区海洋科技全要素生产率时空格局演变及影响因素》，载于《地理研究》2015 年第 2 期。

[15] 戴平生：《我国省域工业全要素生产率变动及其影响因素的实证研究》，载于《中国经济问题》2009 年第 3 期。

[16] 邓波、张学军、郭军华：《基于三阶段 DEA 模型的区域生态效率研究》，载于《中国软科学》2011 年第 1 期。

[17] 范建平、肖慧、樊晓宏：《考虑非期望产出的改进 EBM - DEA 三阶段模型——基于中国省际物流业效率的实证分析》，载于《中国管理科学》2017 年第 8 期。

[18] 范剑勇：《产业集聚与地区间劳动生产率差异》，载于《经济研究》2006 年第 11 期。

[19] 冯锋、薛琴：《基于 DEMATEC 的企业危机管理影响因素研究》，载于《科技和产业》2010 年第 10 期。

[20] 冯杰、张世秋：《基于 DEA 方法的我国省际绿色全要素生产率评估——不同模型选择的差异性探析》，载于《北京大学学报（自然科学版）》2017 年第 1 期。

[21] 傅强、李四维：《基于经济增长理论的经济收敛性理论研究述评》，载于《经济问题探索》2016 年第 11 期。

[22] 高明：《基于 DDF 函数和 Meta - frontier 模型的中国省际能源效率研究》，载于《统计与决策》2016 年第 1 期。

[23] 郭庆旺、贾俊雪：《中国全要素生产率的估算：1979—2004》，载于《经济研究》2005 年第 6 期。

[24] 郭四代、仝梦、郭杰、韩玥：《基于三阶段 DEA 模型的省际真实环境效率测度与影响因素分析》，载于《中国人口·资源与环境》2018 年第 3 期。

[25] 国涓、刘丰、王维国：《中国区域环境绩效动态差异及影响因素——考虑可变规模报酬和技术异质性的研究》，载于《资源科学》2013年第12期。

[26] 韩增林、杨文毅、郭建科：《供给侧视角下中国生产性服务业集聚对城市全要素生产率的影响》，载于《首都经济贸易大学学报》2018年第2期。

[27] 何雄浪、郑长德、杨霞：《空间相关性与我国区域经济增长动态收敛的理论与实证分析——基于1953—2010年面板数据的经验证据》，载于《财经研究》2013年第7期。

[28] 胡晓珍、杨龙：《中国区域绿色全要素生产率增长差异及收敛分析》，载于《财经研究》2011年第4期。

[29] 胡煜、李红昌：《交通枢纽等级的测度及其空间溢出效应——基于中国城市面板数据的空间计量分析》，载于《中国工业经济》2015年第5期。

[30] 黄秀路、韩先锋、葛鹏飞：《"一带一路"国家绿色全要素生产率的时空演变及影响机制》，载于《经济管理》2017年第9期。

[31] 江飞涛、武鹏、李晓萍：《中国工业经济增长动力机制转换》，载于《中国工业经济》2014年第5期。

[32] 江佩：我国工业环境全要素生产率变化及影响因素分析. 湖南大学，2012。

[33] 焦翠红、陈钰芬：《R&D资源配置、空间关联与区域全要素生产率提升》，载于《科学学研究》2018年第1期。

[34] 金刚、于斌斌、沈坤荣：《中国研发全要素生产率的溢出效应》，载于《科研管理》2016年第1期。

[35] 蓝虹、穆争社：《我国农村信用社改革绩效评价——基于三阶段DEA模型Malmquist指数分析法》，载于《金融研究》2016年第6期。

[36] 李敬、陈旎、万广华、陈澍：《"一带一路"沿线国家货物贸易的竞争互补关系及动态变化——基于网络分析方法》，载于《管理世界》2017年第4期。

[37] 李敬、陈澍、万广华、付陈梅：《中国区域经济增长的空间关联及其解释——基于网络分析方法》，载于《经济研究》2014年第11期。

［38］李胜文、李大胜：《中国工业全要素生产率的波动：1986～2005——基于细分行业的三投入随机前沿生产函数分析》，载于《数量经济技术经济研究》2008年第5期。

［39］李涛、陈碧琴、何雪峰：《技术存量效应、真实效率追赶与中国低碳TFP核算——基于RAM与序列Malmquist – Luenberger指数》，载于《管理工程学报》2013年第3期。

［40］李小平、朱钟棣：《国际贸易、R&D溢出和生产率增长》，载于《经济研究》2006年第2期。

［41］李小平、朱钟棣：《中国工业行业的全要素生产率测算——基于分行业面板数据的研究》，载于《管理世界》2005年第4期。

［42］李小胜、张焕明：《中国碳排放效率与全要素生产率研究》，载于《数量经济技术经济研究》2016年第8期。

［43］李晓阳、赵宏磊、林恬竹：《中国工业的绿色创新效率》，载于《首都经济贸易大学学报》2018年第3期。

［44］李新忠、汪同三：《空间计量经济学的理论与实践》，社会科学文献出版社2015年版。

［45］梁钰锟、马振东：《基于DEMATEL法的基础工程施工风险分析》，载于《工程管理学报》2010年第2期。

［46］刘华军、李超、彭莹：《中国绿色全要素生产率的地区差距及区域协同提升研究》，载于《中国人口科学》2018年第4期。

［47］刘华军、刘传明、杨骞：《环境污染的空间溢出及其来源——基于网络分析视角的实证研究》，载于《经济学家》2015年第10期。

［48］刘华军、彭莹、裴延峰、贾文星：《全要素生产率是否已经成为中国地区经济差距的决定力量?》，载于《财经研究》2018年第6期。

［49］刘华军、杨骞：《资源环境约束下中国TFP增长的空间差异和影响因素》，载于《管理科学》2014年第5期。

［50］刘华军、张耀、孙亚男：《中国区域发展的空间网络结构及其影响因素——基于2000～2013年省际地区发展与民生指数》，载于《经济评论》2015年第5期。

［51］刘华军：《资源环境约束下全要素生产率增长的空间差异及区域协调对策研究》，经济科学出版社2016年版。

［52］刘建国：《区域经济效率与全要素生产率的影响因素及其机

制研究》，载于《经济地理》2014 年第 7 期。

[53] 刘建国、张文忠：《中国区域全要素生产率的空间溢出关联效应研究》，载于《地理科学》2014 年第 5 期。

[54] 刘瑞翔、安同良：《中国经济增长的动力来源与转换展望——基于最终需求角度的分析》，载于《经济研究》2011 年第 7 期。

[55] 刘晓洁、刘洪：《中国省际绿色全要素生产率研究及收敛性分析》，载于《武汉理工大学学报（信息与管理工程版）》2018 年第 3 期。

[56] 刘自敏、张昕竹、杨丹：《我国省级政府卫生投入效率的时空演变——基于面板三阶段 DEA 模型的分析》，载于《中央财经大学学报》2014 年第 6 期。

[57] 刘钻扩、辛丽：《"一带一路"建设对沿线中国重点省域绿色全要素生产率的影响》，载于《中国人口·资源与环境》2018 年第 12 期。

[58] 卢飞、刘明辉、孙元元：《集聚、全要素生产率与产业增长》，载于《科学学研究》2018 年第 9 期。

[59] 鹿坪：《产业集聚能提高地区全要素生产率吗？——基于空间计量的实证分析》，载于《上海经济研究》2017 年第 7 期。

[60] 吕冰洋、余丹林：《中国梯度发展模式下经济效率的增进——基于空间视角的分析》，载于《中国社会科学》2009 年第 6 期。

[61] 马越越：《低碳视角下中国区域物流产业全要素生产率的空间溢出效应研究》，载于《宏观经济研究》2016 年第 12 期。

[62] 梅国平、甘敬义、朱清贞：《资源环境约束下我国全要素生产率研究》，载于《当代财经》2014 年第 7 期。

[63] 潘文卿：《中国的区域关联与经济增长的空间溢出效应》，载于《经济研究》2012 年第 1 期。

[64] 庞瑞芝、李鹏、路永刚：《转型期间我国新型工业化增长绩效及其影响因素研究——基于"新型工业化"生产力视角》，载于《中国工业经济》2011 年第 4 期。

[65] 彭国华：《中国地区收入差距、全要素生产率及其收敛分析》，载于《经济研究》2005 年第 9 期。

[66] 邵朝对、苏丹妮：《全球价值链生产率效应的空间溢出》，载于《中国工业经济》2017 年第 4 期。

[67] 沈可挺、龚健健：《环境污染、技术进步与中国高耗能产业——

基于环境全要素生产率的实证分析》，载于《中国工业经济》2011年第12期。

[68] 沈坤荣、马俊：《中国经济增长的"俱乐部收敛"特征及其成因研究》，载于《经济研究》2002年第1期。

[69] 石风光：《中国省区TFP测算及影响因素分析》，载于《技术经济与管理研究》2012年第5期。

[70] 舒辉、周熙登、林晓伟：《物流产业集聚与全要素生产率增长——基于省域数据的空间计量分析》，载于《中央财经大学学报》2014年第3期。

[71] 宋跃刚、吴耀国：《制度环境、OFDI与企业全要素生产率进步的空间视角分析》，载于《世界经济研究》2016年第11期。

[72] 孙传旺、刘希颖、林静：《碳强度约束下中国全要素生产率测算与收敛性研究》，载于《金融研究》2010年第6期。

[73] 孙亚男、杨名彦、崔蓉、肖彩霞：《"一带一路"沿线国家全要素生产率的俱乐部收敛及其动态演进：兼论"六大经济走廊"框架在缩小国家间经济差距中的作用》，载于《世界经济研究》2018年第8期。

[74] 孙早、刘李华：《中国工业全要素生产率与结构演变：1990～2013年》，载于《数量经济技术经济研究》2016年第10期。

[75] 覃成林、刘迎霞、李超：《空间外溢与区域经济增长趋同——基于长江三角洲的案例分析》，载于《中国社会科学》2012年第5期。

[76] 覃成林、张伟丽：《区域经济增长俱乐部趋同研究评述》，载于《经济学动态》2008年第3期。

[77] 谭光荣、史卜云、金培振：《地方政府竞争、生产性支出与企业全要素生产率——基于空间溢出效应视角的经验证据》，载于《产业经济研究》2016年第4期。

[78] 田银华、贺胜兵、胡石其：《环境约束下地区全要素生产率增长的再估算：1998～2008》，载于《中国工业经济》2011年第1期。

[79] 汪锋、解晋：《中国分省绿色全要素生产率增长率研究》，载于《中国人口科学》2015年第2期。

[80] 王兵、黄人杰：《中国区域绿色发展效率与绿色全要素生产率：2000～2010——基于参数共同边界的实证研究》，载于《产经评论》2014年第1期。

[81] 王兵、刘光天：《节能减排与中国绿色经济增长——基于全

要素生产率的视角》，载于《中国工业经济》2015 年第 5 期。

[82] 王兵、罗佑军：《中国区域工业生产效率、环境治理效率与综合效率实证研究——基于 RAM 网络 DEA 模型的分析》，载于《世界经济文汇》2015 年第 1 期。

[83] 王兵、王丽：《环境约束下中国区域工业技术效率与生产率及其影响因素实证研究》，载于《南方经济》2010 年第 11 期。

[84] 王兵、吴延瑞、颜鹏飞：《中国区域环境效率与环境全要素生产率增长》，载于《经济研究》2010 年第 5 期。

[85] 王兵、杨华、朱宁：《中国各省份农业效率和全要素生产率增长——基于 SBM 方向性距离函数的实证分析》，载于《南方经济》2011 年第 10 期。

[86] 王兵：《中国区域工业生产效率、环境治理效率与综合效率实证研究——基于 RAM 网络 DEA 模型的分析》，载于《世界经济文汇》2015 年第 1 期。

[87] 王建康、谷国锋、姚丽：《城市化进程、空间溢出效应与城乡收入差距——基于 2002~2012 年省级面板数据》，载于《财经研究》2015 年第 5 期。

[88] 王鹏、吴雪萍：《"一带一路"国家经济增长收敛性效应实证分析——基于空间依赖性视角》，载于《经贸实践》2016 年第 3 期。

[89] 王谦、李超：《基于三阶段 DEA 模型的我国财政支农支出效率评价》，载于《财政研究》2016 年第 8 期。

[90] 王裕瑾、于伟：《我国省际绿色全要素生产率收敛的空间计量研究》，载于《南京社会科学》2016 年第 11 期。

[91] 王钺、刘秉镰：《创新要素的流动为何如此重要？——基于全要素生产率的视角》，载于《中国软科学》2017 年第 8 期。

[92] 王志刚、龚六堂、陈玉宇：《地区间生产效率与全要素生产率增长率分解（1978—2003）》，载于《中国社会科学》2006 年第 2 期。

[93] 王志刚：《跨国收入差异及全要素生产率增长的影响因素分析》，载于《财政研究》2016 年第 3 期。

[94] 王周伟、伏开宝、汪传江、胡德红：《中国省域金融顺周期效应异质性的影响因素研究——基于技术进步与产业调整的空间经济分析视角》，载于《中国软科学》2014 年第 11 期。

［95］魏楚、沈满洪：《能源效率及其影响因素：基于 DEA 的实证分析》，载于《管理世界》2007 年第 8 期。

［96］魏楚、沈满洪：《能源效率与能源生产率基于方法的省际数据比较》，载于《数量经济技术经济研究》2007 年第 9 期。

［97］魏后凯、高春亮：《中国区域协调发展态势与政策调整思路》，载于《河南社会科学》2012 年第 1 期。

［98］魏后凯、邬晓霞：《我国区域政策的科学基础与基本导向》，载于《经济学动态》2010 年第 2 期。

［99］魏后凯、张燕、谢先树：《中国区域发展战略转型与税收政策调整》，载于《税务研究》2011 年第 7 期。

［100］吴军、笪凤媛、张建华：《环境管制与中国区域生产率增长》，载于《统计研究》2010 年第 1 期。

［101］吴军：《环境约束下中国地区工业全要素生产率增长及收敛分析》，载于《数量经济技术经济研究》2009 年第 11 期。

［102］吴延瑞：《生产率对中国经济增长的贡献：新的估计》，载于《经济学（季刊）》2008 年第 3 期。

［103］吴玉鸣：《工业研发、产学合作与创新绩效的空间面板计量分析》，载于《科研管理》2015 年第 4 期。

［104］徐敏、姜勇：《中国产业结构升级能缩小城乡消费差距吗?》，载于《数量经济技术经济研究》2015 年第 3 期。

［105］许家云、周绍杰、胡鞍钢：《制度距离、相邻效应与双边贸易——基于"一带一路"国家空间面板模型的实证分析》，载于《财经研究》2017 年第 1 期。

［106］阎志军、陈晨：《省际 OFDI、出口贸易对全要素生产率的影响——基于空间杜宾模型的实证分析》，载于《工业技术经济》2016 年第 11 期。

［107］杨骞、秦文晋：《中国产业结构优化升级的空间非均衡及收敛性研究》，载于《数量经济技术经济研究》2018 年第 11 期。

［108］杨文举、龙睿赟：《中国地区工业绿色全要素生产率增长——基于方向性距离函数的经验分析》，载于《上海经济研究》2012 年第 7 期。

［109］杨子荣、代军勋、葛伟、陶铸：《新常态下中国经济增长动

力切换研究——基于区域差异视角分析》，载于《当代经济科学》2015年第 6 期。

[110] 叶祥松、彭良燕：《我国环境规制下的规制效率与全要素生产率研究：1999～2008》，载于《财贸经济》2011 年第 2 期。

[111] 易明、李纲、彭甲超、陈文磊：《长江经济带绿色全要素生产率的时空分异特征研究》，载于《管理世界》2018 年第 11 期。

[112] 尹希果、陈刚：《外商直接投资、国际贸易与中国生产率增长研究——基于非参数 Malmquist 指数的经验分析》，载于《国际贸易问题》2008 年第 6 期。

[113] 余泳泽、张莹莹、杨晓章：《创新价值链视角的创新投入结构与全要素生产率分析》，载于《产经评论》2017 年第 3 期。

[114] 余泳泽：《中国省际全要素生产率动态空间收敛性研究》，载于《世界经济》2015 年第 10 期。

[115] 俞培果、蒋葵：《经济收敛理论与检验方法研究综述》，载于《管理学报》2006 年第 4 期。

[116] 袁天天、石奇、刘玉飞：《环境约束下的中国制造业全要素生产率及其影响因素研究——基于经济转型期的经验研究》，载于《武汉理工大学学报（社会科学版）》2012 年第 6 期。

[117] 袁晓玲、张宝山：《中国商业银行全要素生产率的影响因素研究——基于 DEA 模型的 Malmquist 指数分析》，载于《数量经济技术经济研究》2009 年第 4 期。

[118] 岳立、李文波：《环境约束下的中国典型城市土地利用效率——基于 DDF – Global Malmquist – Luenberger 指数方法的分析》，载于《资源科学》2017 年第 4 期。

[119] 曾淑婉：《财政支出对全要素生产率的空间溢出效应研究——基于中国省际数据的静态与动态空间计量分析》，载于《财经理论与实践》2013 年第 1 期。

[120] 张公嵬、梁琦：《中国内外资企业 TFP 增长及其影响因素的对比研究——基于 35 个工业行业面板数据的实证分析》，载于《中大管理研究》2010 年第 2 期。

[121] 张海洋、金则杨：《中国工业 TFP 的新产品动能变化研究》，载于《经济研究》2017 年第 9 期。

［122］张健华、王鹏:《中国全要素生产率:基于分省份资本折旧率的再估计》,载于《管理世界》2012 年第 10 期。

［123］张军、施少华:《中国经济全要素生产率变动:1952—1998》,载于《世界经济文汇》2003 年第 2 期。

［124］张可云、易毅、张文彬:《区域差距与中国环境全要素生产率》,载于《发展研究》2013 年第 3 期。

［125］张先锋、丁亚娟、王红:《中国区域全要素生产率的影响因素分析——基于地理溢出效应的视角》,载于《经济地理》2010 年第 12 期。

［126］赵鑫、胡映雪、孙欣:《长江经济带生态效率及收敛性分析》,载于《产业经济评论》2017 年第 6 期。

［127］郑丽琳、朱启贵:《纳入能源环境因素的中国全要素生产率再估算》,载于《统计研究》2013 年第 7 期。

［128］周德群、章玲:《集成 DEMATEL/ISM 的复杂系统层次划分研究》,载于《管理科学学报》2008 年第 2 期。

［129］周梦玲、张宁:《中国省际能源效率的再测算——基于共同边界随机前沿法》,载于《环境经济研究》2017 年第 3 期。

［130］朱承亮:《中国地区经济差距的演变轨迹与来源分解》,载于《数量经济技术经济研究》2014 年第 6 期。

［131］朱钧钧、谢识予、许祥云:《基于空间 Probit 面板模型的债务危机预警方法》,载于《数量经济技术经济研究》2012 年第 10 期。

［132］朱智洺、张伟:《碳排放规制下中国主要工业行业全要素生产率研究——基于方向性距离函数与 GML 指数模型》,载于《资源科学》2015 年第 12 期。

［133］祝福云、闫鑫:《空间溢出效应与产业全要素生产率增长——基于轻工业影响因素的空间计量分析》,载于《南京审计大学学报》2018 年第 4 期。

［134］Andersen P, Petersen, Niels Christian, A Procedure for Ranking Efficient Units in Data Envelopment Analysis. *Management Science*. Vol. 39, No. 10, 1993, pp. 1261 – 1264.

［135］Anselin, Luc, Model Validation in Spatial Econometrics: A Review and Evaluation of Alternative Approaches. *International Regional Sci-*

ence Review, No. 11, 1988, pp. 279 – 316.

[136] Banker R D, Charnes A, Cooper W W, Some Models for Estimating Technical and Scale Inefficiencies in Data Envelopment Analysis. *Management Science*, Vol. 30, No. 9, 1984, pp. 1078 – 1092.

[137] Barnett G, Golson G J, Encyclopedia of Social Networks. *Encyclopedia of Social Networks*, 2011, pp. 212 – 214

[138] Barro and R J, Sala – I – Martin X, Convergence. *Journal of Political Economy*, Vol. 100, No. 2, 1992, pp. 223 – 251.

[139] Baumol W J, Productivity Growth, Convergence, and Welfare: What the Long – Run Data Show. *The American Economic Review*, Vol. 76, No. 5, 1986, pp. 1072 – 1085.

[140] Baumont C, Ertur C, Gallo J L. Spatial Convergence Clubs and the European Regional Growth Process, 1980 – 1995. European Regional Growth. Springer Berlin Heidelberg, 2003, pp. 131 – 158.

[141] Bernard A B, Durlauf S N, Interpreting Tests of the Convergence Hypothesis. *Journal of Econometrics*, Vol. 71, No. 1 – 2, 1996, pp. 161 – 173.

[142] Caves D W, Christensen L R, Diewert D E, The Economic Theory of Index Numbers and the Measurement of Input, Output, and Productivity. *Econometrica*, Vol. 50, No. 6, 1982, pp. 1393 – 1414.

[143] Charnes A, Cooper W W, Rhodes E, Measuring the Efficiency of Decision Making Units. *European Journal of Operational Research*, Vol. 2, No. 6, 1978, pp. 429 – 444.

[144] Chow G C, Accounting for Economic Growth in Taiwan and Mainland China: A Comparative Analysis. J*ournal of Comparative Economics*, Vol. 30, No. 3, 2002, pp. 507 – 530.

[145] Chow G C, Capital Formation and Economic Growth in China. *The Quarterly Journal of Economics*, Vol. 108, No. 3, 1993, pp. 809 – 842.

[146] Chung Y H, Färe R, Grosskopf S, Productivity and Undesirable Outputs: A Directional Distance Function Approach. *Microeconomics*, Vol. 51, No. 3, 1997, pp. 229 – 240.

[147] Cooper W W, Park K S, Pastor J T, RAM: A Range Adjusted Measure of Inefficiency for Use with Additive Models, and Relations to Other Models and Measures in DEA. *Journal of Productivity Analysis*, Vol. 11, No. 1, 1999, pp. 5 – 42.

[148] Dagum C, A New Approach to the Decomposition of the Gini Income Inequality Ratio. *Empirical Economics*, Vol. 22, No. 4, 1997, pp. 515 – 531.

[149] Emrouznejad A, Yang G L, A Survey and Analysis of the First 40 Years of Scholarly Literature In DEA: 1978 – 2016. *Socio – Economic Planning Sciences*, Vol. 61, 2018, pp. 4 – 8.

[150] Färe, Rolf, Grosskopf S, Malmquist Productivity Indexes and Fisher Ideal Indexes. *The Economic Journal*, Vol. 102, 1992, pp. 158 – 160.

[151] Fontela E, Gabus A. World Problems an Invitation to Further Thought within the Framework of DEMATEL. Battelle Geneva Research Centre, Geneva, 1972.

[152] Fried H O, Lovell C, Schmidt S S, et al, Accounting for Environmental Effects and Statistical Noise in Data Envelopment Analysis. *Journal of Productivity Analysis*, Vol. 17, No. 1 – 2, 2002, pp. 157 – 174.

[153] Gregory M N, David R, Weil D N, A Contribution to the Empirics of Economic Growth. *Quarterly Journal of Economics*, Vol. 107, No. 2, 1992, pp. 407 – 437.

[154] Kakamu K, Fukushige M, Multilevel Decomposition Methods for Income Inequality Measures, *The Japanese Economic Review*, Vol. 60, No. 3, 2009, pp. 333 – 344.

[155] Kutan A M, Yigit T M, Real and Nominal Stochastic Convergence: Are the New EU Members Ready to Join The Euro Zone? . *Journal of Comparative Economics*, Vol. 33, No. 2, 2005, pp. 387 – 400.

[156] Li H, Shi J F. Energy Efficiency Analysis on Chinese Industrial Sectors: An Improved Super – SBM Model with Undesirable Outputs. *Journal of Cleaner Production*, Vol. 65, 2014, pp. 97 – 107.

［157］López - Bazo E, Vayá E, Mora A J, et al. Regional Economic Dynamics and Convergence in the European Union. *Annals of Regional Science*, Vol. 33, No. 3, 1999, pp. 343 - 370.

［158］Meng F, Su B, Thomson E, et al. Measuring China's Regional Energy and Carbon Emission Efficiency with DEA Models: A Survey. *Applied Energy*, Vol. 183, 2016, pp. 1 - 21.

［159］Ming K L, Tseng M L, Tan K H, et al. Knowledge Management in Sustainable Supply Chain Management: Improving Performance Through an Interpretive Structural Modelling Approach. *Journal of Cleaner Production*, Vol. 162, 2017, pp. 806 - 816.

［160］Nanere M, Fraser I, Quazi A, et al. Environmentally Adjusted Productivity Measurement: An Australian Case Study. *Journal of Environmental Management*, Vol. 85, No. 2, 2007, pp. 350 - 362.

［161］Pastor J T, Lovell C, Tulkens H, Evaluating the Financial Performance of Bank Branches. *Annals of Operations Research*, Vol. 145, No. 1, 2006, pp. 321 - 337.

［162］Phillips P, Sul D, Some Empirics on Economic Growth Under Heterogeneous Technology. *Journal of Macroeconomics*, Vol. 29, No. 3, 2007, pp. 455 - 469.

［163］Phillips P, Sul D, Transition Modeling and Econometric Convergence Tests. *Econometrica*, Vol. 75, No. 6, 2007, pp. 1771 - 1855.

［164］Prescott E C, Lawrence R. Klein Lecture 1997: Needed: A theory of Total Factor Productivity. *International economic review*, Vol. 39, No. 3, 1998, pp. 25 - 551.

［165］Quah D, Sargent T J, A Dynamic Index Model for Large Cross Sections. *Discussion Paper*, 1992, pp. 285 - 310.

［166］Quah D T, Empirics for Economic Growth and Convergence. *European economic review*, Vol. 40, No. 6, 1996, pp. 1353 - 1375.

［167］Quah D T, Empirics for Growth and Distribution: Stratification, Polarization, and Convergence Clubs. *Journal of economic growth*, Vol. 2, No. 1, 1997, pp. 27 - 59.

［168］Reinhard S, Lovell C A K, Thijssen G J. Environmental Efficiency with Multiple Environmentally Detrimental Variables; Estimated with SFA and DEA. *European Journal of Operational Research*, Vol. 121, No. 2, 2000, pp. 287 – 303.

[169] Rey S J, Spatial Empirics for Economic Growth and Convergence. *Geographical Analysis*, Vol. 33, No. 3, 2001, pp. 195 – 214.

[170] Russell R R. Measures of Technical Efficiency. *Journal of Economic Theory*, Vol. 35, No. 1, 1985, pp. 109 – 126.

[171] Schnurbus J, Haupt H, Meier V, Economic Transition and Growth: A Replication. *Journal of Applied Econometrics*, Vol. 32, No. 5, 2017, pp. 1039 – 1042.

[172] Shestalova V, Sequential Malmquist Indices of Productivity Growth: An Application to OECD Industrial Activities. *Journal of Productivity Analysis*, Vol. 19, No. 2 – 3, 2003, pp. 211 – 226.

[173] Solow R M. Technical Change and the Aggregate Production Function. *Review of Economics & Statistics*, Vol. 39, No. 3, 1957, pp. 554 – 562.

[174] Sueyoshi T, Yuan Y, Goto M. A Literature Study for DEA Applied to Energy and Environment. *Energy Economics*, Vol. 62, 2017, pp. 104 – 124.

[175] Tobler W R, A Computer Movie Simulating Urban Growth in the Detroit Region. *Economic Geography*, Vol. 46, 1970. pp. 234 – 240.

[176] Tone, Kaoru. Dealing with Undesirable Outputs in DEA: A Slacks – Based Measure (SBM) Approach. *GRIPS Research Report Series* 2003, 2003, Tokyo: National Graduate Institute for Policy Studies.

[177] Tone K. A Slacks – Based Measure of Efficiency in Data Envelopment Analysis. *European Journal of Operational Research*, Vol. 130, No. 3, 2001, pp. 498 – 509.

[178] Tone K. A Slacks – Based Measure of Super – Efficiency in Data Envelopment Analysis. *European Journal of Operational Research*, Vol. 143, No. 1, 2002, pp. 32 – 41.

[179] Wang L, Ma L, Wu K J, et al. Applying Fuzzy Interpretive Structural Modeling to Evaluate Responsible Consumption and Production Under Uncertainty. *Industrial Management & Data Systems*, Vol. 118, No. 2,

2018, pp. 432 – 462.

[180] William E, Ross L, What Have We Learned from A Decade of Empirical Research on Growth? It's Not Factor Accumulation: Stylized Facts and Growth Models. *The World Bank Economic Review*, Vol. 15, No. 2, 2001, pp. 177 – 219.

[181] Wu W W. Choosing Knowledge Management Strategies by Using A Combined ANP and DEMATEL Approach. *Expert Systems with Applications*, Vol. 35, No. 3, 2008, pp. 828 – 835.

[182] Wu Y R. Has Productivity Contributed to China's Growth? . *Pacific Economic Review*, Vol. 8, No. 1, 2003, pp. 15 – 30.

[183] Wu Y R. The Role of Productivity in China's Growth: New Estimates. *Journal of Chinese Economic and Business Studies*, Vol. 6, No. 2, 2008, pp. 141 – 156.

[184] Xie C H, Liu H S, A Empirical Study on the Association Mechanism Between Financial Development and TFP Growth in China Based on the Mediation Effect of the Innovation of Technology and System. *The Theory and Practice of Finance and Economics*, Vol. 35, No. 1, 2014, pp. 33 – 38.

[185] Young, A. , The Tyranny of Numbers: Confronting the Statistical Realities of the East Asian Growth Experience. *The Quarterly Journal of Economics*, Vol. 110, No. 3, 1995, pp. 641 – 680.

[186] Zhang Z. Ye J, Decomposition of Environmental Total Factor Productivity Growth Using Hyperbolic Distance Functions: A Panel Data Analysis for China. *Energy Economics*, Vol. 47, 2015, pp. 87 – 97.

[187] Zheng J H, Liu X X, Arne B, Ownership Structure and Determinants of Technical Efficiency: An Application of Data Envelopment Analysis to Chinese Enterprises (1986 – 1990) . *Journal of Comparative Economics*, Vol. 26, 1998, pp. 465 – 484.

[188] Zhou D Q, Zhang L, Li H W, A Study of the System's Hierarchical Structure Through Integration of Dematel and ISM, International Conference on Machine Learning & Cybernetics. IEEE, 2006.

[189] Zhou P, Ang B W, Poh K L. A Survey of Data Envelopment Analysis in Energy And Environmental Studies. *European Journal of Opera-*

tional Research, Vol. 189, No. 1, 2008, pp. 1 – 18.

[190] Zhou P, Ang B W, Zhou D Q. Measuring Economy – Wide Energy Efficiency Performance: A Parametric Frontier Approach. Applied Energy, Vol. 90, No. 1, 2012, pp. 196 – 200.

附表 1

中国城市常规 MI、EC、TC 年均增长率

单位：%

城市	MI	EC	TC	城市	MI	EC	TC	城市	MI	EC	TC	城市	MI	EC	TC	城市	MI	EC	TC
北京	39.69	-0.89	40.94	吕梁	-6.21	-0.51	-5.73	铁岭	1.29	3.94	-2.55	伊春	-8.54	5.34	-13.18	金华	8.59	-5.46	14.86
天津	10.12	0.73	9.32	临汾	-0.96	-0.24	-0.72	朝阳	-4.82	1.25	-6.00	大庆	7.79	-1.58	9.52	绍兴	4.00	-8.13	13.21
石家庄	19.38	-0.34	19.78	运城	2.21	3.28	-1.04	盘锦	-5.62	0.98	-6.54	绥化	-2.24	-0.26	-1.98	温州	9.76	-0.75	10.58
唐山	10.51	-4.91	16.22	呼伦贝尔	7.66	3.81	3.71	葫芦岛	-0.05	3.66	-3.57	上海	2.20	-0.47	2.68	台州	6.29	-3.44	10.08
邯郸	1.74	-3.66	5.61	通辽	0.81	0.48	0.34	长春	9.76	-2.42	12.48	南京	8.94	0.03	8.91	丽水	-2.14	1.19	-3.29
张家口	-0.03	0.86	-0.88	乌兰察布	-2.09	2.30	-4.30	吉林	6.03	2.52	3.43	无锡	8.83	-3.40	12.65	衢州	-1.25	0.06	-1.31
保定	4.18	-1.4	5.65	鄂尔多斯	0.82	0.01	0.82	四平	-0.19	2.79	-2.90	徐州	3.77	-2.05	5.94	宁波	5.53	-4.63	10.66
沧州	4.55	-2.91	7.67	巴彦淖尔	1.45	0.61	0.83	辽源	-4.51	2.40	-6.75	常州	4.78	-2.09	7.02	宣城	-5.6	-2.92	-2.76
秦皇岛	1.83	2.16	-0.33	呼和浩特	5.89	1.73	4.09	通化	-2.82	0.17	-2.98	苏州	-0.04	-4.40	4.56	宿州	-8.92	-4.78	-4.35
邢台	1.33	-1.82	3.21	包头	21.03	3.31	17.15	白山	-4.87	2.49	-7.18	南通	5.40	-3.16	8.84	滁州	-4.93	-5.19	0.27
廊坊	2.28	-2.58	4.99	乌海	-4.08	3.81	-7.61	白城	-2.43	3.16	-5.42	连云港	1.34	-1.77	3.17	池州	-6.14	0.03	-6.16
承德	-0.53	-0.07	-0.46	赤峰	3.21	2.16	1.02	松原	-1.63	-1.66	0.04	淮安	0.94	-1.50	2.47	阜阳	-7.70	-2.48	-5.36
衡水	3.12	0.08	3.04	沈阳	13.93	0.70	13.13	哈尔滨	13.39	2.56	10.56	盐城	4.73	-7.26	12.93	六安	-5.27	-1.78	-3.55
太原	1.07	0.87	0.20	大连	19.35	6.10	12.49	齐齐哈尔	-2.40	2.28	-4.57	扬州	2.17	-3.68	6.08	合肥	17.18	9.79	6.73
大同	-4.21	0.88	-5.05	鞍山	12.8	7.90	4.54	牡丹江	2.75	4.21	-1.40	镇江	6.21	-1.35	7.65	蚌埠	0.06	-0.23	0.29
阳泉	-8.57	0.77	-9.27	抚顺	4.55	5.76	-1.14	佳木斯	-7.14	3.84	-10.57	泰州	1.01	-4.47	5.74	淮南	-5.28	0.18	-5.45
长治	-1.59	1.33	-2.89	本溪	0.69	4.39	-3.54	鸡西	-14.93	5.98	-19.73	宿迁	-7.74	-6.60	-1.22	铜陵	-8.69	-0.22	-8.49

续表

城市	MI	EC	TC	城市	MI	EC	TC	城市	MI	EC	TC	城市	MI	EC	TC	城市	MI	EC	TC
晋城	-4.54	-0.83	-3.75	丹东	0.33	3.76	-3.31	鹤岗	-6.38	8.89	-14.02	杭州	7.07	-1.78	9.01	马鞍山	0.36	0.24	0.12
朔州	-8.96	-1.79	-7.30	锦州	1.23	2.86	-1.58	双鸭山	-6.55	2.10	-8.47	嘉兴	2.44	-3.47	6.13	淮北	-6.81	0.93	-7.67
忻州	-6.75	1.79	-8.39	阜新	-1.20	6.69	-7.40	七台河	-7.27	8.02	-14.15	湖州	-1.11	-3.91	2.92	芜湖	-1.74	-2.11	0.38
晋中	-5.06	-0.94	-4.16	辽阳	4.20	6.09	-1.78	黑河	-8.75	0.35	-9.07	舟山	1.15	0.06	1.09	安庆	1.66	1.08	0.57
黄山	-0.28	3.28	-3.45	抚州	-8.35	-3.56	-4.97	平顶山	-0.63	-1.39	0.77	荆门	-1.71	-0.75	-0.96	汕头	8.27	5.32	2.81
亳州	-5.51	-2.29	-3.30	青岛	16.53	2.40	13.79	安阳	-1.25	-1.10	-0.15	孝感	2.99	-1.81	4.89	佛山	9.52	2.91	6.42
福州	2.45	-0.06	2.52	济南	6.65	-1.17	7.91	濮阳	-0.91	1.35	-2.22	黄冈	12.10	2.75	9.10	韶关	-1.22	2.70	-3.82
三明	-0.91	-1.77	0.87	淄博	17.51	0.07	17.43	新乡	4.71	1.25	3.42	咸宁	-4.31	-0.45	-3.88	河源	-3.30	1.91	-5.11
南平	-1.24	-1.94	0.71	枣庄	2.24	1.18	1.04	焦作	-1.4	-0.41	-0.99	随州	-10.97	2.16	-12.85	梅州	-3.36	2.63	-5.83
宁德	-1.20	-4.66	3.63	烟台	8.31	0.25	8.03	鹤壁	-7.32	-0.69	-6.67	长沙	15.21	4.45	10.30	惠州	4.92	-4.01	9.3
莆田	0.29	-5.10	5.67	潍坊	2.89	-5.85	9.29	许昌	2.76	-2.43	5.32	株洲	1.27	0.12	1.15	汕尾	-0.98	0.02	-1.00
泉州	0.46	-0.17	0.62	济宁	12.94	1.79	10.96	漯河	0.93	-0.09	1.02	湘潭	-2.05	0.66	-2.70	东莞	-0.38	-9.99	10.68
漳州	4.25	-2.99	7.47	临沂	8.16	-0.41	8.60	三门峡	-1.40	0.39	-1.78	衡阳	-0.57	-2.67	2.16	中山	5.35	2.59	2.69
龙岩	-6.41	-4.13	-2.38	泰安	6.45	0.66	5.76	南阳	7.27	-0.20	7.48	邵阳	-7.66	-2.86	-4.94	江门	4.78	-1.86	6.76
厦门	1.46	-4.91	6.71	聊城	4.56	0.83	3.7	商丘	-0.63	-1.33	0.70	岳阳	-0.03	-2.46	2.49	阳江	-4.15	-1.54	-2.65
南昌	2.97	-2.43	5.54	菏泽	3.16	1.26	1.87	信阳	7.03	-0.63	7.72	常德	6.45	-1.83	8.43	湛江	1.08	-1.29	2.41
景德镇	-4.76	0.99	-5.69	德州	7.32	2.15	5.06	周口	10.59	-1.10	11.82	张家界	-1.05	-1.10	-5.82	茂名	-0.43	-0.46	0.03
萍乡	-7.75	-0.96	-6.86	滨州	-1.30	-3.57	2.35	驻马店	-0.25	-3.46	3.32	益阳	-3.97	-1.23	-2.78	肇庆	2.37	-2.09	4.56
九江	2.45	1.01	1.430	东营	13.62	6.18	7.01	武汉	12.12	2.15	9.76	永州	-0.08	0.11	-0.18	清远	1.36	1.86	-0.49

续表

城市	MI	EC	TC	城市	MI	EC	TC	城市	MI	EC	TC	城市	MI	EC	TC	城市	MI	EC	TC
新余	-3.37	3.21	-6.37	威海	1.75	-0.04	1.79	黄石	-3.63	0.95	-4.54	郴州	-1.20	-1.31	0.11	潮州	-0.89	0.06	-0.95
鹰潭	-10.21	0.86	-10.98	日照	0.39	-0.81	1.21	十堰	-8.27	-0.98	-7.36	娄底	-4.30	0.43	-4.70	揭阳	0.28	-2.40	2.75
赣州	4.76	0.96	3.76	莱芜	-2.41	2.02	-4.35	荆州	-0.72	-2.52	1.84	怀化	-6.40	-1.39	-5.08	云浮	-1.52	3.06	-4.45
宜春	-5.59	-3.80	-1.86	郑州	4.21	-0.27	4.49	宜昌	2.53	-0.91	3.47	广州	1.94	0.19	1.74	南宁	1.11	-3.36	4.63
上饶	-2.67	-1.78	-0.91	开封	-5.38	-2.93	-2.52	襄阳	2.00	-1.94	4.02	深圳	1.85	0.32	1.52	柳州	-4.02	-2.81	-1.25
吉安	-8.63	-4.62	-4.21	洛阳	4.98	-2.66	7.84	鄂州	-6.89	0.52	-7.37	珠海	7.53	0.68	6.80	桂林	4.03	-1.49	5.61
梧州	-6.99	-2.35	-4.75	三亚	-3.46	-0.49	-2.98	南充	0.26	-0.11	0.37	昆明	6.29	0.76	5.48	渭南	-4.84	-0.29	-4.57
北海	-5.08	-2.31	-2.84	重庆	16.68	-0.51	17.27	宜宾	1.18	3.27	-2.03	昭通	-9.30	-2.35	-7.13	汉中	-3.29	3.59	-6.65
防城港	-13.69	-7.51	-6.68	成都	20.93	-1.71	23.04	广安	-6.02	-4.09	-2.02	曲靖	-5.30	-5.50	0.21	安康	-2.92	3.34	6.07
钦州	-3.46	-0.52	-2.95	自贡	-1.65	2.95	-4.47	达州	-7.33	-6.5	-0.88	玉溪	0.46	-0.77	1.24	商洛	-10.24	-4.56	-5.95
贵港	-8.42	-2.47	-6.1	攀枝花	-4.1	2.73	-6.65	资阳	-2.03	0.29	-2.31	普洱	-10.72	0.57	-11.23	延安	-6.08	-1.81	-4.35
玉林	-3.96	-2.46	-1.54	泸州	-4.04	-0.42	-3.64	眉山	-4.64	-1.42	-3.27	保山	-15.25	-2.47	-13.10	榆林	-4.60	-1.55	-3.10
贺州	-12.3	-4.96	-7.73	德阳	0.47	0.43	0.04	巴中	-10.18	-1.48	-8.83	丽江	-11.69	1.48	-12.98	兰州	4.32	3.16	1.13
百色	-3.47	-0.01	-3.46	绵阳	4.62	1.04	3.55	雅安	3.20	6.54	-3.13	临沧	-9.74	-1.92	-7.97	酒泉	-3.28	-0.21	-3.08
河池	4.68	9.47	-4.38	广元	-1.86	4.47	-6.05	贵阳	5.03	3.69	1.30	西安	12.97	5.03	7.56	西宁	-3.34	2.65	-5.84
来宾	-8.45	-0.86	-7.65	遂宁	-4.27	1.41	-5.6	六盘水	-5.88	-0.09	-5.80	铜川	-9.07	6.66	-14.75	银川	-1.79	2.65	-4.33
崇左	-9.12	0.37	-9.45	内江	-3.39	0.47	-3.84	遵义	1.77	1.63	0.14	宝鸡	2.10	1.92	0.18	石嘴山	-6.51	7.96	-13.40
海口	22.07	7.82	13.21	乐山	-1.87	2.50	-4.26	安顺	-18.11	-3.97	-14.72	咸阳	6.65	4.58	1.98	乌鲁木齐	-0.77	-1.61	0.85

附表 2

中国城市真实 MI、EC、TC 年均增长率

单位：%

城市	MI	EC	TC	城市	MI	EC	TC	城市	MI	EC	TC	城市	MI	EC	TC	城市	MI	EC	TC
北京	-13.29	-3.59	-10.06	吕梁	-0.37	-1.59	1.23	铁岭	-1.73	-0.47	-1.27	伊春	0.46	-0.71	1.18	金华	1.66	-2.04	3.78
天津	-10.90	-2.80	-8.34	临汾	0.05	-1.58	1.66	朝阳	-4.22	-2.44	-1.83	大庆	-0.64	-0.61	-0.02	绍兴	0.45	-0.97	1.42
石家庄	-6.37	-1.90	-4.55	运城	0.22	-1.50	1.74	盘锦	-0.86	-0.22	-0.65	绥化	3.72	-0.54	4.28	温州	1.29	-2.13	3.50
唐山	-11.06	-2.46	-8.81	呼伦贝尔	-3.14	-0.59	-2.57	葫芦岛	-0.87	1.25	-2.09	上海	-1.54	0.11	-1.64	台州	1.10	-0.78	1.89
邯郸	-5.49	-2.13	-3.44	通辽	-1.41	-1.57	0.17	长春	0.30	-1.91	2.25	南京	-3.60	-2.12	-1.51	丽水	0.96	0.04	0.92
张家口	-3.78	-1.06	-2.74	乌兰察布	-2.04	-2.71	0.69	吉林	-0.63	-1.84	1.24	无锡	-3.36	-1.00	-2.38	衢州	-0.65	0.75	-1.39
保定	-2.16	-1.45	-0.72	鄂尔多斯	-2.7	0.09	-2.79	四平	-1.99	-2.54	0.57	徐州	-2.53	-1.25	-1.30	宁波	-2.62	-1.85	-0.78
沧州	0.76	0.60	0.16	巴彦淖尔	-1.85	-1.79	-0.06	辽源	-2.54	-2.61	0.07	常州	-3.28	-1.55	-1.77	宣城	10.48	0.24	10.22
秦皇岛	-0.33	-1.01	0.68	呼和浩特	-1.33	-1.40	0.06	通化	0.47	-2.01	2.54	苏州	-4.12	-2.54	-1.62	宿州	4.31	-0.89	5.25
邢台	-1.50	-1.44	-0.07	包头	-1.72	-1.36	-0.36	白山	-2.20	-1.13	-1.09	南通	-3.06	-1.48	-1.61	滁州	3.84	-1.11	5.01
廊坊	-2.09	-1.09	-1.01	乌海	-4.12	-2.48	-1.68	白城	-1.25	-1.47	0.23	连云港	-3.1	-1.09	-2.03	池州	6.16	0.03	6.14
承德	-0.62	-1.05	0.44	赤峰	0.02	-1.33	1.37	松原	-1.92	-1.77	-0.15	淮安	-3.6	-1.24	-2.38	阜阳	5.64	-1.19	6.92
衡水	0.10	-1.25	1.37	沈阳	-4.44	-2.99	-1.5	哈尔滨	-1.71	-1.31	-0.41	盐城	-3.94	-2.92	-1.05	六安	3.54	-0.97	4.55
太原	0.31	-1.62	1.96	大连	0.61	0.14	0.47	齐齐哈尔	-1.99	-1.82	-0.17	扬州	-0.84	-1.47	0.64	合肥	8.42	1.20	7.14
大同	-1.06	-1.54	0.48	鞍山	-1.28	-0.14	-1.14	牡丹江	-0.39	-0.03	-0.36	镇江	4.71	-1.89	6.73	蚌埠	7.30	0.09	7.21
阳泉	-3.13	-1.73	-1.43	抚顺	0.72	-0.16	0.89	佳木斯	-1.37	-0.80	-0.58	泰州	1.34	-1.95	3.36	淮南	11.87	0.74	11.05
长治	-0.94	-2.38	1.47	本溪	0.72	-0.04	-0.11	鸡西	-1.44	-2.21	0.78	宿迁	1.84	-1.02	2.89	铜陵	6.98	0.87	6.06
晋城	-0.41	-2.02	1.65	丹东	0.72	-0.10	1.00	鹤岗	-1.19	-1.39	0.2	杭州	-3.31	-4.72	1.48	马鞍山	5.92	-1.48	7.51

续表

城市	MI	EC	TC	城市	MI	EC	TC	城市	MI	EC	TC	城市	MI	EC	TC	城市	MI	EC	TC
朔州	-2.72	-1.98	-0.75	锦州	0.72	-0.16	1.06	双鸭山	1.07	-1.21	2.31	嘉兴	-0.27	-0.08	-0.19	淮北	6.87	0.09	6.77
忻州	-1.16	-2.28	1.14	阜新	0.72	-0.28	-1.79	七台河	2.51	-0.54	3.07	湖州	1.47	-0.80	2.29	芜湖	3.44	-0.96	4.44
晋中	0.21	-1.85	2.11	辽阳	0.72	-0.23	-2.99	黑河	-0.71	-2.05	1.37	舟山	2.07	-0.90	3.00	安庆	0.43	-0.70	1.13
黄山	-0.47	-0.57	0.1	抚州	-0.41	-3.34	3.03	平顶山	0.68	-1.04	1.73	荆门	2.08	-0.87	2.97	汕头	2.63	0.51	2.11
亳州	1.18	-0.85	2.05	青岛	-3.92	-4.78	0.91	安阳	1.09	-0.73	1.83	孝感	-0.09	-1.03	0.95	佛山	-0.60	-2.38	1.82
福州	0.79	2.39	-1.57	济南	-1.56	-1.77	0.22	濮阳	0.69	-1.76	2.50	黄冈	1.50	-0.97	2.49	韶关	0.45	-2.04	2.55
三明	0.77	-0.63	1.41	淄博	0.21	-0.88	1.11	新乡	2.51	-1.03	3.57	咸宁	3.11	-1.00	4.15	河源	-1.41	-2.39	1.00
南平	1.39	-0.39	1.79	枣庄	0.94	-0.97	1.93	焦作	0.02	-1.71	1.77	随州	2.34	-0.56	2.92	梅州	0.92	-0.40	1.33
宁德	-2.34	-0.68	-1.67	烟台	-0.12	-2.48	2.42	鹤壁	-0.12	-1.41	1.31	长沙	1.84	-1.24	3.12	惠州	0.62	-1.72	2.37
莆田	-1.65	-0.97	-0.68	潍坊	1.54	-2.73	4.39	许昌	1.05	-1.58	2.67	株洲	2.54	-0.95	3.52	汕尾	-2.10	-2.24	0.14
泉州	1.16	0.08	1.08	济宁	3.2	-0.53	3.74	漯河	0.78	-2.14	2.98	湘潭	3.42	-1.07	4.54	东莞	-0.75	-4.65	4.10
漳州	-2.72	-1.16	-1.58	临沂	1.01	-1.02	2.04	三门峡	0.32	-2.17	2.54	衡阳	5.19	-1.04	6.29	中山	2.43	-0.92	3.38
龙岩	-1.97	-1.08	-0.9	秦安	0.19	-1.35	1.55	南阳	0.73	-1.96	2.75	邵阳	2.76	-2.81	5.73	江门	1.08	-0.94	2.04
厦门	-0.87	-1.74	0.88	聊城	-0.33	-1.06	0.74	商丘	3.57	-0.56	4.16	岳阳	2.73	-2.69	5.57	阳江	1.66	-1.88	3.60
南昌	-0.23	-1.15	0.93	菏泽	-2.69	-2.33	-0.37	信阳	1.72	-0.77	2.51	常德	3.02	-0.97	4.03	湛江	2.97	-0.03	3.00
景德镇	3.54	-0.27	3.81	德州	-1.25	-3.34	2.17	周口	1.60	-0.60	2.21	张家界	1.19	1.49	-0.30	茂名	3.51	-1.79	5.40
萍乡	2.04	-0.62	2.68	滨州	-0.08	-3.04	3.06	驻马店	2.14	-0.90	3.07	益阳	4.60	1.22	3.34	肇庆	2.33	-1.62	4.02
九江	0.5	-1.64	2.17	东营	1.76	-1.75	3.57	武汉	1.28	-1.78	3.12	永州	3.82	-0.70	4.55	清远	4.43	-1.44	5.96

城市	MI	EC	TC	城市	MI	EC	TC	城市	MI	EC	TC	城市	MI	EC	TC	城市	MI	EC	TC
新余	-0.53	-1.19	0.67	威海	-0.48	-1.80	1.34	黄石	1.82	-0.64	2.47	郴州	3.90	-1.02	4.97	潮州	4.26	-0.58	4.87
鹰潭	1.42	-0.62	2.06	日照	-0.41	-2.51	2.16	十堰	3.72	-0.34	4.07	娄底	1.87	-1.21	3.12	揭阳	1.45	-1.11	2.59
赣州	-0.02	-1.02	1.01	莱芜	-2.26	-2.66	0.41	荆州	2.70	-1.24	3.98	怀化	-1.42	-1.09	-0.34	云浮	2.33	-1.10	3.47
宜春	0.35	-1.8	2.19	郑州	-0.87	-1.66	0.81	宜昌	2.91	-1.64	4.62	广州	1.10	-0.10	1.20	南宁	2.43	1.83	0.59
上饶	-0.2	-2.1	1.94	开封	3.91	2.10	1.77	襄阳	2.67	-0.95	3.66	深圳	0.61	-0.16	0.77	柳州	0.17	-1.62	1.82
吉安	1.45	-1.16	2.64	洛阳	0.35	-1.21	1.58	鄂州	2.72	-0.58	3.32	珠海	2.16	-2.18	4.43	桂林	0.63	-1.36	2.01
梧州	0.08	-1.27	1.36	三亚	3.85	0.32	3.52	南充	0.20	-1.16	1.37	昆明	-0.77	-2.16	1.42	渭南	0.56	-1.64	2.23
北海	1.35	-2.09	3.51	重庆	3.29	2.38	0.89	宜宾	0.69	-1.02	1.73	昭通	1.26	-1.71	3.03	汉中	-0.05	-2.19	2.19
防城港	0.57	-1.01	1.60	成都	-2.12	-2.87	0.78	广安	-2.69	-1.91	-0.80	曲靖	-0.83	-2.30	1.50	安康	0.84	-1.82	2.71
钦州	-2.92	-1.49	-1.46	自贡	1.51	-0.92	2.45	达州	-0.39	-1.40	1.03	玉溪	0.43	-1.57	2.02	商洛	1.70	-1.90	3.67
贵港	-2.80	-1.41	-1.41	攀枝花	0.01	-3.1	3.20	资阳	0.77	-0.76	1.54	普洱	-1.22	-1.79	0.59	延安	-0.56	-2.23	1.71
玉林	0.91	-1.64	2.60	泸州	-0.03	-1.33	1.31	眉山	0.67	-1.57	2.27	保山	1.29	-1.64	2.98	榆林	-1.39	-1.81	0.42
贺州	0.43	-1.17	1.62	德阳	-0.14	-1.87	1.76	巴中	0.80	-1.21	2.03	丽江	-0.83	-1.37	0.54	兰州	-0.15	-1.99	1.88
百色	0.63	-0.98	1.63	绵阳	1.26	-1.33	2.63	雅安	1.91	-0.91	2.84	临沧	1.94	-1.26	3.25	酒泉	-0.79	-1.69	0.92
河池	-0.25	-0.13	-0.12	广元	2.30	-0.93	3.26	贵阳	-0.95	-2.06	1.13	西安	-0.52	-1.52	1.01	西宁	-0.22	-1.58	1.39
来宾	-1.52	-1.51	-0.01	遂宁	-0.54	-2.7	2.22	六盘水	0.43	-2.36	2.86	铜川	1.28	-0.83	2.13	银川	0.65	-1.64	2.33
崇左	-0.34	-0.82	0.49	内江	-0.52	-1.06	0.55	遵义	0.12	-1.68	1.83	宝鸡	-1.19	-2.96	1.83	石嘴山	2.28	-1.09	3.40
海口	3.89	-0.44	4.35	乐山	3.14	-0.73	3.90	安顺	2.09	-0.87	2.99	咸阳	-0.93	-1.29	0.36	乌鲁木齐	-0.68	-2.27	1.63

附表3　中国城市真实绿色 TFP 增长的空间溢出网络中心性

城市	出度	入度	中心度			城市	出度	入度	中心度			城市	出度	入度	中心度		
			度数中心度	接近中心度	中间中心度				度数中心度	接近中心度	中间中心度				度数中心度	接近中心度	中间中心度
北京	28	38	23.420	56.632	0.193	宁波	31	52	28.996	58.478	0.322	张家界	31	42	26.022	57.479	0.271
天津	28	66	33.086	59.911	0.343	宣城	41	22	20.818	55.809	0.199	益阳	25	35	20.818	55.809	0.220
石家庄	45	78	40.892	62.850	0.512	宿州	29	41	24.164	56.871	0.262	永州	39	30	23.420	56.632	0.182
唐山	40	89	43.123	63.744	0.534	滁州	36	30	23.792	56.751	0.212	郴州	37	52	31.970	59.513	0.405
邯郸	31	79	38.662	61.982	0.432	池州	37	44	27.881	58.099	0.342	娄底	42	48	30.112	58.862	0.265
张家口	41	77	39.405	62.269	0.441	阜阳	36	45	28.253	58.225	0.366	怀化	32	47	27.509	57.974	0.289
保定	22	80	36.059	60.998	0.428	六安	32	46	27.138	57.849	0.268	广州	87	64	41.636	63.146	0.526
沧州	24	29	17.100	54.564	0.076	合肥	46	40	30.855	59.121	0.383	深圳	70	20	28.996	58.478	0.217
秦皇岛	33	50	24.164	56.871	0.174	蚌埠	46	38	30.112	58.862	0.365	珠海	53	22	25.279	57.234	0.181
邢台	43	63	31.599	59.382	0.301	淮南	29	22	18.587	55.123	0.150	汕头	61	28	30.112	58.862	0.258
廊坊	38	78	40.149	62.558	0.450	铜陵	35	16	18.959	55.236	0.159	佛山	41	26	23.048	56.513	0.289
承德	33	89	42.007	63.294	0.635	马鞍山	49	19	24.907	57.113	0.277	韶关	44	46	30.112	58.862	0.315
衡水	44	67	37.918	61.697	0.409	淮北	48	27	27.138	57.849	0.359	河源	47	44	27.881	58.099	0.306
太原	29	41	23.420	56.632	0.259	芜湖	27	19	16.357	54.453	0.105	梅州	52	34	27.138	57.849	0.234

续表

城市	出度	入度	度数中心度	接近中心度	中间中心度
			中心度		
大同	21	57	25.651	57.356	0.199
阳泉	32	43	26.766	57.725	0.239
长治	46	45	32.342	59.645	0.370
晋城	44	35	26.766	57.725	0.267
朔州	39	31	23.420	56.632	0.127
忻州	37	44	27.509	57.974	0.260
晋中	35	42	25.279	57.234	0.253
吕梁	55	41	33.086	59.911	0.346
临汾	39	19	21.190	55.925	0.191
运城	25	21	15.985	54.343	0.106
呼伦贝尔	30	46	27.138	57.849	0.271
通辽	34	39	25.651	57.356	0.276
乌兰察布	42	16	20.818	55.809	0.191
鄂尔多斯	41	35	27.509	57.974	0.286
巴彦淖尔	41	31	25.651	57.356	0.224

城市	出度	入度	度数中心度	接近中心度	中间中心度
			中心度		
安庆	30	45	23.42	56.632	0.213
黄山	40	51	30.483	58.991	0.367
亳州	47	49	34.572	60.449	0.485
福州	51	41	30.112	58.862	0.258
三明	54	44	32.342	59.645	0.323
南平	64	64	43.123	63.744	0.676
宁德	30	32	22.677	56.394	0.262
莆田	43	43	29.368	58.606	0.331
泉州	36	47	30.483	58.991	0.383
漳州	23	45	24.164	56.871	0.288
龙岩	32	57	30.112	58.862	0.312
厦门	25	18	15.242	54.125	0.096
南昌	64	43	34.201	60.314	0.439
景德镇	41	40	28.625	58.351	0.355
萍乡	34	54	28.625	58.351	0.288

城市	出度	入度	度数中心度	接近中心度	中间中心度
			中心度		
惠州	31	31	20.074	55.579	0.147
汕尾	65	33	31.599	59.382	0.382
东莞	45	36	26.394	57.602	0.245
中山	25	60	30.112	58.862	0.334
江门	24	55	27.509	57.974	0.309
阳江	35	56	31.970	59.513	0.473
湛江	19	68	30.483	58.991	0.377
茂名	56	20	27.138	57.849	0.187
肇庆	60	25	30.112	58.862	0.257
清远	45	32	27.509	57.974	0.181
潮州	42	27	23.792	56.751	0.152
揭阳	42	30	25.651	57.356	0.190
云浮	36	36	24.907	57.113	0.224
南宁	61	20	29.368	58.606	0.377
柳州	46	30	24.907	57.113	0.195

续表

城市	出度	入度	度数中心度	接近中心度	中间中心度
呼和浩特	32	19	18.959	55.236	0.166
包头	46	29	27.138	57.849	0.331
乌海	29	36	23.792	56.751	0.203
赤峰	42	23	23.792	56.751	0.204
沈阳	21	61	28.253	58.225	0.351
大连	19	54	24.535	56.992	0.258
鞍山	25	85	36.431	61.136	0.448
抚顺	23	48	24.907	57.113	0.229
本溪	26	65	31.227	59.251	0.382
丹东	16	63	27.509	57.974	0.202
锦州	19	28	17.100	54.675	0.143
阜新	40	81	37.175	61.416	0.306
辽阳	30	83	38.290	61.839	0.398
铁岭	25	72	32.714	59.778	0.280
朝阳	54	59	36.431	61.136	0.416

城市	出度	入度	度数中心度	接近中心度	中间中心度
九江	44	34	27.138	57.849	0.285
新余	42	56	34.201	60.314	0.405
鹰潭	29	26	18.959	55.236	0.144
赣州	35	42	26.022	57.479	0.247
宜春	38	65	33.086	59.911	0.359
上饶	38	44	27.509	57.974	0.221
吉安	21	25	16.357	54.453	0.117
抚州	17	51	23.420	56.632	0.162
青岛	34	37	23.792	56.751	0.252
济南	31	45	27.138	57.849	0.315
淄博	20	19	13.383	53.586	0.067
枣庄	39	34	24.164	56.871	0.267
烟台	54	17	26.394	57.602	0.264
潍坊	45	30	26.766	57.725	0.287
济宁	60	45	37.918	61.697	0.512

城市	出度	入度	度数中心度	接近中心度	中间中心度
桂林	51	20	24.535	56.992	0.216
梧州	41	40	27.509	57.974	0.222
北海	29	40	24.907	57.113	0.258
防城港	35	52	30.483	58.991	0.279
钦州	68	34	35.688	60.860	0.358
贵港	30	13	14.870	54.016	0.059
玉林	47	46	32.714	59.778	0.342
贺州	39	67	37.175	61.416	0.563
百色	66	36	31.227	59.251	0.313
河池	31	21	18.959	55.236	0.136
来宾	38	61	32.342	59.645	0.325
崇左	45	17	20.818	55.809	0.130
海口	61	46	33.457	60.045	0.255
三亚	47	28	26.394	57.602	0.198
重庆	39	28	24.535	56.992	0.289

续表

城市	出度	入度	度数中心度	接近中心度	中间中心度
成都	20	23	15.242	54.125	0.111
自贡	44	73	35.688	60.860	0.414
攀枝花	38	48	27.881	58.099	0.282
泸州	33	60	31.599	59.382	0.331
德阳	50	69	35.688	60.860	0.338
绵阳	37	24	20.818	55.809	0.182
广元	50	47	31.599	59.382	0.404
遂宁	28	34	23.048	56.513	0.247
内江	46	18	22.677	56.394	0.204
乐山	30	27	21.190	55.925	0.206
南充	24	45	22.305	56.276	0.192
宜宾	53	46	33.457	60.045	0.543
广安	25	22	15.985	54.343	0.111
达州	49	14	20.818	55.809	0.116
资阳	47	36	28.996	58.478	0.319

城市	出度	入度	度数中心度	接近中心度	中间中心度
临沂	20	45	23.048	56.513	0.286
泰安	32	42	26.394	57.602	0.293
聊城	33	43	24.535	56.992	0.223
菏泽	47	52	31.599	59.382	0.361
德州	60	24	26.394	57.602	0.215
滨州	46	44	28.253	58.225	0.285
东营	42	33	22.305	56.276	0.160
威海	54	32	29.368	58.606	0.311
日照	47	33	23.792	56.751	0.171
莱芜	73	23	31.227	59.251	0.240
郑州	27	47	24.164	56.871	0.196
开封	26	24	17.472	54.786	0.112
洛阳	31	23	19.703	55.464	0.167
平顶山	29	34	23.048	56.513	0.191
安阳	23	31	18.959	55.236	0.180

城市	出度	入度	度数中心度	接近中心度	中间中心度
盘锦	40	69	36.431	61.136	0.391
葫芦岛	36	30	23.792	56.751	0.241
长春	45	44	32.714	59.778	0.384
吉林	42	28	25.651	57.356	0.268
四平	34	19	17.844	54.898	0.114
辽源	52	52	32.714	59.778	0.344
通化	61	62	37.918	61.697	0.425
白山	20	18	13.755	53.693	0.097
白城	58	40	30.112	58.862	0.284
松原	38	45	28.996	58.478	0.289
哈尔滨	49	22	26.022	57.479	0.223
齐齐哈尔	42	65	34.944	60.586	0.461
牡丹江	41	36	25.651	57.356	0.186
佳木斯	32	38	23.420	56.632	0.215
鸡西	52	70	37.175	61.416	0.473

211

续表

城市	出度	入度	中心度 度数中心度	中心度 接近中心度	中心度 中间中心度
鹤岗	50	70	37.546	61.556	0.419
双鸭山	37	32	23.048	56.513	0.196
七台河	32	16	17.100	54.675	0.115
黑河	38	44	27.509	57.974	0.294
伊春	34	33	23.048	56.513	0.184
大庆	44	22	23.420	56.632	0.161
绥化	41	30	25.651	57.356	0.289
上海	28	54	29.368	58.606	0.298
南京	31	44	25.651	57.356	0.190
无锡	51	50	34.572	60.449	0.407
徐州	32	61	28.996	58.478	0.280
常州	27	73	31.970	59.513	0.303
苏州	43	72	32.714	59.778	0.285
南通	32	55	28.253	59.225	0.230
连云港	28	52	28.625	58.351	0.291

城市	出度	入度	中心度 度数中心度	中心度 接近中心度	中心度 中间中心度
濮阳	37	39	25.651	57.356	0.288
新乡	35	36	24.535	56.992	0.232
焦作	46	17	23.420	56.632	0.264
鹤壁	63	62	38.290	61.839	0.493
许昌	31	39	25.651	57.356	0.259
漯河	47	47	30.112	58.862	0.317
三门峡	65	44	32.342	59.645	0.311
南阳	62	31	30.112	58.862	0.302
商丘	80	51	36.059	60.998	0.388
信阳	79	13	34.201	60.314	0.328
周口	63	45	35.316	60.722	0.420
驻马店	41	40	26.394	57.602	0.307
武汉	58	27	27.509	57.974	0.285
黄石	29	28	18.959	55.236	0.197
十堰	21	19	12.639	53.373	0.065

城市	出度	入度	中心度 度数中心度	中心度 接近中心度	中心度 中间中心度
眉山	36	36	26.022	57.479	0.287
巴中	39	34	23.792	56.751	0.228
雅安	35	44	27.509	57.974	0.254
贵阳	56	50	33.457	60.045	0.388
六盘水	47	37	27.881	58.099	0.248
遵义	45	40	30.483	58.991	0.414
安顺	63	28	32.342	59.645	0.391
昆明	32	69	34.572	60.449	0.338
昭通	29	41	21.561	56.042	0.198
曲靖	49	28	27.881	58.099	0.309
玉溪	44	22	22.677	56.394	0.168
普洱	41	37	25.651	57.356	0.258
保山	29	25	20.074	55.579	0.170
丽江	33	24	18.959	55.236	0.128
临沧	35	32	23.42	56.632	0.182

城市	出度	入度	度数中心度	接近中心度	中间中心度
淮安	30	59	30.855	59.121	0.332
盐城	32	63	29.740	58.734	0.285
扬州	37	39	26.766	57.725	0.217
镇江	54	37	30.112	58.862	0.206
泰州	61	36	31.599	59.382	0.209
宿迁	69	36	35.316	60.722	0.311
杭州	58	41	31.599	59.382	0.229
嘉兴	54	41	30.112	58.862	0.225
湖州	50	33	28.253	58.225	0.154
舟山	60	40	31.227	59.251	0.196
金华	46	41	29.740	58.734	0.194
绍兴	49	40	28.253	58.225	0.191
温州	53	40	29.740	58.734	0.221
台州	59	39	31.227	59.251	0.204
丽水	44	27	24.535	56.992	0.155
衢州	63	51	38.290	61.839	0.438

城市	出度	入度	度数中心度	接近中心度	中间中心度
荆州	15	27	13.755	53.586	0.076
宜昌	40	23	23.048	56.513	0.204
襄阳	36	27	20.818	55.809	0.171
鄂州	31	31	21.933	56.159	0.172
荆门	28	33	21.561	56.042	0.206
孝感	33	38	23.048	56.513	0.168
黄冈	18	10	9.665	52.539	0.034
咸宁	31	18	14.126	53.800	0.071
随州	33	52	29.368	58.606	0.337
长沙	44	46	29.368	58.606	0.348
株洲	48	46	31.970	59.513	0.414
湘潭	38	59	32.714	59.778	0.472
衡阳	39	28	21.561	56.042	0.149
邵阳	42	34	27.138	57.849	0.268
岳阳	46	37	27.138	57.849	0.290
常德	36	52	30.855	59.121	0.364

城市	出度	入度	度数中心度	接近中心度	中间中心度
西安	52	56	30.855	59.121	0.295
铜川	56	37	31.970	59.513	0.372
宝鸡	57	44	28.625	58.351	0.191
咸阳	51	28	26.394	57.602	0.169
渭南	63	38	33.086	59.911	0.285
汉中	35	22	21.190	55.925	0.175
安康	29	9	14.126	53.800	0.075
商洛	37	27	23.048	56.513	0.206
延安	22	41	23.048	56.513	0.213
榆林	55	19	26.394	57.602	0.155
兰州	56	48	31.227	59.251	0.246
酒泉	36	48	26.022	57.479	0.197
西宁	57	8	23.792	56.751	0.129
银川	38	55	33.829	60.179	0.399
石嘴山	40	43	29.368	58.606	0.379
乌鲁木齐	38	34	24.164	56.871	0.247

附表 4

中国城市真实 MI 收敛俱乐部成员

MI 收敛俱乐部	成员
收敛俱乐部 I	合肥市 蚌埠市 淮北市
收敛俱乐部 II	宿州市 池州市 阜阳市 六安市 马鞍山市
收敛俱乐部 III	滁州市 铜陵市 芜湖市 重庆市
收敛俱乐部 IV	沧州市 晋城市 大连市 葫芦岛市 四平市 通化市 齐齐哈尔市 牡丹江市 鹰潭市 景德镇市 安庆市 镇江市 上饶市 吉安市 抚州市 平顶山市 开封市 新乡市 三门峡市 漯河市 南阳市 信阳市 商丘市 驻马店市 黄石市 十堰市 荆州市 宜昌市 鄂州市 襄阳市 荆门市 随州市 咸宁市 长沙市 株洲市 湘潭市 衡阳市 邵阳市 岳阳市 常德市 张家界市 益阳市 永州市 郴州市 娄底市 怀化市 汕头市 南宁市 阳江市 普洱市 临沧市 铜川市 汉中市
收敛俱乐部 V	北京市 唐山市 张家口市 秦皇岛市 邢台市 廊坊市 衡水市 承德市 太原市 大同市 朔州市 忻州市 长治市 阳泉市 晋中市 吕梁市 临汾市 运城市 通辽市 乌兰察布市 鄂尔多斯市 巴彦淖尔市 呼和浩特市 包头市 赤峰市 抚顺市 本溪市 丹东市 锦州市 阜新市 朝阳市 铁岭市 盘锦市 长春市 吉林市 辽源市 松原市 哈尔滨市 滨州市 佳木斯市 鸡西市 鹤岗市 双鸭山市 七台河市 黑河市 伊春市 大庆市 上海市 南京市 无锡市 常州市 南通市 连云港市 淮安市 盐城市 泰州市 杭州市 舟山市 绍兴市 金华市 丽水市 衢州市 宁波市 黄山市 亳州市 福州市 三明市 南平市 泉州市 湖州市 嘉兴市 龙岩市 厦门市 萍乡市 南昌市 九江市 新余市 赣州市 宜春市 济南市 淄博市 济宁市 聊城市 菏泽市 德州市 日照市 威海市 滨州市 东营市 莱芜市 安阳市 濮阳市 焦作市 鹤壁市 许昌市 武汉市 孝感市 黄冈市 深圳市 广州市 珠海市 佛山市 北海市 梅州市 惠州市 郑州市 洛阳市 河源市 韶关市 中山市 湛江市 茂名市 清远市 潮州市 云浮市 柳州市 桂林市 梧州市 钦州市 防城港市 贵港市 玉林市 贺州市 百色市 河池市 来宾市 崇左市 三亚市 海口市 自贡市 成都市 泸州市 广元市 绵阳市 遂宁市 内江市 乐山市 南充市 宜宾市 达州市 资阳市 眉山市 巴中市 雅安市 攀枝花市 德阳市 昭通市 曲靖市 玉溪市 保山市 丽江市 西安市 宝鸡市 渭南市 贵阳市 六盘水市 遵义市 安康市 延安市 榆林市 商洛市 兰州市 泉州市 西宁市 银川市 石嘴山市 乌鲁木齐市
收敛俱乐部 VI	天津市 石家庄市 邯郸市 保定市 呼伦贝尔市 沈阳市 鞍山市 辽阳市 宿迁市 苏州市 扬州市 温州市 宁德市 莆田市 漳州市 青岛市 枣庄市 潍坊市 临沂市 烟台市 泰安市 宿迁市 辽源市 江门市 东莞市 肇庆市 汕尾市 江门市 台州市 广安市 揭阳市
非收敛小组	宣城市 淮南市

附表 5

中国城市真实 EC 收敛俱乐部成员

EC 收敛俱乐部	成员
收敛俱乐部 I	牡丹江市　宜城市　池州市　合肥市　广州市　福州市　开封市　益阳市　汕头市
收敛俱乐部 II	大连市　宿州市　阜阳市
收敛俱乐部 III	芜湖市　东莞市　鄂尔多斯市　张家界市　葫芦岛市　深圳市　伊春市　佳木斯市　滁州市　六安市　蚌埠市　铜陵市　淮北市　乌海市　安顺市　普洱市　咸阳市　榆林市
收敛俱乐部 IV	北京市　张家口市　秦皇岛市　廊坊市　承德市　衡水市　大同市　太原市　阳泉市　长治市　晋城市　晋中市　忻州市　临汾市　呼伦贝尔市　巴彦淖尔市　乌兰察布市　呼和浩特市　乌海市　赤峰市　朝阳市　阜新市　丹东市　本溪市　盘锦市　锦州市　四平市　辽源市　通化市　白山市　白城市　松原市　齐齐哈尔市　鸡西市　鹤岗市　双鸭山市　七台河市　黑河市　河源市　上海市　徐州市　常州市　连云港市　淮安市　盐城市　镇江市　泰州市　杭州市　湖州市　丽水市　舟山市　宁波市　安庆市　黄山市　三明市　南平市　德州市　泉州市　景德镇市　萍乡市　赣州市　鹰潭市　上饶市　吉安市　抚州市　济南市　衢州市　聊城市　菏泽市　滨州市　威海市　日照市　莱芜市　平顶山市　安阳市　濮阳市　新乡市　焦作市　鹤壁市　许昌市　漯河市　三门峡市　南阳市　商丘市　信阳市　周口市　驻马店市　郑州市　宜昌市　枣阳市　武汉市　十堰市　黄石市　荆州市　襄阳市　荆门市　孝感市　黄冈市　随州市　鄂州市　怀化市　珠海市　佛山市　韶关市　长沙市　株洲市　湘潭市　衡阳市　邵阳市　岳阳市　常德市　永州市　郴州市　娄底市　梧州市　北海市　钦州市　贵港市　玉林市　百色市　河池市　来宾市　崇左市　惠州市　中山市　汕尾市　柳州市　桂林市　广元市　遂宁市　内江市　乐山市　宜宾市　达州市　资阳市　海口市　湛江市　清远市　德阳市　绵阳市　曲靖市　保山市　丽江市　临沧市　西安市　铜川市　宝鸡市　眉山市　巴中市　雅安市　贵阳市　遵义市　昆明市　昭通市　玉溪市　渭南市　汉中市　安康市　商洛市　延安市　酒泉市　西宁市　银川市　石嘴山市　乌鲁木齐市
收敛俱乐部 V	天津市　石家庄市　唐山市　邯郸市　邢台市　保定市　南通市　运城市　吕梁市　通辽市　鞍山市　包头市　锦州市　辽阳市　铁岭市　长春市　吉林市　南京市　无锡市　扬州市　泰州市　南昌市　九江市　宜春市　新余市　淄博市　烟台市　济宁市　临沂市　台州市　绍兴市　温州市　金华市　宿迁市　宁德市　莆田市　漳州市　龙岩市　厦门市　东莞市　江门市　茂名市　肇庆市　揭阳市　防城港市　贺州市　云浮市　自贡市　泸州市　南充市　广安市　咸宁市　洛阳市　南阳市
收敛俱乐部 VI	苏州市　青岛市　潍坊市
非收敛小组	沈阳市　淮南市　南宁市　重庆市

215

附表6

中国城市真实 TC 收敛俱乐部成员

TC 收敛俱乐部	成员
收敛俱乐部 I	马鞍山市　淮北市
收敛俱乐部 II	宿州市　阜阳市　六安市　合肥市
收敛俱乐部 III	绥化市　滁州市　池州市　赣州市　芜湖市　铜陵市
收敛俱乐部 IV	三门峡市　商丘市　十堰市　襄阳市　荆门市　鄂州市　宜昌市　湘潭市　衡阳市　怀化市　咸宁市　长沙市　株洲市　邵阳市　岳阳市　常德市　永州市　郴州市
收敛俱乐部 V	唐山市　邯郸市　张家口市　邢台市　承德市　衡水市　大同市　太原市　朔州市　忻州市　长治市　晋城市　晋中市　吕梁市　临汾市　运城市　通辽市　巴彦淖尔市　呼和浩特市　阳泉市　鞍山市　本溪市　丹东市　锦州市　阜新市　辽阳市　鹤岗市　铁岭市　朝阳市　盘锦市　葫芦岛市　吉林市　四平市　辽源市　通化市　白城市　松原市　齐齐哈尔市　鸡西市　双鸭山市　七台河市　黑河市　南京市　无锡市　徐州市　苏州市　南通市　连云港市　镇江市　湖州市　舟山市　金华市　绍兴市　安庆市　黄山市　南平市　亳州市　青岛市　泉州市　厦门市　景德镇市　九江市　新余市　鹰潭市　赣州市　宜春市　上饶市　黄冈市　潍坊市　济宁市　南昌市　德州市　滨州市　东营市　郑州市　开封市　洛阳市　平顶山市　安阳市　焦作市　濮阳市　新乡市　抚州市　许昌市　漯河市　周口市　驻马店市　武汉市　黄石市　荆州市　孝感市　黄冈市　随州市　张家界市　益阳市　信阳市　娄底市　南阳市　汕头市　中山市　阳江市　湛江市　茂名市　清远市　云浮市　柳州市　桂林市　梧州市　珠海市　惠州市　东莞市　贵港市　玉林市　贺州市　百色市　海口市　三亚市　自贡市　攀枝花市　钦州市　防城港市　北海市　宜宾市　乐山市　广安市　资阳市　眉山市　铜仁市　安顺市　六盘水市　遵义市　泸州市　绵阳市　广元市　内江市　普洱市　保山市　丽江市　临沧市　西安市　铜川市　渭南市　汉中市　安康市　商洛市　昭通市　玉溪市　昆明市　曲靖市　石嘴山市　银川市
收敛俱乐部 VI	北京市　天津市　石家庄市　保定市　沧州市　廊坊市　呼伦贝尔市　鄂尔多斯市　赤峰市　乌海市　包头市　秦皇岛市　大连市　白山市　哈尔滨市　牡丹江市　伊春市　佳木斯市　大庆市　上海市　常州市　扬州市　盐城市　杭州市　嘉兴市　温州市　台州市　丽水市　衢州市　宁波市　三明市　福州市　宁德市　莆田市　漳州市　龙岩市　济南市　淄博市　烟台市　临沂市　聊城市　菏泽市　威海市　莱芜市　广州市　佛山市　深圳市　梅州市　河源市　江门市　揭阳市　兰州市　南宁市　西宁市　乌鲁木齐市　重庆市　成都市　德阳市　遂宁市　南充市　达州市　曲靖市　宝鸡市　咸阳市　延安市　榆林市
非收敛小组	宣城市　蚌埠市　淮南市　汕尾市

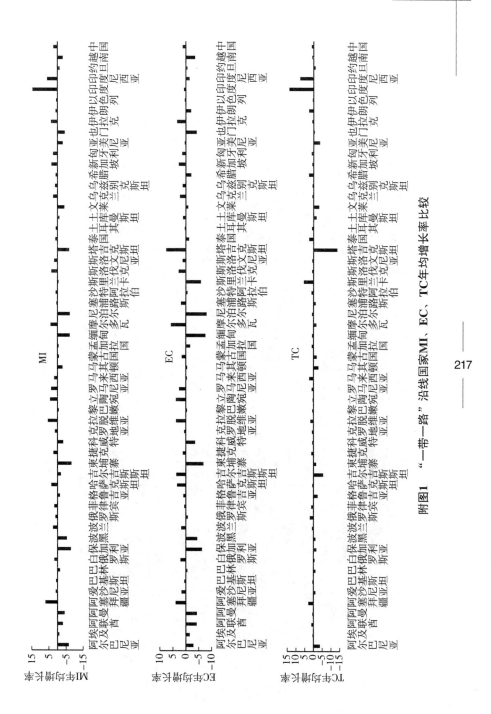

附图1 "一带一路"沿线国家MI、EC、TC年均增长率比较

附图2　中国城市真实绿色TFP增长的溢出关系网